国际观察丛书

# 全球经济治理变革

张丽娟　张蕴岭◎主编

世界知识出版社

**图书在版编目（CIP）数据**

全球经济治理变革 / 张丽娟，张蕴岭主编 . --北京：世界知识出版社，2021. 12

（国际观察丛书 / 张蕴岭主编）

ISBN 978-7-5012-6468-1

Ⅰ. ①全… Ⅱ. ①张… ②张… Ⅲ. ①世界经济—经济治理—研究 Ⅳ. ①F113

中国版本图书馆 CIP 数据核字（2021）第 253265 号

责任编辑　刘豫徽
责任出版　王勇刚
责任校对　陈可望

书　　名　全球经济治理变革
　　　　　Quanqiu Jingji Zhili Biange
主　　编　张丽娟　张蕴岭

出版发行　世界知识出版社
地址邮编　北京市东城区干面胡同 51 号（100010）
网　　址　www. ishizhi. cn
投稿信箱　lyhbbi@ 163. com
电　　话　010-65265923（发行）　010-85119023（邮购）
经　　销　新华书店
印　　刷　北京虎彩文化传播有限公司
开本印张　720 毫米×1020 毫米　1/16　19⅞印张
字　　数　260 千字
版次印次　2021 年 12 月第一版　2021 年 12 月第一次印刷
标准书号　ISBN 978-7-5012-6468-1
定　　价　79. 00 元

# 序　言

全球问题凸显，加强全球治理的压力增大，需要采取更为积极有为的行动。全球经济治理是全球治理最为重要和迫切的议程之一。经济发展是基础，全球经济可持续发展面临诸多前所未有的挑战，大多都是单个国家或者少数国家群体不能解决的，需要加强合作。

当前，世界经济发展最为严峻的挑战是在世界范围蔓延的新冠肺炎疫情。出于疫情防控的需要，各个国家都采取了以阻断为主要手段的措施，使得国内经济发展下降或者停滞。挑战在于，不像传统的一场危机过后经济恢复：一是后疫情时期仍充满不确定性，许多中断的联系、链条、供应链恢复难度大；二是疫情中滋长的各种反向思潮、势力和政策会继续发酵。因此，重新构建，重聚合作，重创活力，需要做出新的努力。

当然，从全球经济治理的角度，最为关键的是如何凝聚共识，制定相向而行的合作议程。中国是世界第二大经济体，对世界可持续发展有着非常重要的影响力，在任何有关全球经济治理的议程中，排斥或者排除中国的参与，都是难以生效的。面对崛起的中国，美国战略反应过度，对中国采取打压、遏制、脱钩的措施，力图构建以中国为对手的阵营，这样做的目的不是推动改革，而是战略利益，使得全球经济治理被架空，使应该做的事情不能去做。事实上，在当今相互依赖的世界上，要与中国脱钩很难，非硬性去做，自己也会遭受伤害。

在人类历史上，全球从来没有像今天这样联系紧密和相互依存。国际分工深化，国际贸易交换扩大，越来越多的国家进入国际市场，等等，使得世界各国之间编织了复杂的网络，相互间的影响也越来越大，一则这使得一国、一区的问题成为全球共同的问题；二则越来越多的全球性问题滋生，从而产生了越来越强烈的全球治理压力和诉求。

二战后，战争的破坏扩及全球。当时面临的最严峻的问题是，如何整合支离破碎的世界和恢复百孔千疮的经济。联合国的建立实现了全球治理的突破，其职能是整合世界，建立统一的全球治理制度，涉及全球政治、安全、国际关系、经济、社会、文化等各个领域。最为重要的是通过《联合国宪章》，确立了民族国家（nation state）的基本制度和国家间交往的基本原则，建立了全球治理的机构和组织。

在经济领域，建立了三大全球治理机构：世界银行，开始主要是为经济恢复提供支持；国际货币基金组织（IMF），主要是维护以美元为主导的货币体系；《关税与贸易总协定》（GATT），主要是推动世界市场整合与开放，制定国际规则。在此后的发展中，基于实际的需要，各个领域的治理机制逐步增加，形成了多层次、多形式的全球治理体系。同时，随着世界经济的发展，原有的机制也进行不断的调整。比如，世界银行在欧洲经济恢复后转向支持发展中国家的经济发展，《关税与贸易总协定》在冷战结束后改为世界贸易组织（WTO），国际货币基金组织的职能更多地转向为各国资金平衡提供支持。

随着全球经济领域越来越多的问题出现，拓展和加强治理的需求增大。在货币金融领域，自布雷顿森林体系解体之后，全球货币关系发生重大转变，由美元本位转向以美元为主导。美国不再承担稳定货币市场的责任，货币政策所遵循的是美国优先原则。同时，美国利用对全球金融市场的掌控力助推信贷市场膨胀，导致信贷危机。2008 年美国爆发的次贷危机，很快引发全球性金融危机和经济危机。

此后，在国家和全球层面对资本的流动加强了管理，推动了治理机制的发展，如二十国集团（G20）下的监管共识、金融稳定委员会、欧洲金融稳定机制、金砖国家应急储备安排、国际货币基金组织、世界银行进行的债务减免安排等，在一定程度上形成了多层治理体系的框架。不过，在有的领域，如不断增加的债务风险，无论是发达国家还是发展中国家，无论是公司企业还是个人，都存在违约的巨大风险，需要进行有效的治理。非主权数字货币的扩张，缺少有效的全球管理机制和规则，它们的不稳定性、不可测性对货币金融市场的影响不可小视。同时，数字货币蓄势待发，也需要开展合作，制定相应的国际管理规则和基于全球规则的交易系统。

货币金融市场的治理是最为复杂的。在美元作为主导货币地位下降、虚拟货币大行其道的情况下，如何构建稳定的全球货币金融体系，通过什么样的全球机构来管理？如何构建数字货币流通和交易下的信用体系，等等，必须及早制订方案和采取行动。

在国际贸易治理方面，二战后的最大成效是建立多边体系，并且不断推进多边谈判议程，提升治理功能，逐步实现了多边体系下基于规则的全球市场统合与开放。在全球化、国际分工深化的情况下，基于投资的供应链内贸易、技术贸易得到很大的发展。为了规范投资贸易、技术贸易，在多边体系下制定了《与贸易有关的投资措施协定》（TRIMs）和《与贸易有关的知识产权协定》（TRIPS）。目前，多边体系的运行面临诸多挑战。贸易结构、贸易方式发生重要变化，需要适应新的变化，推进多边体系的改革，需要增进共识，使多边体系运行可持续。

新冠肺炎疫情传播对现行的国际贸易交换产生重要影响，安全议题凸显，安全的泛化对国际贸易发展产生严重影响。同时。政治化议题被越来越多嵌入多边贸易治理议题。美国拉拢一些国家搞小圈子，排除异己，以自定的政治与战略标准，对中国进行限制、遏制，甚至脱钩，这破坏了多边体系下的非歧视和共享原则。冷战结束后，世界以意识形态划界分割世界市场的局面改变，如今，政治分裂再起，这对全球贸易治理达成共识与采取合作行动非常不利。

关于国际贸易体系改革，一些重要问题已经摆上台面，争议比较大。比如，贸易争端机制是世界贸易组织的一个重要功能，在维护国际贸易规则上起着重要的作用。由于美国的阻挠，现今几乎名存实亡。遵循规则是维护国家贸易交换秩序的基本保证，但是，一些国家往往我行我素，按照自己制定的规则行事，提高贸易保护，无视世界贸易组织的规则。主要发达经济体，特别是美国，强烈要求改变世界贸易组织对"发展中国家"提供的特殊与差别待遇，反对政府作用，主张对国有企业进行严厉限制等；而发展中经济体则希望多边体系继续保留对"发展中国家"的特殊与差别待遇，增加发展议程，维护发展利益，反对贸易保护主义，限制单边贸易制裁等。

在推动市场开放与规则制定上，由于多边进程停滞，区域性议程和规则在唱主角，越来越多的国家把参与的重点转向区域性机制。尽管区域性安排有助于在局部范围内推动市场开放和规则制定，但多样性的区域规制和相互交叉的安排，改变了多边体系的非歧视和普惠基础。

面对复杂的形势，国际贸易治理如何推进？在多边贸易体系框架下，如何构建有效的和可持续的治理体系？在对改革存在严重分歧的形势下，如何重聚共识，让多边贸易体系朝着合作共利的方向发展？多边贸易体系的基本价值是开放、公平、共享，促进全球经济贸易的发展，防止其变为争斗的场所，这是国际贸易治理的关键。

全球经济发展不平衡需要进一步加强宏观协调与合作。宏观经济协调开始于七国集团（G7），即发达国家就经济增长中的问题进行沟通协调，对经济政策性取向与采取的行动达成基本共识，发布指导性意见，引导经济运行走向。2008 年金融危机发生后，鉴于七国集团的导向力减弱，发展中经济体影响力增大，需要更大的协调机制，为此创建了二十国集团，实现了发达国家与发展中国家共同参与、协作治理的进步。在新冠肺炎疫情肆虐的情况下，各国的宏观经济政策差别加大、货币超发、债务剧增、保护主义政策等，使得世界经济发展的失调与失衡问题加重，加大了发生危机的风险。由于多种原因，二十国集团的协调和导向力受到诸多方面的制约，特别是美国，出于政治的考虑，强调基于价值观的战略竞争，对于共识和行动产生不利的影响。

全球经济失衡，可持续发展的问题越来越突出。自 20 世纪 70 年代，联合国就提出了生态危机、可持续发展问题，后来又提出关于财富两极分化、贫困加剧的问题。在联合国机制下，制定了 2030 年可持续发展议程。不过，可持续发展的问题和财富两极分化的问题的治理任重道远。就总体而言，传统工业化范式面临转型，无论是资源问题、环境生态问题，还是生产方式、生活方式，都无法再沿着传统的范式路径走下去，需要改变范式，以新的发展观为引导，创建可持续的新范式。

全球面临的最严峻挑战莫过于气候变化引起的综合危机。气候变化所危及的是人类和地球生物的生存环境。如今地球生态已经处于“负能量”运转，即自身已经不能实现综合的平衡，整体环境在持续恶化。在应对气候变化方面，尽管签署了《巴黎协定》，目前正在推动落实，但是，从行动看，力度不够。据研究，按照现在各国的承诺，到2030年温室气体排放还会继续上升，实现不了碳达峰，到2050年达不到碳中和，这就是说，不能阻止全球温度的上升。人类生存与发展面临的威胁是前所未有的。气候变化应对和相应的治理措施涉及各个方面，需要有“断臂求生”的意志和行动。现有的治理机制还没有这样的强制力，如何采取更为有效的措施，还需要从综合治理的角度来进行规划和采取行动，在现实生存与未来生存之间寻求平衡。特别是对于发展中大国来说，向新发展范式的转型难度更大。

全球经济治理涉及领域很广，一方面需要有很强的针对性，另一方面需要有综合统筹。治理是分不同层次的，各个层次承担不同的治理职能。全球作为一个整体，经济治理具有整体性，或者说是全局性。因此，需要全球性的机构与机制进行规划、组织、协调。全球性组织与机制需要开展协调与合作，面对新的形势，需要对现有的制度和职能进行改革与调整，特别是在改革上需要凝聚高度的共识。

全球经济具有很强的区域性特征，存在着特殊的区域链接与利益基础，因此，区域治理具有内在的要求和基础。迄今，除欧盟具有综合治理功能外，其他区域组织的作用主要体现在功能性合作上，其中经济合作为主要的领域，且以自贸区构建为主要形式，区域应该在经济综合治理方面发挥更大的作用。

国家是经济的基础和主体，承担经济治理的主要职能。全球经济中出现的问题，主要是在国家层面生成的，因此，加强与改善国家经济治理，提高各国的治理水平是关键。同时，各国需要积极参与全球层面、区域层面的治理，并且承担相应的规则制定责任和落实实施责任。对于欠发达国家来说，治理能力的提升是至关重要的，全球和区域组织在提高欠发达国家治理能力培训方面应该做更多的工作，加大投入。

在全球经济治理中，非国家实体（企业、社会组织）承担着非常重要的职能。企业是经济运行和构成的基层单位，既是治理的基层主体，又是被治理的对象，诸多治理问题都需要从企业做起。社会组织，或者非政府组织，在经济治理方面发挥着特殊的职能，在有些方面是无可替代的。因此，积极推动社会组织参与经济治理，发挥其在动员与组织社会参与的作用至关重要。

在有关全球经济治理的讨论中，往往对全球层面的治理机制与行动议程讨论多，对于区域层面、国家层面，特别是微观基层层面的治理职能与议程讨论较少。事实上，全球经济治理是一个从宏观到微观的综合系统，需要进行全面规划与推动，需要特别重视不同角色的参与与作用。正如本书所指出的，全球治理不单是一整套规则，还包括了公共部门和私营部门等各利益攸关方共同参与的协调治理全过程。国际社会各行为体要通过协商、合作和建立共识等方式，开展全球经济事务协调与管理，以解决从地区层次到全球范围的经济稳定和增长问题。

全球治理研究是一项复杂工程，本书选择几个方面的问题，主要对国际贸易体系、货币金融体系、投资体系进行梳理和分析，重点是对经济治理机制的发展沿革、面临的主要问题进行系统分析，并在分析的基础上提出一些加强全球经济治理的思路。

关于国际贸易领域的治理，如第二章所指出的，面临百年未有之大变局，全球价值链重构，全球贸易格局快速演变，贸易政策新议题不断扩展，全球化与逆全球化仍在激烈交锋，发达经济体与发展中经济体在贸易领域的竞争从产品竞争上升至技术竞争，相互间的战略性竞争也前所未有地得以加强，如何构建一个更加公正合理、更具多元化包容性、更加稳定和可持续的全球贸易治理体系，助力全球可持续发展，是各利益攸关方正在面临的极具挑战性的时代议题。世界贸易组织需要改革这是一个基本共识，但如何改革，分歧甚大。作为二战后逐步发展起来的体系，如第五章所指出的，改革将是一个长期且复杂的过程，改革需要循序渐进。虽然当前世界贸易组织成员对于改革优先顺序的判断并不一致，但对于世界贸易组织改革的优先事项也存在多数共识，比如，除美国外，其他世界贸易组织成员均希望尽快恢复世界贸易组织争端解决机制的正常运转，在此情况下，需要做美国的工作。中国是全球贸易大国，在加入世界贸易组织后，按照承诺认真深化自身的改革，同时也积极参与世界贸易组织的事务，如第六章所指出的，中国积极支持世界贸易组织改革，所坚持的基本原则是，维护非歧视、开放等多边贸易体制的核心价值；保障发展中成员的发展利益，实现联合国 2030 年可持续发展目标；遵循协商一致的决策机制，在相互尊重、平等对话、普遍参与的基础上，共同确定改革的议题和进程。

关于货币金融治理，如第三章所指出的，国际金融治理需要包容性，并坚持多边主义。破除金融保护主义和地缘政治所带来的隔阂与冲突。可以考虑以二十国集团为基础，建立全球货币监管协调机构，负责统筹协调全球金融稳定与改革发展的重大问题，更利于国家间协调和宏观与微观的协调，避免国际金融组织复杂化和分散化，降低协作治理成本。国际货币基金组织在国际金融治理中应扮演主动和积极的角色，推动基金份额调整改革，确定单一国家份额占比上限从而消除单个国家一票否决的可能性，体现多元化和增加新兴经济体和发展中国家的话语权。面临严峻并充满高度不确定性的世界经济环境，国际金融治理制度比任何时候都需要包容性和多边主义。第七章进一步指出，改革国际货币体系和国际金融组织治理，为全球货币金融活动开展而构建稳定、有韧性的制度框架。促进宏观经济政策协调和优化全球金融资源配置，完善主权债务重组机制，改善资本流动监测应对，引导更多资金投向可持续发展领域。拓展发展中国家货币互换网络，建设全球货币协调体系。贯彻落实国际货币基金组织治理结构改革方案，提升新兴市场经济国家话语权，打破美国的一票否决制。增强世界银行等多边金融机构促进可持续发展和减贫作用，推动公平、包容、有序的国际金融体系建设，探寻金融发展的制度性话语权配置均衡、全球国际收支均衡与各国国家利益机制之间的均衡，妥善应对贸易战、货币战，形成国际货币体系改革与国际金融治理的协商机制。

关于国际投资的治理，如第四章所指出的，国际投资体系呈现高度动态化，内容涉及货物和服务贸易、竞争政策、政府采购、知识产权、环境保护和劳工权益等。国际投资活动规模、流动格局、投资形式的变化，引起各国不同的利益诉求。全球投资治理的成功取决于发达国家与发展中国家间能否达成共识。未来国际投资协定制定过程中，应提升发展中国家的代表性和参与度，包括提升设定和推动重大议题的能力。

区域治理是全球治理重要的组成部分，同时，在全球性治理难以达成共识的情况下，许多新规则在区域层次先行制定和实施。如第八章所指出的，在后疫情时代，规则制定将继续成为地区关注的焦点。发达国家往往通过区域性协定推出高标准的规则和机制。中国通过参与高规则的区域治理机制，可以加快改革开放步伐，这也有助于中国在区域和全球治理中发挥大国的作用。

全球经济治理涉及的领域很多，许多新的发展还刚初露端倪，需要进一步观察和深入研究。无论是治理体系的改革调整，还是治理的重点与实施的方式，有分歧是自然的，关键的问题是，各国应在全球经济可持续发展的共同利益下凝聚共识，采取协调合作的行动。在一个相互依赖的世界，各国不能独善其身，也不能做任性的“独行侠”，除了开展合作，没有更好的选择。

张蕴岭
中国社会科学院学部委员
山东大学讲席教授
山东大学国际问题研究院院长

# 前　言

本书由中国社会科学院学部委员、山东大学讲席教授张蕴岭先生作序。参与各部分撰写的专家学者如下：山东大学经济学院张丽娟教授（《全球经济治理体系》《全球贸易治理制度体系》）；山东大学经济学院秦凤鸣教授（《国际金融治理制度体系变迁》）；山东大学国际问题研究院孙志强助理研究员（《全球投资治理体系的构建》）；中国世界贸易组织研究会杨凤鸣副研究员（《世界贸易组织多边贸易体制改革》）；中国人民大学经济学院程大为教授（《中国与全球贸易治理体系改革》）；中国宏观经济研究院市场与价格研究所刘翔峰研究员（《中国与国际金融治理体系改革》）；中国社会科学院世界经济与政治研究所沈陈助理研究员、中国社会科学院亚太与全球战略研究院沈铭辉研究员（《中国与亚太区域经济治理》）。感谢每一位作者在紧张繁忙的日程中安排时间写作，使得本书得以付梓出版。

世界知识出版社的责任编辑将高度的责任感和使命感贯穿于文稿审校全过程，其专业和严谨使得书稿从格式到表述更加完美。在此表示特别的感谢。

全球经济治理与变革是一个大课题，需要进行全面、深入的研究。希望本书的出版能够起到抛砖引玉的作用，也期待学术界同行与我们一道，继续推动这一领域的学术研究。

山东大学国际问题研究院与世界知识出版社合作，推出“国际观察丛书”，在国际经济治理、海洋、区域国别等领域组织撰写与出版相关著作，旨在推动新时代国际问题的研究，有助于读者在百年未有之大变局中更好地了解世界和认识世界。

主编

2021 年 12 月 1 日

# 目　录

# 全球经济治理体系

张丽娟*

全球经济治理体系是针对国际贸易、国际投资、国际金融等跨境经济活动而形成的由价值观、国际规则和国际组织构成的治理系统。传统的全球经济治理体系是指二战后构建的以国际货币基金组织（IMF）、世界银行、《关税与贸易总协定》（GATT）及随后的世界贸易组织（WTO）三大支柱为核心的全球经济治理体系。本文首先分析全球经济治理的内涵、利益攸关方，明晰全球经济治理的目标与结构，在此基础上重点关注国际组织与全球经济治理体系的建立与运行，提出全球经济治理体系改革面临的主要问题，探讨全球经济治理的议题扩展。

## 一、理解全球经济治理

理解全球经济治理，应厘清其主要内涵、涉及的主要利益攸关方，并明晰全球经济治理的价值目标与体系结构。

* 张丽娟，山东大学经济学院教授。

## （一）全球经济治理的内涵

全球经济治理是全球治理的核心组成部分。全球治理是各国政府、国际组织、各国公民为最大限度地增加共同利益而进行的民主协商和合作，其核心内容应当是健全和发展一整套维护全人类安全、和平、发展、福利、平等和人权的新的国际政治经济秩序，包括处理国际政治经济问题的全球规则和制度。[1] 全球治理不单是一整套规则，还包括了公共部门和私营部门等各利益攸关方共同参与的协调治理全过程。

全球经济治理指的是国际社会各行为体，其中主要是民族国家，通过协商谈判而建立起一系列国际经贸规则或机制，应对和解决全球性经济问题的过程。全球经济治理研究主要涉及四个领域：一是国际金融治理与应对战略研究；二是国际贸易和投资治理进展与应对策略研究；三是全球气候变化与可持续发展治理及应对战略研究；四是国际宏观经济政策协调演变、发展及应对战略研究。[2]

全球经济治理是一套跨国范畴的正式和非正式规则，以及协调、监督或实施所述规则的权威关系的集合，[3] 其要义在于国家和非国家行为体通过相应的国际机制和特定的制度安排，对全球经济领域的共同问题进行治理。[4]

---

1 俞可平：《经济全球化与治理的变迁》，《哲学研究》2000 年第 10 期，第 17-24 页。

2 张宇燕：《全球治理：历史、逻辑与中国角色》，载张蕴岭等：《世界大势：把握新时代变化的脉搏》，中共中央党校出版社，2021，第 133 页。

3 Daniel Drezner, "The System Worked: Global Economic Governance during the Great Recession," *World Politics* 66, no. 1 (2014): 123-164.

4 陈伟光、刘彬：《理性认知经济全球化与全球经济治理——基于人类命运共同体理念的分析框架》，《社会科学》2020 年第 7 期，第 24-34 页。

从经验上看，全球经济治理常常被视为由国际组织主导或在国际组织内部采取的集体行动以解决全球性问题的制度体系及其程序。从过程上看，全球经济治理还是国际社会各行为体通过协商、合作和建立共识等方式，开展全球经济事务协调与管理，以解决从地区层次到全球范围的经济稳定和增长问题，并维持正常的国际政治经济秩序的互动过程。[1] 因此，全球经济治理既包含国际组织及相关利益攸关方为解决一系列全球性问题设立的国际经济制度规则，也包括谈判、制定、实施和调整这些制度规则的程序与过程。

全球经济治理也可以从纵向和横向两个层面理解。纵向的全球经济治理体系由“全球治理—区域治理—行业治理”等自上而下的各层治理机制共同构成，[2] 横向的全球经济治理体系由“全球金融治理—全球贸易治理—全球投资治理—全球可持续发展治理”等相互关联的国际经济议题组成，每一个议题领域都涵盖广泛，而且与全球化的不断演进相伴随，全球经济治理的内涵也处于不断扩展和动态演进之中。

## （二）全球经济治理的主要利益攸关方

全球经济治理的主体即其主要利益攸关方，其中既包括国家角色，也包括非国家角色。国家角色通过各国政府以成员身份在国际货币基金组织、世界贸易组织和世界银行等国际组织中发挥作用，非国家角色越来越广泛地包括国际机构、非政府组织（NGO）、跨国公司、民间社会团体等，它们通过影响和参与制定全球治理规则来发挥作用。全球经济

1　蔡拓、杨雪冬、吴志成主编《全球治理概论》，北京大学出版社，2016，第155–156页。
2　张蕴岭：《国际治理向何处去》，《世界知识》2019年第20、第22、第24期。

治理的各利益攸关方一直努力拓宽参与全球经济治理的路径，并调整和改变着在解决全球性问题中的互动方式与合作模式。因为未来全球治理的制度安排将更加偏向灵活性而不是僵化，偏向于自愿措施而不是约束性规则，偏向于选择伙伴关系而不是单独行动，并产生新的倡议和理念。[1]

全球经济治理的主体具有显著的多元化特征，国际组织、非政府组织、非营利组织、跨国公司等已经成为全球治理中不逊于国家作用的治理主体。这些治理主体，又可以归纳为两类：一是跨国、区域、全球组织的全球治理，二是强势国家主导的全球治理。前一种类型主要属于非国家权力建制的组织类型，后一种类型则属于传统国家扩大治理范围的结果。[2] 全球治理利益攸关方的多元化，带来了治理理念的多元化，既包括以美国、英国为主的自我调节的市场经济理念，也包括中国、俄罗斯、巴西等新兴经济体主张的国家引导的市场经济，还包括北欧国家坚持的社会福利导向的市场经济。[3]

在日益多极化的世界中，各行为体与全球经济治理议题的利益攸关度不同，对参与治理相关议题的偏好也不一样。在有的议题领域中，国家的参与度更高，例如，安全治理、全球金融稳定、开放的贸易环境等；而在有的议题领域内，非国家行为体的参与度更高，例如，环境保护、反捕鲸、保护臭氧层。[4] 同时，在全球化与逆全球化的冲突与震荡中，全球经济治理陷入集体行动的困局，受到各行为体特别是大国国内

---

1 Jinseop Jang, Jason McSparren & Yuliya Rashchupkina, "Global Governance: Present and Future," *Palgrave Communication* 2, no. 15045 (2016), https://doi.org/10.1057/palcomms.2015.45.

2 任剑涛：《找回国家：全球治理中的国家凯旋》，《探索与争鸣》2020 年第 3 期，第 28 页。

3 王正毅：《全球治理的政治逻辑及其挑战》，《探索与争鸣》2020 年第 3 期，第 5-8 页。

4 张宇燕、任琳：《全球治理：一个理论分析框架》，《国际政治科学》2015 年第 3 期，第 1-29页。

政治的制衡。

在20世纪下半叶的大部分时间里，多数全球经济治理议题主要是在三大国际组织——国际货币基金组织、世界银行和世界贸易组织——的主导下，通过多边谈判达成共识，采取集体行动解决全球性问题。因此，多边体系提供的规则制度作为全球公共品，既为全球带来系统性收益，也为各国发展带来国家收益。总体上，全球经济治理体系的有效性与各国的国家收益呈现正相关。具体到主权国家，各国的国家利益及其政治经济关系更为复杂，国别政策重心和国别利益异质性可能与实现全球治理目标所需的集体行动相冲突，这种情形在21世纪更为突出。

新兴经济体的群体性崛起使得全球经济结构经历了前所未有的转型，全球经济治理各利益攸关方的影响力对比也随之发生了改变，新兴经济体在国际规则中的利益诉求和参与制度制定的话语权需求都同步提升，利益攸关方的范畴也在同步扩大，与人类经济社会可持续发展有关的各利益攸关方都成为全球治理不能忽视的力量。与此同时，全球化的不断深化使得非国家行为体（如全球非政府组织、全球公民网络和公民运动等组成的全球公民社会、跨国公司等）参与全球治理的意愿和能力得到不断加强，全球经济治理的权力结构和利益分配格局正不断演进。[1] 当代全球资本即跨国公司在全球经济治理中日渐活跃，常常借助其经济实力对非政府组织甚至国家决策产生影响。因此，跨国公司构成全球经济治理的重要利益攸关方，虽相对而言作用有限，但政治经济影响不可小觑。

基于权力和基于规则的行为之间的斗争仍然是当前全球经济治理体

1 隋广军、查婷俊：《全球经济治理转型：基于"一带一路"建设的视角》，《社会科学》2018年第8期。

系的标志之一，如何以富有意义且合法的方式将两者结合起来仍将是国际政治经济学领域需要长期研究的问题。真实的世界是，（全球治理）还没有处于一个主要参与者很容易与新兴参与者分享权力的阶段，或者实际上与新兴的全球公民社会中越来越活跃的各个阶层分享权力的阶段。[1] 关注全球治理的利益攸关方及其利益诉求的动态变化，也是全球经济治理的重要内容。

## （三）全球经济治理的价值与目标

认识和理解全球治理的价值，就是要探索各国的普遍追求和国际社会所要达到的理想目标。理论上，全球治理的价值应当是超越国家、种族、宗教、意识形态、经济发展水平等之上的全人类的普遍价值。由于各国多样的历史文化传统和不同的政治经济现实条件，这些普遍价值在不同国家中有着极不相同的内涵和意义。有效的全球治理一方面要求各国之间存在共同的价值追求，另一方面又要尊重各国的多样性需求，唯一的出路便是“和而不同”。[2]

现实中，全球经济治理的目标就是建立公平公正的全球经济秩序，也可以说，向世界提供各国共同认可和接受的全球公共品。就全球经济秩序而言，全球经济治理的核心是建立两个秩序：一是稳定合理的全球

---

1 Richard Higgott, *The Theory and Practice of Global Economic Governance in The Early Twenty-First Century: The Limits of Multilateralism*, in Grant, W. and Wilson, G. K. eds., *The Consequences of the Global Financial Crisis: The Rhetoric of Reform and Regulation* (Oxford, UK: Oxford University Press, 2012), pp. 15-33.

2 俞可平：《全球治理的趋势及我国的战略选择》，《国外理论动态》2012 年第 10 期，第 7-10 页。

市场秩序；二是全球可持续的发展秩序。[1] 就全球公共品而言，全球经济治理的公共品就是国际规则制度及其执行和监督的国际组织机构。

全球经济治理重点目标是关注全球共同利益，通过国际经济制度和规范，矫正全球经济总量和结构失衡，防范全球系统性风险，维护世界经济可持续增长。具体而言，全球经济治理的基本宗旨在于通过金融、贸易、产业等领域的国际协调机制，矫正全球经济总量和结构的失衡，维护和保持世界经济持续和健康增长，以实现共同发展这一普惠的价值理想。[2]

全球经济治理的价值取向与全球治理一脉相承，其核心是基于多边规则的合作共治。全球经济治理的理想目标是实现善治，以“善治”为目标的全球经济治理过程体现了世界主义的价值关怀，追求全球正义与民主，重视不同主体间利益的融合与协调。[3] 然而，现实中的全球经济治理实践，与全球经济治理价值理想和目标还有很大的距离。

全球经济治理的目标与主要国际经济治理机构的宗旨保持了一致性。比如，作为全球金融治理的国际机构，国际货币基金组织的宗旨是通过国际机制安排实现国际货币问题上的磋商与协作，从而促进国际货币领域的合作，促进汇率的稳定，保持成员之间有秩序的汇兑安排，避免竞争性通货贬值，并能够在必要时纠正国际收支失调，减弱国际收支失衡的影响。

未来全球经济治理体系的建设目标，是通过与时俱进的调整加强规

---

1 裴长洪：《全球经济治理、公共品与中国扩大开放》，《经济研究》2014 年第 3 期。

2 广东国际战略研究院课题组隋广军、陈伟光、程永林、蔡伟宏：《中国参与全球经济治理的战略：未来 10—15 年》，《改革》2014 年第 5 期，第 51-67 页。

3 陈伟光、刘彬：《理性认知经济全球化与全球经济治理——基于人类命运共同体理念的分析框架》，《社会科学》2020 年第 7 期，第 24-34 页。

则制度体系的有效性与合法性。2020 年，新冠肺炎（COVID-19）疫情的全球大流行加剧了调整和改革全球经济治理的迫切性，应对疫情和全球不确定性都需要加快完善全球治理体系。正如国际货币基金组织在 2020 年 6 月《世界经济展望》中所指出的："考虑到这场危机的全球性，各国必须在多个领域开展合作，应对共同的挑战。除了应对疫情之外，政策制定者还必须开展合作，解决贸易和技术紧张局势背后的经济问题，并弥补基于规则的多边贸易体系中的缺口。如果不能找到解决这些摩擦的持久方案，从 COVID-19 危机中最终复苏将面临危险。"[1]

## （四）全球经济治理的结构

全球经济治理的传统结构是国际组织发挥支柱和核心作用，其创新治理结构则具有多元化趋势。大致上，全球治理模式可以大致概括为四种结构：国际政府组织（international governmental organizations）、公私合作伙伴关系（public-private partnerships）、私人治理（private governance）和三方治理机制（tripartite governance mechanisms）。世界贸易组织和联合国系统等政府间组织是现有以国家为中心的治理机制的典型代表。政府间组织与非国家角色合作，因为后者所拥有的专业知识和资源正是前者缺乏的，这种安排使效率最大化。这种被称为"跨国新治理"[2] 的模式就是指政府间组织通过包括私人和非政府行为者和机构来扩大能力和

1 国际货币基金组织：《世界经济展望》，2020 年 6 月 24 日，https://www.imf.org/zh/Publications/WEO/Issues/2020/06/24/WEOUpdateJune2020。

2 Kenneth Abbott and Duncan Snidal, "International Regulation without International Government: Improving IO Performance Through Orchestration," *The Review of International Organizations* 5, no. 3 (2010): 315-344.

获取资源的方式，从而形成全球协作网络，政府间组织在其中塑造和支持非政府组织和某些私营企业的运营，构建公私合作治理结构。联合国可持续发展目标的实施正是全方位运用了公私合作伙伴关系战略。全球治理的模式创新和组合扩大了政策解决方案的范围，推动了政策变革，但也增加了规则制定和规则实施在不同层面和集群的碎片化，甚至加剧对资源的竞争，可能导致合作陷入瘫痪。[1]

全球治理超越了国家范畴，具有国际性和区域性共治机制，大体包括五类：一是联合国体系，包括几乎所有国家，是具有代表性、普适性的国际体系；二是国际组织，包括国际货币基金组织、世界贸易组织、世界银行、地区性开发银行等；三是国际条约，涉及气候变化条约、海洋法等；四是行业规约，如《巴塞尔协定》；五是国际对话合作机制，如七国集团（G7）、二十国集团（G20），集合了世界最大发达国家和发展中国家，共商世界经济的发展大事，提出指导性共识文件。二战以后，通过不断发展的国际治理，世界进入了一个“有治理的国际秩序”，这是人类历史发展的一个重要成就。[2]

区域治理是全球治理的重要组成部分。区域经济治理快速发展，通行的方式是推动市场开放，增加区内贸易投资，通过谈判签订区域性自贸协定。区域治理面临的最大挑战是单边主义、民粹主义，即各国能否在新的形势下加强共识和责任，再则是区域治理能否实现参与者受益平衡。[3] 行业治理是全球治理重要的形式和内容，其中，既有由政府部门推动成立的、专门处理涉及行业实务的合作性机构，负责制定行业管理

1 Jinseop Jang, Jason McSparren & Yuliya Rashchupkina, “Global Governance: Present and Future,” *Palgrave Communication* 2, no.15045 (2016), https://doi.org/10.1057/palcomms.2015.45.

2 张蕴岭：《国际治理向何处去（上）》，《世界知识》2019 年第 20 期，第 72 页。

3 张蕴岭：《国际治理向何处去（中）》，《世界知识》2019 年第 22 期，第 72 页。

规则，对实际的行业运行起到规范和指导性作用，比如，旨在管理跨国资金流动风险的《巴塞尔协定》；也包括由行业发起成立的组织，得到政府认可，为行业制定规则，形成可执行的国际惯例，比如由100多个国家商业组织参加的国际商会；还包括自行运作的民间行业协会等。[1]

在治理结构上，国家与非国家行为体相结合的全球治理结构受到重视。不仅包括大国之间的合作，也包括大国和小国之间的权力共享以及责任共担；不仅包括国家之间基于条约建立的国际组织，也包括非政府组织以及私人团体；不仅因议题不同而遵循从上到下的治理，而且因议题不同考虑从下到上的治理；不仅考虑权力的强制性力量，而且考虑规则的监管性力量。总之，这种基于多元的多边主义制度的治理结构不仅考虑国家利益，而且考虑个人的安全和人类的可持续发展。[2] 在技术竞争和大国博弈等当代重要变量更多影响国际经济新格局的前提下，全球经济治理结构仍在调整与重构，全球经济治理的行为体、治理议题和治理的集体行动逻辑也都不同程度地发生了变化，这种演变具有与时俱进的特点，使得全球经济治理结构始终处于动态变化之中。

## 二、国际组织与全球经济治理体系

全球经济治理体系的确立始于布雷顿森林体系的建立。20世纪40年代，以世界银行、国际货币基金组织、《关税与贸易总协定》为代表的三大国际经济组织的成立，正式确立了全球经济治理体系的初步框

1　张蕴岭：《国际治理向何处去（下）》，《世界知识》2019年第24期，第68页。
2　王正毅：《全球治理的政治逻辑及其挑战》，《探索与争鸣》2020年第3期，第5-8页。

架，也由此奠定了此后全球治理制度变迁的基础。

自二战结束以来的70余年里，尽管世界经济历经冷战与对抗、贸易限制与贸易冲突、金融危机与经济衰退，以国际货币基金组织、世界银行和《关税与贸易总协定》及随后的世界贸易组织为支柱的全球经济治理体系仍得以维持和延续至今。这一体系有效维护了基于规则的全球发展环境，拓展了各国通过开放发展参与全球化的机遇与空间，为推动世界经济的持续增长奠定了制度基础。

1942年1月1日，二战尚未结束，26个国家的代表在华盛顿发表了《联合国家宣言》（*Declaration by United Nations*），奠定了联合国于1945年成立的基础。1944年7月，在美国新罕布什尔州的布雷顿森林召开了有44国参加的联合国与联盟国家国际货币金融会议，商讨通过了以“怀特计划”为基础的《联合国家货币金融会议最后决议书》及《国际货币基金组织协定》与《国际复兴开发银行协定》（合称《布雷顿森林协定》），从而确立了以美元金汇兑本位制为基础的国际货币体系，即布雷顿森林体系，创立国际货币基金组织和世界银行两个联合国常设国际机构。

国际货币基金组织于1945年10月27日成立，1947年3月1日开始运作，1947年11月成为联合国专门机构。国际货币基金组织的创立旨在通过建立一个国际经济合作框架，避免重蹈20世纪30年代大萧条导致的竞争性货币贬值。国际货币基金组织的主要使命是确保国际货币体系即汇率和国际支付体系的稳定。

世界银行于1944年7月1日与国际货币基金组织同时成立，从1946年开始运作，1947年11月成为联合国专门机构。世界银行集团包括五个机构：国际复兴开发银行、国际开发协会、国际金融公司、多边投资担保机构和国际投资争端解决中心。世界银行通过向中等收入国家和信用好的贫困国家提供贷款和分析咨询服务，促进公平和可持续的发展，创造就业，减少贫困，应对全球和区域性问题。

世界贸易组织成立于1995年1月1日，其前身是《关税与贸易总协定》(GATT)，为全球唯一的多边贸易体系，拥有164个成员，涵盖全球贸易的98%以上。[1] 世界贸易组织是多边贸易谈判的平台，是解决成员之间贸易争端的场所。世界贸易组织与国际货币基金组织和世界银行一道被称为支撑全球经济治理体系的“三大支柱”。

布雷顿森林体系是最早形成的真正意义上的全球经济治理体系，它确立了战后推动国际金融稳定、资本全球流动和贸易多边化的全球治理原则，对于稳定战后全球金融和贸易秩序发挥了主导作用。国际货币基金组织经历了重大的使命变化，最初只是为了管理和维护一个相对稳定的固定汇率体系，但石油危机和地缘政治的变化导致金本位终结和浮动汇率体系的到来，对国际货币基金组织稳定全球货币的作用是巨大的挑战。到20世纪八九十年代，国际货币基金组织主要与促进经济自由化的“新自由主义”议程联系在一起，尤其是强化资产私有化、政府干预和资本账户自由化的政策等，并由此使得国际货币基金组织成为对一些成员内政进行有争议的干预的中心。[2]《国际货币基金组织协定》虽经历七次修订，但仍未能解决制度性话语权不对等、内部治理结构失衡和监督职能约束力有限等制度缺陷。国际货币基金组织主导权仍掌握在

---

1 World Trade Organization, “Fact File,” https://www.wto.org/english/thewto_e/thewto_e.htm.

2 Richard Higgott, “The Theory and Practice of Global Economic Governance in the Early Twenty-First Century: The Limits of Multilateralism,” In Wyn Grant, and Graham K. Wilson (eds.), *The Consequences of the Global Financial Crisis: The Rhetoric of Reform and Regulation* (Oxford: Oxford University Press, 2012), pp. 5-6. Oxford Scholarship Online, https://oxford.universitypressscholarship.com/view/10.1093/acprof:oso/9780199641987.001.0001/acprof-9780199641987-chapter-2?print=pdf.

少数国家手中，其决策结构也未发生根本性变化，新兴经济体参与治理的能力和途径严重受限，不利于国际货币基金组织充分发挥其在全球治理作用。

与国际货币基金组织一样，世界银行也经历了一个使命转变的过程，从最初作为二战后欧洲重建工具的角色转变为支持发展中国家改革的国际机构。事实上，世界银行在20世纪70—90年代引起广泛关注的原因之一是其结构调整补充了国际货币基金组织的政策不足。随着国际经济环境的变化和发展理念的与时俱进，世界银行也经历了自我评估和改革的过程。自90年代后期，世界银行突出强调制度改革，提供“善治”（good governance），承诺更大的包容性和参与度。

二战后国际多边经济治理三足鼎立架构的第三支柱，即《关税与贸易总协定》的最初任务是减少贸易壁垒，主要是降低关税，通过战后七轮多边贸易谈判，《关税与贸易总协定》成功地实现了大幅降低关税作为保护工具的目标，并将一系列贸易规范和原则纳入多边贸易体制中，从目标上也与国际货币基金组织和世界银行保持了一致。随着二战后全球贸易的进展，《关税与贸易总协定》的能力严重受限：一方面，贸易议题的范畴扩大了，新议题新争端在《关税与贸易总协定》之内找不到规则依据；另一方面，作为临时性机构，《关税与贸易总协定》争端解决机制的执行缺乏应有的约束力。为了进一步改革和完善多边贸易治理体系，1986年乌拉圭回合谈判启动，并最终创建了世界贸易组织。世界贸易组织不仅包括修订后的《关税与贸易总协定》，还包括《服务贸易总协定》（GATS）、《与贸易有关的知识产权协定》（TRIPS）等，随着全球化进入新阶段、新技术的广泛应用和数字经济的迅速发展，世界贸易组织正在面临着改革的挑战，其改革议程十分艰巨。

在历经 2008 年全球金融危机和经济衰退的考验之后，尽管全球治理“三大支柱”仍存在不少的缺陷和不足，但其在全球治理中的基石和支柱作用至今仍无法被取代。首先，三大国际机构的制度体系为全球治理提供了国际法基础，在传统的经济治理领域确实产生了全球认可的效率和收益。其次，三大国际机构代表广泛，世界贸易组织有 164 个成员，国际货币基金组织和世界银行各有 190 个成员，代表了全球经济和贸易的绝大部分。最后，三大机构在各自专业领域的经验和案例对全球发展具有指导意义，在全球性问题的预警分析、制度改革和动议形成上，也体现了合作与发展的基本理念，并为各成员提高规则透明度和建设谈判能力提供了有益帮助。以联合国为中心的国际体系的建立是人类历史上第一次建立起具有世界性特征的国际制度，让世界进入了有序管理，新的世界秩序也因此建立起来。

## 三、全球经济治理体系改革

在全球化与逆全球化交织互动的时代，如何改革全球经济治理使其有效性和合法性达到更优水平，成为政界、商界和学术界共同关注的议题。随着经济全球化和全球经贸格局的深刻变化，全球经济治理进入快速变革期，呈现出新的特点。

第一，现行全球治理体系失灵且已滞后于全球经济治理的需要。秦亚青提出全球治理失灵，即国际规则体系不能有效管理全球事务，不能应对全球性挑战，致使全球问题不断产生和积累，出现世界秩序失调的状态。[1]张宇燕指出，许多现行全球治理体系或机制功能老化、权威性不足，并已成为维护和扩大少数既得利益国家或国家集团利益的工具，甚至出现“治理僵化”。[2] 目前还没有一个可以让新兴经济体与发达经济体平等共享的全球治理体系，现有多边体系已经不能适应全球政治和秩序重构的动态变化，新的国家力量、国际力量和新的政治和政策议程，已经无法在原有框架下找到有效的规则约束。因此，全球经济治理的变革成为当代国际政治经济面临的紧迫任务。全球治理呼唤创新体系也反映了百年变局的现实。由于全球价值链的迅速扩展，使得治理变得更加困难。

第二，全球治理主体多元化，利益诉求异质性突出。各国对全球经济治理改革的必要性有共识，都希望推进全球经济治理改革，从具体的改革目标和利益诉求看，发达经济体与发展中经济体之间、各经济体的内部甚至一国政府在不同的任期内都存在不小的差异。全球治理体系本身就是一种集体行动的模式，多元行为体在其中为应对公共危机而提供公共产品，往往会带来集体行动困境，导致目前全球治理体系深陷危机。国际利益格局的主要矛盾出现新的分化，即由发达国家与发展中国家之间的矛盾分化为新兴国家与发达国家之间、较落后的发展中国家与发达国家之间以及新兴国家与较落后的发展中国家之间的三重矛盾。其中，发达国家与新兴经济体之间的矛盾是各重要议题领域治理困境和体系有效性不足的主要症结。[3] 俞可平指出，全球治理体系存在一定不

---

1 秦亚青：《全球治理：多元世界的秩序重建》，世界知识出版社，2019。

2 张宇燕：《全球治理：历史、逻辑与中国角色》，载张蕴岭等：《世界大势：把握新时代变化的脉搏》，中共中央党校出版社，2021，第133页。

3 郝洁：《全球经济治理体系和规则的深刻变革》，《宏观经济管理》2019年第11期，第85-90页。

足，即全球治理体系基本由西方大国制定，难免为发达国家所操纵用于为自身利益服务。如全球治理的许多规则不合理，全球治理机构的权威性严重不足，全球治理主体之间不平等，众多的全球治理领域还缺乏有效的国际规制，主权国家之间缺乏足够的相互信任，联合国体系、政府间国际组织和全球公民社会组织在全球治理中没有发挥应有的作用，等等。[1]

第三，新兴经济体的群体性崛起改变了全球经济治理的力量格局，新兴经济体势力的相继崛起，改变了原来的经济治理力量对比格局，但发展中经济体参与全球经济治理受到制度性话语权的限制。所谓“制度性话语权”，是指国家为主的行为体通过话语平台、选择话语策略在理念传播、倡议动员、议程设置、规范塑造、规则制定、规则实施上的主导权和影响力，这种权力最终能够促使体现自身价值观念、利益诉求和权力分配的制度形成。制度性话语权赋予全球经济治理正当性和合法性。[2] 在全球经济治理的制度体现中，制度话语权是制度设计的关键，直接影响制度体系的目标价值取向和制度安排偏好。

自二战以来，发达经济体在全球经济治理中的制度话语地位没有发生根本性的改变。虽然多边贸易谈判成果是在协商一致的原则下达成，具有合法性，但发达国家与发展中国家之间在谈判能力和话语权方面存在的差距，使得这种合法性同时带有虚假性。发达国家具有较强的谈判能力，可以提出符合自身利益需要的谈判建议和提案，并战略性地利用共识原则阻止发展中国家提出反映其利益关切的谈判要求。由于谈判能

---

1　俞可平：《新冠肺炎危机对国家治理和全球治理的影响》，《天津社会科学》2020 年第 4 期，第 70–73 页。

2　陈伟光、王燕：《全球经济治理制度博弈——基于制度性话语权的分析》，《经济学家》2019 年第 9 期 .

力的缺失，在多边贸易谈判中，“法律上”平等的发展中国家与发达国家在谈判中“事实上”是不平等的。[1] 新兴经济体与发展中国家在全球多边治理机构内部赋权偏少，利益诉求与制度性话语权得不到应有重视，既不利于全球经济治理体系的公平性与合理性，也不利于利益攸关方平等参与多边治理体系构建。因此，如何体现制度话语权上的平等，是全球经济治理体系设计与重构的关键。

第四，在全球化新阶段和国际分工呈现新特征的同时，现有全球经济治理机制未能与时俱进，无法适应全球经济新格局和国际分工发展新特点，治理规则的滞后必然导致治理效用的不足。一方面表现为议题滞后，与传统经济时代相比，全球化新阶段和数字经济时代的全球经济治理在治理议题、治理目标和治理路径等方面完全不同；另一方面表现为规则制度体系自身的滞后，即全球治理的公共产品供给不足，无法实现对全球性议题的全覆盖治理。全球经济治理体系的固有缺陷使得全球治理滞后彰显，现有的国际金融、国际贸易和国际投资多边机制难以有效应对全球性新议题新挑战。同时，经济和人口发展改变了经济权重并改变了贸易模式。新兴和发展中经济体变得越来越重要，全球治理也需要相应发生变化，虽然 2008—2009 年的金融危机刺激了这一进程，并进一步显现了创新和协调全球经济治理机制的重要性，二十国集团的崛起正是由此产生的重大创新。但二十国集团要在全经济治理中发挥更大的作用，应该将重点从“赢得战争”（应对危机以避免全球金融体

1　张向晨、徐清军、王金永：《WTO 改革应关注发展中成员的能力缺失问题》，《国际经济评论》2019 年第 1 期。

系崩溃）转向“赢得和平”（为强劲、可持续和更具包容性的增长创造条件）。[1] 因此，全球经济治理体系需要与时俱进。通过对有关安全研究、国际政治经济、全球治理领域和传播研究等不同研究领域的研究观察发现，全球治理的未来将主要由以下五个因素决定：个人赋权、人类安全意识的增强、制度复杂性、国际权力转移和自由世界政治范式。[2]

综上所述，在多边主义主导全球发展的全球化阶段，传统的全球经济治理体系为稳定全球经济和贸易秩序发挥了至关重要的作用。随着全球化加速，新兴经济体和发展中经济体在全球发展中发挥着越来越重要的作用，治理主体的多元化趋势仍在加强，治理机制与平台日渐丰富，全球性议题和挑战持续增加，技术革命、绿色发展和全球价值链深入发展带来新的治理理念和规则制定需求，全球经济治理面临的改革挑战也越来越突出。各国都意识到全球治理体系亟须改革完善，在全球治理改革和完善的必要性上存在广泛共识，但在如何改革方面，尚缺乏各国都能接受的方案，存在全球经济治理的共识危机。21 世纪，全球经济治理议题创新加快，亟须适时适度的治理规则调整与创新，全球经济治理体系的改革亦是大势所趋。面对全球化与逆全球化两种力量的冲突加剧，只有通过加强国际合作和平等对话，才能够实现改革和完善全球经济治理体系，促进全球可持续发展的目标。

---

1 Marco Buti, “The New Global Economic Governance: Can Europe Help Win the Peace?” EU, June 2017, https://ec.europa.eu/info/sites/default/files/economy-finance/marco-buti-the-new-global-economic-governance.pdf.

2 Jinseop Jang, Jason McSparren and Yuliya Rashchupkina, “Global Governance: Present and Future,” *Palgrave Communication* 2, no.15045 (2016), https://doi.org/10.1057/palcomms.2015.45.

## 四、全球经济治理新议题扩展

二战后建立起来的全球经济治理体系主要是针对传统领域的全球经济议题设计和构建的，总体目标指向促进世界经济秩序的恢复与增长、降低关税壁垒与增强投资便利、促进金融货币体系稳定等，这些都是传统领域的全球经济治理议题。经过20世纪八九十年代的全球化快速发展，新兴领域的全球经济治理议题不断扩展，越来越多的国家关注发展利益，重视气候变化与环境治理、数字经济治理、竞争制度治理、全球价值链治理和非传统安全治理议题。这些议题更多聚焦发展、科技、竞争和经济安全，并突出强调规则制度的高标准。

### （一）气候变化与环境治理

气候变化是21世纪人类面临的最大挑战之一，世界经济的可持续发展、向绿色低碳和气候适应型经济转型的趋势已经不可逆转。全球气候治理既是环境议题，也是经济议题，应对气候变化代表了未来经济社会可持续发展的大趋势。由于联合国、世界贸易组织和其他国际组织在气候变化问题上尚缺乏专门的独立的执行机构，如何构建21世纪环境与气候变化的全球治理体系，如何实现贸易政策与环境政策的互动协调，使之服务于环境和气候变化的全球治理目标，是21世纪全球发展中具有挑战性的议题之一，也是世界贸易组织及各国面临的棘手问题。

现有的世界贸易组织治理体系没有专门的环境规则，《关税与贸易总协定》第 20 条规定，成员可以利用贸易措施来保护环境，仅提供了原则性立场。具体与环境有关的内容体现在世界贸易组织的争端解决中。《联合国气候变化框架公约》是促进各国在气候治理方面合作的国际论坛，但谈判充满利益冲突与交织。发达经济体和发展中经济体对气候变化问题的产生负有不同程度的责任，气候变化的影响也具有不平衡性，更重要的是，不同发展水平的国家应对气候变化的能力存在很大的异质性。因而，各国及各国内部不同利益集团对于气候变化治理的立场和参与度迥异，应对气候变化的全球治理将是一个艰难的讨价还价过程，国际气候变化治理的核心目的是希望通过国际协定或公约的制度约束和激励效应，避免各国在应对气候变化中遇到的集体行动困境。[1]

发达经济体较早将环境保护与贸易政策挂钩，一方面积极推动将环境标准纳入世界贸易组织多边贸易规则体系，另一方面力促有关环境标准的约定被包括在双边或区域贸易协定之中。然而，世界贸易组织的公平贸易原则并没有将环境条件假设考虑在内，而多数发展中经济体也并不支持这样的条件。发展中经济体主张，环境标准的提高有利于可持续发展的长期战略，但如果将环境标准作为与发达经济体等同的贸易条件，则必然导致发展中经济体生产成本的增加和国际竞争力的下降，从而阻碍其产品进入发达经济体市场，结果将导致国际贸易领域新的不平等。

世界经济论坛（World Economic Forum）提出了使全球经济治理与

1　张宇燕：《全球治理：历史、逻辑与中国角色》，载张蕴岭等：《世界大势：把握新时代变化的脉搏》，中共中央党校出版社，2021，第 135 页。

绿色新政保持一致的 11 种方法：[1]（1）支持各国最好地利用现行贸易和投资规则中的政策空间；（2）加强世界贸易组织的气候参与；（3）协调国家气候贸易措施以提高有效性和公平性；（4）制定有利于气候的优惠贸易和投资协定；（5）净零贸易融资；（6）绿色创新与产业政策政治宣言；（7）改革《能源宪章条约》；（8）提出与气候相关的“贸易援助”动议；（9）制定支持化石燃料补贴改革的规则；（10）确保投资者与国家争端解决机制改革推进气候目标；（11）由国际标准化组织（ISO）等制定基于科学的气候标准。上述目标的实现无疑将是一个漫长的过程。应对气候变化关乎人类未来，因此，应对全球气候变化的挑战，既需要各国国内治理的有效政策导向，如国别碳排放的目标与策略，也需要全球治理的规则体系建设。应对气候变化是新议题、新挑战，需要国际合作共同应对，共同推动《巴黎协定》全面有效实施，构建合作共赢、公平合理的气候治理体系，促进全球低碳转型和经济可持续发展。

## （二）数字经济治理

数字经济是 21 世纪全球化的最主要特征之一。在数字经济的时代，数字经济治理成为难题。以移动计算、云计算、大数据和数据分析等信息技术与服务为特征的经济和贸易，正以惊人的速度持续增长，并呈现出两大趋势。一方面，数字经济的范畴正在迅速扩大；另一方面，数字

1 Carolyn D. Birkbeck, et al, “Governance to Support a Global Green Deal,” World Economic Forum, May 4, 2021, https://www.weforum.org/agenda/2021/05/global-economic-governance-green-new-deal/.

贸易保护主义广泛存在，除了显而易见的贸易壁垒，还表现在限制商务数据的跨境流动、对知识产权保护不利等方面。缺乏数字贸易规则已经严重威胁并限制了数字贸易的发展，并将对全球贸易治理构成威胁，各国对此已有共识。虽然世界贸易组织于1996年发布的《信息技术协定》降低了信息技术产品的关税壁垒，具有治理效应，但随着新技术的快速发展，《信息技术协定》的内容和范畴均无法满足数字经济迅速发展的规制需求，亟须21世纪的贸易规则，以覆盖广泛的数字产品贸易，为数据的跨境流动提供制度保护，并通过多边和区域谈判就改善数字产品的市场准入达成共识。

迄今为止，《全面与进步跨太平洋伙伴关系协定》（CPTPP）、《服务贸易协定》（TiSA）、《美墨加协定》（USMCA）以及《跨大西洋贸易与投资伙伴关系协定》（TTIP）等均将数据跨境自由流动及相关贸易议题包括在内。世界贸易组织在多边数字贸易规则谈判方面尚未取得任何成果，但在双边和区域协议中已经含有数字贸易规则的条款，数据流动规则与技术转让和知识产权保护，均构成21世纪贸易政策制度的制高点。全球多边贸易体系下有关数字贸易规则的制定，也是发达国家和发展中国家在全球贸易规则竞争中的关键领域。[1]

### （三）国有贸易企业竞争中性与中小企业发展

世界贸易组织对国有贸易企业（State Trading Enterprises，STEs）的定义是：处理出口和/或进口货物的政府和非政府企业，包括营销机

1　张丽娟：《全球化新阶段与贸易政策新挑战》，《四川大学学报（哲学社会科学版）》，2019年第3期。

构。《关税与贸易总协定》1994 第 17 条是约束国有贸易企业及其运营的主要条款，该条款规定，此类企业在涉及进出口的采购或销售中，应按照非歧视的一般原则行事，商业考虑（commercial considerations）仅用于指导其进出口决定。成员在国有贸易规则下的实质性义务可归纳为以下四点：（1）非歧视，即“最惠国待遇”；（2）没有数量限制；（3）保全关税减让的价值；（4）透明度。[1]

《关税与贸易总协定》第 17 条是基于二战后人们担心一些政府批准的垄断企业可能操纵市场而设立的。实践中却很少被采用，原因之一是规定相对宽泛，缺乏司法解释力。世界贸易组织上诉机构处理的唯一一个与《关税与贸易总协定》第 17 条有关的案例是2004 年美国诉加拿大影响小麦和进口谷物措施案，但由于证据不足，专家组驳回了美国的上诉请求。

全球多边贸易体系创立时，是基于市场导向构建国际新秩序，市场体系是标准，国有体制控制是例外。世界贸易组织文本中的大多数规则对民营企业和国有企业没有区别，而且当民营企业和国有企业在国外出售商品和投资时，反倾销税、反补贴税、保障措施等对所有企业都适用。中国的国有企业、国家扶持企业和国有控股企业的影响巨大，因此，国外企业要求有一个公平的竞争环境。[2] 特别是中国成为全球第二大经济体之后，发达经济体尤为关注“国有企业”问题，由此引发的反倾销和反补贴等贸易救济措施和贸易争端也随之增加。随着发达经济

1 参阅 WTO, “The regulation of state trading under the WTO system.” https://www.wto.org/english/tratop_e/statra_e/statrad.htm。

2 C. Fred Bergsten, Gary C. Hufbauer, and Sean Miner, “Bridging the Pacific: Toward Free Trade and Investment between China and the United States,” Peterson Institute for International Economics, May 2014.

体与发展中经济体在解决市场失灵问题的立场分歧逐步扩大，发达经济体认为，得益于政府层面的支持，来自发展中经济体的国有企业会在全球竞争中拥有相对于私营企业的不正当优势，因而极力主张在制度层面上对其行为进行规制甚至施加更大力度的限制，最初谈判的《跨太平洋伙伴关系协定》（TPP）及随后的《全面与进步跨太平洋伙伴关系协定》首次将“国有企业和指定垄断”单列成章，一方面体现出国有企业在诸多竞争主体中的特殊性，另一方面也从制度上强化了对国有企业的规制。[1] 根据《全面与进步跨太平洋伙伴关系协定》第 17.1 条，“国有企业是指主要从事商业活动的企业且缔约方在该企业中：(a) 直接拥有 50%以上股份资本；(b) 通过所有者权益控制 50%以上投票权的行使；或 (c) 拥有任命董事会或其他同等管理机构过半数成员的权力”。

自 2000 年开始，经济合作与发展组织（OECD）将“竞争中立”(competitive neutrality) 作为确立在市场经济下运营的各类实体公平竞争的原则提上议程，关于国有企业问题的讨论也就聚焦“竞争中立”或称“竞争中性”。竞争中性是新一代国际经贸规则关注的焦点内容，且越来越成为许多国家推进经济改革和发展的制度安排取向。竞争中性是一种公平竞争的市场框架，在此框架内，国有企业和其他类型企业需要面对相同的规则约束并被平等对待，国有企业不能因为其公共所有权性质而相对其他类型企业享有不当的竞争优势或劣势。企业的竞争优势可以区分为合理竞争优势和不当竞争优势，合理竞争优势是一种内生型优势，是企业以资源为基础或基于能力而获取的竞争优势，是企业努力付出所赢得的合理回报，所有企业均有可能凭借努力而创造出合理竞争

---

1　杨国华等：《〈跨太平洋伙伴关系协定〉规则研究》，上海人民出版社，2020，第 88-90 页。

优势；不当竞争优势是一种不当的（undue）、不合理的竞争优势，意味着企业通过本不应该的不正当竞争行为而获取的竞争优势，或者外部主体以外源性方式对特定企业赋予其本不应该的、本不能享有的竞争优势，这是特定企业并非基于努力而得到相对其他竞争主体额外的输入性竞争优势。[1]《全面与进步跨太平洋伙伴关系协定》和《美墨加协定》制定了国有企业规则的蓝本，美、欧、日三方联合声明强化了国有企业议题多边化的路径，美国单方面或联合其他世贸组织成员以多种方式迫使国有企业议题多边化，这些方式包括提出透明度提案、提出非市场导向政策和做法的提案、发起世贸组织总理事会辩论、在各谈判委员会对国有企业问题进行贸易关注等。国有企业议题可能成为下一步世贸组织改革和多边规则谈判的重点领域。[2]

与大型企业相比，中小企业存在竞争劣势。但中小企业正在受到越来越多的关注。中小企业对经济发展的贡献主要体现在促进经济总量增长和财政收入稳定、创造就业机会、推动技术创新与出口贸易增长等方面。《区域全面经济伙伴关系协定》对中小企业发展做出了加强合作的规定，中小企业可以在协定的支持下获得有利的规则支持，在受到贸易损害时可寻求更好的制度保护。[3]《全面与进步跨太平洋伙伴关系协定》的序言明确提出，“缔约方通过促进中小企业参与并受益于本协定所创

---

1　肖红军、黄速建、王欣：《竞争中性的逻辑建构》，《经济学动态》2020 年第 5 期，第 65–84 页。

2　刘振宇、王升艳、徐清军：《世贸组织改革涉及的国有企业议题研究》，《世界经济研究》2021 年第 4 期。

3　《区域全面经济伙伴关系协定》（RCEP）“第 14 章中小企业”：缔约方同意在协定上提供中小企业会谈平台，以开展旨在提高中小企业利用协定，并在该协定所创造的机会中受益的经济合作项目和活动，将中小企业纳入区域供应链的主流之中。协定强调充分共享《区域全面经济伙伴关系协定》中涉及中小企业的信息，包括协定内容、与中小企业相关的贸易和投资领域的法律法规，以及其他与中小企业参与协定并受从中受益的其他商务相关信息。

造机会，以支持中小微企业的成长和发展”，其中“第24章 中小企业”对缔约方义务有明确的约定，[1] 旨在全面保障中小企业利益，为中小企业利用贸易协定提供的便利，增强市场透明度和竞争公平性。世界各国，特别是发达经济体和发展中经济体，都高度重视全球经济中的中小企业利益。因此，有关中小企业发展的议题也是全球经济治理未来关注的重点领域。

## （四）制度政策合规至关重要

全球经济治理的核心是规则和制度，在各国国内，则更多地体现为各项国内立法、政策和制度。合规是涉及金融、贸易和投资等广泛的经济领域，包括国别政策立法与区域性规则之间、与多边规则体系之间、与国际协定之间的制度合规（regulatory compliance）问题，其影响相当广泛。

在金融领域，2005年4月29日巴塞尔银行监管委员会在《合规与银行内部合规部门》中将“合规风险”定义为，“银行因未能遵循法律、监管规定、规则、自律性组织制定的有关准则，以及适用于银行自身业务活动的行为准则（以下统称‘合规法律、规则和准则’）而可能遭受法律制裁或监管处罚、重大财务损失或声誉损失的风险”。

对于世界贸易组织成员而言，加入世界贸易组织的过程也是其国内贸易政策与世界贸易组织基本原则合规的过程。世界贸易组织通过多边谈判构建了全球贸易规则体系，实现了多边贸易的“法制化”，并通过

1　参阅商务部：《〈全面与进步跨太平洋伙伴关系协定〉（CPTPP）中英对照文本》，http://www.mofcom.gov.cn/article/zwgk/bnjg/202101/20210103030014.shtml。

定期对成员的贸易政策进行审议及争端解决机制的运行，实现对成员合规的监督。在各类自由贸易协定交叉实施的趋势下，处于全球供应链不同环节的生产商、分销商、进出口商及其代理机构将不得不面临这样的挑战：如何获取最有利的关税分类、原产地及估值？如何提高海关手册管理水平？如何利用各种各样的自由贸易协定？如何处理出口和再出口过程中的税收规则？如何应对贸易伙伴国的管制措施？如何确保货物转运符合各国的法律和法规？

在全球供应链下，合规正在变得更加复杂。仅就税收而言，一国直接影响进出口的税收政策法规和单行条例往往包括影响进口的间接税、出口税、出口退税、加工贸易税收减让、自由贸易协定（区）下的特殊税收优惠政策等。企业必须熟知相关原材料及成品的海关合规，方可充分运用自由贸易区、双边及多边自由贸易协定、特别关税区以及其他贸易优惠政策优化全球采购，有效应对其他国家海关法律项下的关税分类、原产地规则、原产地标识及海关估值，及时采用有利的争端解决机制，去解决与贸易有关的争议。

进入 21 世纪以来，各国在数据跨境流动、知识产权、劳工标准、环境标准、技术标准以及与人类健康和安全等有关领域面临的合规问题日益突出，不仅在发展中经济体和发达经济体之间，而且在发达经济体（如欧美）之间，也存在合规方面的挑战。欧美有关转基因食品问题的贸易争端、波音与空客之间关于补贴问题的贸易争端等都是典型例证。贸易政策合规关乎贸易流程效率，关乎贸易风险和成本，是贸易竞争的必要条件。从趋势上看，国际经贸规则演变的总体趋势不是简单地推进自由贸易、放松贸易管制，而是细化规则约束，减少规制的灰色区域，降低制度摩擦成本，完善利于公平竞争的政策制度，增强制度的公平性和透明度。因此，合规成为全球经济治理中不能回避的议题。

## （五）基于全球价值链的全球经济治理

全球价值链的发展是全球化的直接结果，超过三分之二的世界贸易是通过全球价值链实现的，与全球价值链相关贸易的显著增长已转化为全球许多国家的经济增长，随着机器人、大数据和物联网（IoT）等新技术的应用，全球价值链将被进一步重塑和改变。

发达经济体不仅主导本地区价值链，而且深度嵌入全球价值链。2008 年全球金融危机后，世界主要出口贸易大国的全球价值链参与度发生改变，发展中经济体特别是中国的参与度明显提高。世界贸易组织发布的《2015 国际贸易统计》（*International Trade Statistics 2015*）显示，1995—2011 年，大多数发达经济体和发展中经济体对全球价值链的贡献都有显著增加。2011 年，有接近一半的货物和服务贸易发生在全球价值链内，这一比例在 1995 年为 36%。一些经济体还通过吸引更多外资到最终产品和服务领域，寻求增加对全球价值链的参与度。

发展中经济体是 20 世纪推动全球化的重要力量，积极融入全球价值链参与国际分工，以相对比较优势在全球价值链中显现增长活力和动力。到 20 世纪末期，全球价值链的产品核心技术研发和先进制造基本由发达国家高技术企业完成，在价值链上处于资本和技术密集环节，原材料供给和产品组装则主要在发展中经济体完成，发展中经济体处于价值链的劳动密集环节。这种国际分工格局决定了发展中经济体在全球价值链中的贸易利益分配并未随其分工地位的变化而改变，不仅没有影响发达经济体在高端制造领域的垄断利润，甚至由于生产技术对要素禀赋变化的反应相对滞后，使其贸易利益分配中的获利能力被削弱。[1]

进入21世纪，随着全球价值链的知识密集度增强，低技能劳动作为生产要素的重要性逐渐降低，发展中经济体从劳动密集型产品的加工组装的价值链低端开始向重视技术研发和创新的价值链高端攀升。新兴经济体正在完善本土供应链，以降低对进口中间投入品的依赖。伴随跨境数据流和新兴技术正在重塑全球价值链，发展中经济体在数字平台、物联网、自动化和人工智能等新兴领域的快速崛起成为全球服务贸易加速发展的主要推动力。[2]

发达经济体自2017年实施新一轮贸易保护主义和技术贸易壁垒，对发达经济体与发展中经济体在全球价值链的利益分配又带来了新的影响。发达经济体更加关注如何保持其科技创新竞争优势，在全球价值链中继续保持高端锁定和科技领先，发展中经济体则力求摆脱低端锁定，加快技术创新，在发达经济体的技术性和制度性贸易保护中突围，改变在全球价值链利益分配中的被动地位。

受2020年新冠肺炎疫情的影响，全球价值链正在加快转型，产业回流和生产布局多元化与区域治理新格局的形成都将影响发展中国家在价值链中的地位与利益分配，并进而深刻影响全球经济治理体系的调整。因此，基于全球价值链的多边治理规则是21世纪全球经济治理机制改革的重要议程。

1　张丽娟、赵佳颖：《全球价值链下中美贸易利益分配与影响因素的测度研究——基于相对出口增加值率的视角》，《国际贸易问题》2019年第8期，第16-32页。

2　Susan Lund, et al., "Globalization in Transition: The Future of Trade and Value Chains," *McKinsey Report*, January 2019, https://www.mckinsey.com/featured-insights/innovation-and-growth/globalization-in-transition-the-future-of-trade-and-value-chains#，访问日期：2021年6月1日。

## （六）全球经济治理聚焦非传统安全议题

21 世纪国家安全利益的内涵和外延已经扩展到了非传统安全领域，如与全球流行病有关的全球公共卫生安全、与科技创新有关的网络空间安全、与全球气候与环境变化有关的生态安全等。非传统安全议题广泛，具有跨国性且在个体、群体、国家、地区以及全球层面威胁人类生存、发展、稳定和安全。在金融治理领域，数据安全问题日益突出，如何规范数据处理活动，保障数据安全，是金融治理的重要范畴。在贸易领域，当前国际贸易规则谈判的重点之一是数字贸易规则，涉及知识产权保护、跨境数据自由流动和个人信息保护等谈判议题，国际贸易治理体系更多聚焦与非传统安全有关的贸易规则设计。

与传统安全议题不同，一旦非传统安全问题出现，在全球价值链语境下，其对全球经济和贸易的影响将迅速扩大。2020 年暴发的新冠肺炎疫情迅速蔓延到全世界，威胁着全球公共卫生安全，对世界经济贸易的破坏程度至今还难以估量。因此，未来真正的挑战在于，没有一个国家可以单独应对非传统安全议题给国际经济贸易带来的挑战，只能通过国际合作以构建有效的国际治理体系来实现。当前，面临百年变局和国际贸易治理体系重构，国家经济安全的重要性被提到了新的高度，赋予了更多新的内涵。如何完善 21 世纪全球多边规则体系关于“国家安全例外”的规则及其适用，构建强有力的国际贸易治理体系，对贸易政策制定者仍是一个不小的挑战。[1]

1 张丽娟、郭若楠：《国际贸易规则中的“国家安全例外”条款探析》，《国际论坛》2020 年第 3 期，第 66–79 页。

## （七）保障发展利益的全球治理新议题

全球化新阶段的主要特征之一是各国关注发展利益，重视开放与发展之间的平衡与协调。因此，全球化或在三个方面进一步转型。一是从扩大开放的扩张性全球化转型到稳健开放的内敛性全球化，从单一增长目标主导的全球化转向兼顾经济与社会平衡发展的全球化。20 世纪的全球化中，各国重点追逐的利益目标是降低壁垒融入全球化，以开放促增长。21 世纪以来的全球化，承载了更多、更高的社会目标，比如，利于实现社会公正，利于缩小收入差距，利于保护充分就业等，如何实现全球化的发展目标与公民社会目标的兼容，是各国政府更加关注的利益平衡所在。二是从打破贸易保护实现贸易开放的全球化转变到兼顾贸易开放与贸易利益保护的全球化。20 世纪的全球化迅速推进，诸多国际治理机制和国家治理体系还来不及适应快速推进的全球化，政策机制和治理体系的缺口较大，当选民利益与制造业就业机会减少关联在一起的时候，国内利益群体和民粹主义使得全球化中加强国内利益保护随之在发达经济体复兴，贸易保护与就业保护成为密不可分的贸易政治议题。三是在政策空间上从包容的全球化到更加强调对等的全球化。在包容的全球化下，发达经济体给予发展中国家单方面、非互惠的优惠待遇，帮助发展中经济体通过开放贸易实现经济发展。在世界贸易组织规则体系中，“特殊与差别待遇”赋予发展中国家一定的政策空间，这在 21 世纪的全球化中受到了挑战。发达经济体要求发展中经济体“对等开放”，要求重新审核世界贸易组织中的“发展中国家”地位及与之相关的非互惠待遇。

全球化与贸易开放之间夹杂着越来越多的变量。世界贸易组织多边贸易体系在满足各国发展目标上至少存在三个方面的偏差。首先，即使从广义上说自由贸易是最有利于发展的，但世贸组织从根本上并不追求自由贸易。其次，即使自由贸易是世界贸易组织的宗旨，也不能保证自由贸易是低发展水平国家的最佳贸易政策。最后，即使世贸组织规则本身并无害处，也有可能排挤更全面的发展议程——无论是在国际层面还是在国家层面。因此，世界贸易体制的理念必须从“市场准入”转变为“发展”。从本质上讲，这种转变意味着我们应该停止从是否使得货物和服务贸易流动最大化的角度来评估贸易体制，而是要问：“当前和议定中的贸易安排是否最大限度地提高了国家层面的发展的可能性？”[1]

2020 年的新冠肺炎疫情也引发了关于社会契约变革的反思。因为民众更加意识到他们所面临的风险，无论是疫情还是失业，都需要政府提供新的社会契约，包含更多的社会保障。这不仅会改变国家与市场之间的平衡，还将改变私营部门与公共部门之间的平衡。各国政府在筹划未来经济开放和全球化策略时，需要筹划构建新的社会契约，确保经济增长具有包容性，有利于维护广泛的国内民众利益，特别是减少全球化的负面影响，保障就业机会和缩小贫富差距。可以预期，全球化仍会继续，但与以往不同，今后的国别全球化策略不是仅服务于贸易开放，还要关注如何使得全球化更能够贴近民意、回应民生，更好地保障社会民众的基本利益诉求，逐步形成利于经济和社会长期可持续发展的新格

1 Dani Rodrik, “The Global Governance of Trade—As If Development Really Mattered,” *United Nations Development Program Background Paper*, October 2001, accessed July 10, 2021, https://wcfia.harvard.edu/files/wcfia/files/529_rodrik5.pdf.

局。[1] 新型全球化的特点之一就是把市场开放与均衡发展更好地结合起来，改变自由主义主导下的“唯开放”方式，发达国家更关注全球化下国际财富积累与国内社会经济平衡，各国都关注国家整体安全体系的构建。现行的国际机构合作机制与平台要适应新全球化发展的需要，为新全球化的发展提供支持和便利。[2] 因此，如何在全球治理体系中构建利于保障发展利益的规则体系，是一个不小的挑战。

综上所述，过去 70 余年的全球发展体现了技术进步与科技创新加快、全球价值链演变与产业革命加速等特点，具体到全球贸易投资和国际货币金融等领域，国际制度与国内制度的改革、创新和发展也不断加快，全球多边机制与区域合作机制也在国际政治经济意义上同步进化，形成改革传统全球经济治理体系的巨大压力。如何改革现有国际治理体系，使其既能及时反映全球格局变化的现实与未来，又能坚守公平合理的基本原则，体现“共商共建共享”的全球治理观，是 21 世纪全球经济治理体系改革面临的严峻挑战。

1 张丽娟：《2020 新议题：全球经济不确定性、全球化转型与国际合作治理》，《太平洋学报》2020 年第 8 期，第 1–11 页。

2 张蕴岭等：《世界大势：把握新时代变化的脉搏》，中共中央党校出版社，2021，第 42 页。

# 全球贸易治理制度体系

张丽娟*

当前全球唯一的多边贸易治理体系是创立于 1995 年的世界贸易组织，其前身为《关税与贸易总协定》（GATT）。作为临时性的全球多边贸易机制，《关税与贸易总协定》代表着全球贸易规制体系的最早确立。本文回顾全球贸易治理体系的发展历程，分析发展中经济体与全球贸易治理体系构建，评估世界贸易组织对全球贸易治理的贡献。

## 一、《关税与贸易总协定》框架下的全球贸易治理

在全球发展史上，从丝绸之路到《关税与贸易总协定》签署，贸易在支持经济发展和促进世界和平方面发挥了重要作用。第二次世界大战之后，如何重振世界经济是摆在各国面前的一个重要议题，确立全球贸易规则也是战后尽快恢复经济的迫切需要，由此直接推动了全球经济治理体系的创建。

为了促进战后经济的恢复和重建，1944 年 7 月，筹建联合国的 44

---

* 张丽娟，山东大学经济学院教授。

国代表在美国的布雷顿森林开会，决定成立国际货币基金组织，还有国际复兴开发银行即现在的世界银行，旨在通过建立规范金融和投资方面的国际框架体系，促进汇率稳定，平衡国际收支，消除外汇管制，并鼓励国际投资开发，促进世界经济长期平衡发展。

最初，有关建立国际贸易框架体系的谈判并不顺利。英国和加拿大是美国当时最大的贸易伙伴，最初有关建立共识的谈判主要在英美之间进行。早在 1943 年 9—10 月，英美双方已经开始围绕数量限制、补贴、出口税、非歧视和关税减让等原则性内容进行协商，两国官方正式协商一直持续到 1945 年。到 1945 年 12 月，英美就建立国际贸易组织（International Trade Organization，ITO）拟订了一系列草案。1946 年初，这些草案被联合国经济及社会理事会（United Nations Economic and Social Council）接受，并决定正式召开联合国贸易与就业会议（United Nations Conference on Trade and Employment）。

会议的筹备委员会由 18 国政府组成，主要负责准备全会表决的草案。在伦敦召开的第一次筹备委员会后，美国邀请其他 70 个国家参加并就具体的关税减让和消除关税壁垒开始谈判。有关关税减让的谈判从 1947 年 4 月开始，一直持续到 10 月 30 日。作为战后第一次全球多边贸易谈判的成果，共有 23 个缔约方（contracting parties）签署了《关税与贸易总协定》，但仅作为一项“临时性协定”（provisional agreement）。各国期待通过努力达成更广泛共识，最终会由一个永久性的多边贸易机构取代这一“临时性协定”。因此，在法律意义上，《关税与贸易总协定》自 1948 年 1 月 1 日生效，到 1995 年 1 月 1 日被世界贸易组织取而代之，一直是一个“临时性协定”。《关税与贸易总协定》在将近半个世纪的贸易治理过程中，各缔约方在关税减让和降低关税壁垒方面做出了积极努力，使其成为最早且名副其实的国际贸易治理机制。

正如《关税与贸易总协定》序言所描述的，缔约方的目标是“提高生活水平，确保充分就业、有效需求和实际收入的明显稳定提高，进一步充分利用世界资源，扩大生产和商品的交换”。值得注意的是，“自由贸易”从来没有被作为《关税与贸易总协定》的目标提及，而只是强调互惠的关税减让通过非歧视方式扩展，以使得参与国彼此都能够从收入的提高中获利。[1]

《关税与贸易总协定》的签署标志着全球贸易多边化和全球贸易治理制度体系框架的初步构建。《关税与贸易总协定》框架下八个回合的多边贸易谈判，推动了贸易的开放，也推动着全球贸易治理体系逐步走向规范化和多边化。《关税与贸易总协定》八个回合的谈判如下。

第一回合谈判于 1947 年 4—10 月在瑞士日内瓦举行。美国是这一回合谈判的主要发起方，《关税与贸易总协定》的 23 个创始缔约方参加了谈判，并正式创立了《关税与贸易总协定》。尽管没有形成永久性的多边贸易框架体制，谈判各方仍在 123 项双边关税减让协议的基础上，加上了贸易自由化发展的核心内容，构成了临时的国际贸易框架协定。据此，一半以上进口商品的平均关税降低 35%。

第二回合谈判于 1949 年 4—10 月在法国安纳西（Annecy）进行，13 个缔约方参加了谈判。谈判期间，瑞典、丹麦、芬兰、意大利、希腊、海地、尼加拉瓜、多米尼加、乌拉圭、利比亚等 10 国就加入《关税与贸易总协定》进行谈判，并最终加入《关税与贸易总协定》。这一回合谈判达成了 147 项双边协议，增加关税减让 5000 多项，占应税进

1　科依勒·贝格威尔等：《世界贸易体系经济学》，中国人民大学出版社，2005，第 50-51 页。

口值5.6%的商品平均关税降低35%。

第三回合谈判于1950年9月至1951年4月在英国托奎（Torquay）举行，共有38个国家参加，达成8700多项双边关税减让，使关税总水平在1948年基础上进一步削减25%，同时还有4个国家加入《关税与贸易总协定》。

第四回合谈判于1955年到1956年5月在瑞士日内瓦举行，26个国家参加了谈判，进一步降低进口关税2.5%，日本加入《关税与贸易总协定》。

第五回合谈判于1960年9月至1961年7月在日内瓦举行，有26个国家参加。这一回合由美国副国务卿道格拉斯·狄龙（Douglas Dillon）根据《1958年贸易协定延长法》（*Trade Agreement Extension Act of 1958*）发起，故命名为“狄龙回合”。谈判结果达成了4400多项商品的关税减让，涉及49亿美元贸易额，使占应税进口值20%的商品平均关税降幅达20%。

第六回合多边贸易谈判于1964年5月至1967年6月在日内瓦举行，共有62个国家参加。这一回合是时任美国总统约翰·肯尼迪（John Kennedy）根据《1962年贸易扩张法》（*Trade Expansion Act of 1962*）提议举行的，故又称“肯尼迪回合”。这一回合谈判确定了削减关税采取“一刀切”的办法，经合组织成员间工业品一律平均削减35%的关税，涉及贸易额400多亿美元。对出口产品较单一的国家，如加拿大、澳大利亚、新西兰等做出了特殊安排。对17个发展中国家制定了特殊的、非互惠的优惠待遇原则，正式列入《关税与贸易总协定》第四部分，即“贸易与发展”，要求发达国家给予发展中国家优惠关税待遇。41个最不发达国家可以按最惠国待遇原则，享受其他国家削减关税的利益，但其本身不对其他国家降低关税。“肯尼迪回合”第一次涉及非关税措施的谈判，并最终达成《反倾销协定》，于1968年7月1日生效。美国、英国、日本等21个国家签署了该协定，为《关税与贸易总协定》第6条反倾销规定的实施奠定了基础。

第七回合是1973年9月在日本东京举行的部长级会议上发起的，因此又称“东京回合”。“东京回合”谈判持续到1979年11月结束，历时6年。“东京回合”尝试解决当时全球贸易面临的主要问题，包括布雷顿森林体系的瓦解、石油危机和日本作为贸易强国的崛起。数以千计的工业品和农产品的关税得以削减，世界9个主要工业国家工业制品的加权平均关税降至6%左右，并达成了一系列具体的协议。特别是非关税措施或具体产品的守则，主要包括：（1）补贴与反补贴措施；（2）贸易的技术性壁垒（产品标准）；（3）政府采购；（4）海关估价；（5）进口许可证程序；（6）修订“肯尼迪回合”反倾销规则。此外，还达成了《国际奶制品协定》《民用航空器协定》等诸边贸易协定。

第八回合于1986年9月在乌拉圭举行的《关税与贸易总协定》部长级会议上发起，旨在全面改革多边贸易体制，又称“乌拉圭回合”。“乌拉圭回合”经历了长达7年的艰苦谈判，最终于1994年4月15日在摩洛哥的马拉喀什结束。参加“乌拉圭回合”谈判的国家和地区从最初的103个，增加到结束时的128个。“乌拉圭回合”的突出成果是创立了世界贸易组织，取代了《关税与贸易总协定》，并将世界贸易谈判的范围延伸到了服务贸易和知识产权等领域，最终达成了《服务贸易总协定》（*General Agreement on Trade in Services*，GATS）和《与贸易有关的知识产权协定》（*Agreement on Trade-Related Aspects of Intellectual Property Rights*，*TRIPS*）。

《关税与贸易总协定》的八个回合谈判成功地降低了工业产品的平均关税，关税税率从20%—30%降至约4%，并确立了解决非关税壁垒的部分协议。由此，《关税与贸易总协定》及随后的世界贸易组织建立起了一个强大的全球贸易治理体系，促进了世界贸易前所未有的增长。世界贸易在《关税与贸易总协定》治理下的47年实现了14倍的历史性高速增长。表1汇总了《关税与贸易总协定》各个回合贸易谈判的议题和关税减让幅度。

**表1 《关税与贸易总协定》各回合谈判汇总**

单位：%；个

| 回合名称 | 年份 | 主要议题 | 工业品平均关税减让幅度 | 参加成员数量 |
|---|---|---|---|---|
| 第一回合 | 1947 | 关税减让 | 19 | 23 |
| 第二回合 | 1949 | 关税减让 | 2 | 13 |
| 第三回合 | 1951 | 关税减让 | 3 | 38 |
| 第四回合 | 1956 | 关税减让 | 2 | 26 |
| 第五回合“狄龙回合” | 1960—1961 | 关税减让 | 7 | 26 |
| 第六回合“肯尼迪回合” | 1964—1967 | 关税减让，反倾销 | 35 | 62 |
| 第七回合“东京回合” | 1973—1979 | 关税、非关税壁垒，争端解决程序，倾销和许可证 | 34 | 102 |
| 第八回合“乌拉圭回合” | 1986—1994 | 关税、非关税壁垒、服务贸易、知识产权、争端解决、纺织品、农业、创立世界贸易组织 | 40 | 123 |

资料来源：World Trade Organization, https://www.wto.org/english/thewto_e/whatis_e/tif_e/fact4_e.htm。

乌拉圭回合谈判成功地改变了多边贸易体制的性质，用新的世界贸易组织取代旧的《关税与贸易总协定》仅是这种转变的一部分。乌拉圭回合谈判真正引人注目的地方在于，从谈判开始到结束，人们的雄心壮志不仅开始高涨，而且实际上一直在增长。当谈判代表于 1986 年离开埃斯特角城时，他们已经同意不仅要进行常规的市场准入谈判，还要提出全新议题并改革争端解决制度。从制度的角度来看，谈判范围的三个最重要的扩展涉及的决议不单是审查《关税与贸易总协定》的运作，而是创建一个全新的国际组织，建立一个远远超出许多缔约方预期的贸易政策审查机制（Trade Policy Review Mechanism，TRPM），并将一个关于谈判结果的单一规则重新定义为关于国家承诺的实质内容的规则。[1]

《关税与贸易总协定》“肯尼迪回合”基本代表了战后贸易自由化运动的最高峰，也体现出了美国贸易政策从第二次世界大战后到 20 世纪 70 年代，是以推动多边框架体系下的自由贸易为主要导向的。美国在《关税与贸易总协定》多个回合的谈判中扮演了主要发起方和推动者的角色。自《关税与贸易总协定》创立以来，美国在决定《关税与贸易总协定》何时谈判和讨论哪些议题方面的影响力远远超过其他任何一个国家或一系列国家。[2] 美国所提出的贸易政策问题虽并非都能成为多边框架机制之下的贸易谈判议题，但随着时间的推移，相关议题至少会部分地反映在最终达成的多边或者区域贸易协定之中。

从 1948 年到 1994 年，《关税与贸易总协定》为世界贸易提供了多

1 Craig VanGrasstek, “The History and Future of the World Trade Organization,” WTO Publications, 2013, https://www.wto.org/english/res_e/booksp_e/historywto_e.pdf.

2 Craig VanGrasstek, “The Challenges of Trade Policymaking: Analysis, Communication and Representation,” Policy Issues in International Trade and Commodities Study Series No. 36 (United Nations Publication 2008), p. 9.

边治理规则，推动全球贸易经历了若干高增长时期，不仅有效管理和削减了发达国家的贸易保护，还将贸易治理的制度安排实现多边化，首次在全世界建立了基于透明规则的多边贸易治理体制，使得缔约方之间的贸易更加开放透明和可预见，也为全球贸易可持续增长创造了一种有效率的治理模式。自1948年创立到最终被世界贸易组织取代的47年中，《关税与贸易总协定》始终是一个临时性的协议和组织，但其运作取得了巨大成功。

## 二、世界贸易组织多边贸易治理制度与体系

世界贸易组织是唯一处理全球贸易规则的国际组织，其主要功能是确保贸易流动尽可能顺畅，贸易制度环境具备可预见性。世界贸易组织的创始源于《关税与贸易总协定》框架下的“乌拉圭回合”谈判。该谈判始于1986年，持续到1994年，是一场旷日持久的多边贸易谈判。“乌拉圭回合”的突出成果是创立了世界贸易组织。1995年1月1日，世界贸易组织取代了《关税与贸易总协定》，成为永久性的、全球唯一的多边贸易治理机构。128个国家成为世界贸易组织的创始缔约方，到2021年12月，世界贸易组织拥有164个成员，代表了98%的世界贸易。由于所有成员都是通过谈判加入世界贸易组织，因此，世界贸易组织成员身份也意味着权利和义务的平衡，成员享有其他成员给予的优惠待遇以及交易规则提供的制度保障。作为回报，各成员必须遵守规则并承诺开放市场，而这些承诺也是成员参与贸易谈判的结果或者是它们申请加入世界贸易组织时做出承诺的结果。

## （一）世界贸易组织的基本原则

世界贸易组织的核心是世界贸易组织协定，由成员参与谈判后签署，并在各国议会或立法机构获得批准正式生效。贯穿世界贸易组织协定的主线，是一系列简明的基本原则，这些原则主要包括以下内容。[1]

第一，非歧视（Non-discrimination）。世界贸易组织的首要原则是非歧视原则，包括最惠国待遇（Most-favored nation，MFN）和国民待遇（national treatment），前者主张国家一般不得在贸易伙伴间实行歧视，后者主张不应歧视本国和外国的产品、服务或国民。

第二，更开放（Opening trade）。降低贸易壁垒以鼓励贸易，这些壁垒包括关税和选择性数量限制，如进口禁令或配额等措施。

第三，可预见和透明度（Predictability and transparency）。外国公司、投资者和政府应确信贸易壁垒不会被随意提高。通过稳定和可预见的商业环境，鼓励投资，创造就业机会，消费者可以充分享受竞争带来的好处、更好的商品选择和更低的价格。

第四，公平竞争（Fair competition）。阻止“不公平”的做法，例如出口补贴和以低于成本的价格倾销产品以获得市场份额。竞争问题很复杂，这一原则在具体细则中还需要确定什么是公平或不公平，以及政府如何应对，比如通过征收特别进口关税来补偿不公平贸易造成的损害。

第五，支持欠发达国家（Support for less developed countries）。四分之三以上的世界贸易组织成员是发展中国家和向市场经济转型的国家，这

1 WTO, “What We Stand For, ”accessed March 1, 2021, https://www.wto.org/english/thewto_e/whatis_e/what_stand_for_e.htm.

一原则给予欠发达国家更长的调整时间即过渡期，以适应世界贸易组织的规则要求。

第六，环境保护（Protection of the environment）。世界贸易组织协定允许成员采取措施，不仅保护环境，而且保护公共健康和动植物健康，但这些措施必须满足非歧视原则，即成员不得以环境保护措施作为掩饰保护主义政策的手段。

## （二）世界贸易组织的决策机制：部长级会议

根据世界贸易组织协定，世界贸易组织的职能由部长级会议行使。作为世界贸易组织的最高决策机制，部长级会议一般每两年召开一次，审议世界贸易组织协定的执行和多边贸易体制的运作情况，发起多边贸易谈判，并在协商一致的基础上，对多边贸易协定项下的所有事项做出决定。迄今为止，世界贸易组织已举行过 11 届部长级会议。

第一届部长级会议于 1996 年 12 月 9—13 日在新加坡召开。会议主要审议了世界贸易组织成立以来的工作及上一轮多边贸易谈判，即“乌拉圭回合”协定的执行情况，并决定成立贸易与投资、贸易与竞争政策和政府采购透明度等 3 个工作组，同时将贸易便利化纳入货物贸易理事会的职责范围。会议最后通过了《新加坡部长宣言》。

第二届部长级会议于 1998 年 5 月 18—20 日在瑞士日内瓦举行。会议主要为第三届部长级会议启动新一轮的多边贸易谈判做准备。

第三届部长级会议于 1999 年 11 月 30 日至 12 月 3 日在美国西雅图召开。由于民众、利益集团和非政府组织的示威干扰以及世界贸易组织成员在一系列重大问题上的意见分歧，会议未能启动拟议中的新一轮多边贸易谈判，以失败告终。

第四届部长级会议于 2001 年 11 月 9—13 日在卡塔尔首都多哈举行。会议启动了“多哈发展议程”（Doha Development Agenda），即所谓“多哈回合”新一轮多边贸易谈判。会议的另一个重要成果是批准中国加入世界贸易组织。

第五届部长级会议于 2003 年 9 月 10—14 日在墨西哥坎昆举行。根据议程，此次会议的目标是对“多哈回合”进行中期评估，涉及已达成协定的履行、农产品补贴、服务贸易、非农产品市场准入、与贸易有关的知识产权、世界贸易组织贸易争端解决机制、贸易与环境、贸易与投资等多方面内容。此次会议上，世界贸易组织各成员在关键领域互不相让、互不妥协。由于发达国家和发展中国家在农业问题上各执己见，本次谈判无果而终。

第六届部长级会议于 2005 年 12 月 13—18 日在中国香港举行。这次会议继续就“多哈回合”谈判问题进行了讨论，但世界贸易组织各成员在农业、服务和贸易便利化等问题上仍存在争议，未能达成协定。

第七届部长级会议于 2009 年 11 月 30 日至 12 月 2 日在瑞士日内瓦召开。会议的主题是“世界贸易组织，多边贸易体制和当今全球经济环境”。会议回顾了 2005 年部长级会议以来“多哈回合”谈判的进展情况，讨论了世界贸易组织对世界经济复苏和增长的贡献。

第八届部长级会议于 2011 年 12 月 15—17 日在瑞士日内瓦举行，这次会议探讨的议题有 3 个：多边贸易体制与世界贸易组织的重要性、贸易与发展以及多哈发展议程。此次会议还正式批准俄罗斯加入世界贸易组织，结束了俄罗斯长达 18 年的“入世”谈判。此次部长级会议通过的修订后的《政府采购协定》将原始协定的覆盖范围扩大约每年

1000 亿美元。

第九届部长级会议于 2013 年 12 月 3—6 日在印度尼西亚巴厘举行。此次会议达成了“巴厘一揽子协定”，主要谈判议题来自未能如期完成的“多哈回合”谈判，主要内容涵盖了贸易便利化、农业和发展等议题，并就简化海关及口岸通关程序、允许发展中国家在粮食安全问题上具有更多选择权、协助最不发达国家发展贸易等内容达成一致。会议确立了“后巴厘工作计划”框架，表示将协助世界贸易组织贸易谈判委员会在未来一年内就多哈发展议程遗留议题建立清晰的工作计划。此次会议正式批准也门加入世界贸易组织，从而使世界贸易组织成员扩充至 160 个。此次部长级会议上，世界贸易组织成员达成了《贸易便利化协定》(*Trade Facilitation Agreement*)，旨在通过削减繁文缛节以减少边境延误，该协定全面实施后将使贸易成本降低 14%以上，并使全球出口每年增加多达 1 万亿美元。

第十届部长级会议于 2015 年 12 月 15—19 日在肯尼亚首都内罗毕举行。正值世界贸易组织成立 20 周年，会议肯定了世界贸易组织取得的成就，通过了《内罗毕部长宣言》及 9 项部长决定，就多哈回合农业出口竞争、最不发达国家议题达成共识。此次会议首次承诺全面取消农产品出口补贴，实现联合国“零饥饿”的可持续发展目标之一，并达成了《信息技术协定》(*Information Technology Agreement*，ITA) 扩围协定，取消了 200 种 IT 产品的关税，每年价值超过 1. 3 万亿美元。会议还正式批准阿富汗和利比里亚加入世界贸易组织。

第十一届部长级会议于 2017 年 12 月 10—13 日在阿根廷首都布宜诺斯艾利斯举行，会议达成了渔业补贴部长决定、电子商务工作计划部长决定等一系列部长决定，包括中国、加拿大、澳大利亚和韩国等在内的44个世界贸易组织成员在此次会议期间发表联合声明，重申支持多边贸易体制。

第十二届部长级会议原定于2020年6月在哈萨克斯坦首都努尔苏丹举行，受新冠肺炎疫情影响一再延期。世界贸易组织新任总干事伊维拉（Ngozi Okonjo-Iweala）已于2020年3月1日上任，各成员期待未来此次部长级会议取得积极成果。

## （三）世界贸易组织协定

通过谈判签署的协定常被称为世界贸易组织规则，世界贸易组织常被描述为“基于规则的”（Rule-based）、以规则为基础的体系，规则实际上是成员通过谈判达成的协定，乌拉圭回合谈判达成的一系列协定是当前世界贸易组织体系的基石。

乌拉圭回合多边贸易谈判形成的法律文本包括约60项协定、附件、决定和谅解备忘录。这些协定的内容主要有6个部分：总体协定（建立世界贸易组织的协定）、世界贸易组织涵盖的3大贸易领域（货物、服务和知识产权）中每一个领域的协定、争端解决和贸易政策评估。

国际贸易始于货物贸易。1947—1994年，《关税与贸易总协定》是谈判降低关税和其他贸易壁垒的论坛。《关税与贸易总协定》文本阐明了重要的规则，尤其是非歧视规则。自1995年以来，建立世界贸易组织的马拉喀什协定及其附件共同构成世界贸易组织协定体系。附件涉及与货物贸易相关的部门，如农业以及产品标准、补贴和针对倾销采取的行动等，最新的一项重要补充是《贸易便利化协定》，该协定于2017年2月生效。

服务贸易发展迅速。在国外开展业务的银行、保险公司、电信公司、旅行社、连锁酒店和运输公司享有与原本仅适用于货物贸易的更开放贸易相同的原则。这些原则体现在《服务贸易总协定》中。

知识产权至关重要。世界贸易组织的知识产权协定规定了版权、专利、商标、用于识别产品的地名、工业品外观设计和商业秘密等知识产权在涉及贸易时应如何受到保护。

争端解决是世界贸易组织机制的核心。世界贸易组织依据《争端解决谅解》（*Dispute Settlement Understanding*，DSU）解决贸易冲突，确保贸易顺畅流动。任何政府若认为其在世界贸易组织协定下的权利受到侵犯，都可向世界贸易组织提出争端诉讼。该制度鼓励成员通过相互协商解决分歧。成员向世界贸易组织提交的案件数量证明了对该体系的信心，世界贸易组织成立以来已处理了600多起贸易争端，而在《关税与贸易总协定》（1947—1994）时期总计处理了300起争端。

贸易监管关乎透明度。世界贸易组织的贸易政策审查机制旨在提高透明度，加深对世界贸易组织成员所采用贸易政策的了解并评估其影响。许多成员将贸易政策审议视为对其政策的建设性反馈。所有世界贸易组织成员都必须接受定期审议，审议的频率根据各国贸易量而定：贸易量最大的4个成员，包括欧盟、美国、日本和中国，每2年审议一次，其后的16个成员每4年审议一次，其他成员每6年审议一次，对最不发达国家的审议周期更长。每次审议都包含有关成员和世界贸易组织秘书处独立撰写的报告。

从框架上看，世界贸易组织协定涵盖商品、服务和知识产权三大领域。从原则上看，坚持了基本原则和允许的例外，其中包括各国承诺降低关税和其他贸易壁垒，以及开放和保持开放的服务市场。争端解决和贸易政策审议是确保协定得到执行的机制，此外还制定了解决争端的程序、规定了“发展中国家”的特殊与差别待遇，要求各国政府通过向世界贸易组织通报现行法律和采取的措施，并通过秘书处定期报告各国贸易政策，确保其贸易政策透明度。世界贸易组织协定框架内容参见表2。

**表 2　世界贸易组织协定的框架内容**

| 总则 | 世界贸易组织确立的协定 | | |
|---|---|---|---|
| — | 货物贸易 | 服务贸易 | 知识产权 |
| 基本原则 | 《关税与贸易总协定》 | 《服务贸易业总协定》 | 《与贸易有关的知识产权协定》 |
| 附件 | 其他货物贸易和附件 | 服务贸易附件 | — |
| 市场准入承诺 | 成员承诺的时间表 | 成员承诺的时间表（及最惠国待遇的例外） | — |
| 争端解决 | 争端解决 | | |
| 透明度 | 贸易政策评估 | | |

资料来源：WTO, https://www.wto.org/english/thewto_e/whatis_e/tif_e/agrm1_e.htm。

世界贸易组织协定具体包括如下内容。[1]

## 1. 关税：更多约束更接近于零

乌拉圭回合的最大成果是长达 22500 页的货物和服务贸易承诺，包括承诺削减和约束进口商品关税税率的承诺。在某些情况下，关税被削减到零，约束性关税产品的数量也显著增加。发达国家的关税削减大部

1　WTO, “Understanding the WTO,” accessed June 30, 2021, https://www.wto.org/english/thewto_e/whatis_e/tif_e/tif_e.htm.

分是从1995年1月1日起在5年多的时间内分阶段进行，其结果是工业产品关税削减了40%，从平均6.3%降至3.8%。在发达国家享受免税待遇的进口工业产品价值从20%跃升至44%。税率15%以上进口到发达国家的产品比例从7%下降到5%，发展中国家出口到工业化国家税率高于15%的比例从9%下降到5%。1997年3月26日，占世界信息技术产品贸易92%以上的40个国家一致同意，到2000年（少数情况下到2005年）取消对这些产品的进口关税和其他费用。发达国家将受约束关税产品数量从78%提高到99%，发展中国家从21%增加到73%，转型经济体从73%增加到98%。这一切都意味着贸易和投资者面对的市场开放程度更高了。

### 2. 农业：为农民提供更公平的市场

最初的《关税与贸易总协定》确实适用于农产品贸易，但其中存在漏洞。例如，它允许各国使用一些非关税措施，如进口配额，并允许补贴。农产品贸易变得高度扭曲，特别是在使用通常不允许用于工业产品的出口补贴的情况下尤为严重。乌拉圭回合产生了第一个专门针对农业的多边协定，也是迈向有秩序、公平竞争和减少扭曲的重要一步，其目标是改革农业部门的贸易并使政策更加以市场为导向，提高进出口国的可预见性和安全性。新规则和承诺适用于：（1）市场准入：进口面临的各种贸易限制；（2）国内支持：补贴和其他计划，包括提高或保证农场交货价格和农民收入的计划；（3）出口补贴和其他用于使出口人为地具有竞争力的方法。该协定允许政府支持其农村经济，但主张通过减少贸易扭曲的政策。它还允许在履行承诺的方式上具有一定的灵活性。发展中国家、发达国家和最不发达国家的义务有所区别。

### 3. 标准与安全

《关税与贸易总协定》第 20 条允许各国政府为保护人类、动物和植物的生命与健康而对贸易采取措施，前提是相关措施不具有歧视性或将其用作变相保护主义。此外，还有两个具体的世界贸易组织协定涉及食品安全和动植物健康与安全以及一般的产品标准。《实施卫生与植物卫生措施协定》（SPS）规定了基本规则，允许各国制定自己的标准，但需要有科学依据，仅在保护人类、动物或植物的生命与健康所必需的限度内实施，且不得在情况相同或相似国家之间实施随意的、不公正的歧视。

### 4. 纺织品：回归主流

从 1974 年到乌拉圭回合结束，纺织品贸易由《多种纤维安排》（*Multifiber Arrangement*，MFA）管理。这是一个双边协定或单边行动的框架，配额是其最明显的特征。自 1995 年以来，世界贸易组织的《纺织品与服装协定》（*Agreement on Textiles and Clothing*，ATC）生效取代了《多种纤维安排》。到 2005 年 1 月 1 日，该行业已完全融入正常的《关税与贸易总协定》规则。尤其是配额结束，进口国不得再歧视出口国，而且《纺织品与服装协定》已不复存在，它是唯一有自我毁灭条款的世界贸易组织协定。

## 5. 服务：为了增长和投资规则

《服务贸易总协定》是第一套也是唯一一套管理国际服务贸易的多边规则。在乌拉圭回合谈判中，它是为应对服务经济的增长和服务在世界贸易中日益重要的地位而制定的。《服务贸易总协定》包含三部分：一般义务和纪律的主体条款，关于特定行业规则的附件，以及各国关于提供市场准入和非歧视待遇的具体承诺。该协定涵盖所有国际贸易的服务部门，如银行、电信、旅游、专业服务等。它还定义了四种交易服务方式（或“模式”）：跨境交付，即从一个成员向另一个成员提供的服务（如国际电话，在世界贸易组织术语中为“模式一”）；境外消费，即在另一成员领土内向一个成员的消费者提供的服务（如旅游，或“模式二”）；商业存在，即外国公司在另一个国家设立子公司或分支机构以提供服务（如外国银行在一个国家设立业务，或“模式三”）；自然人存在，即从本国旅行到另一个国家提供服务的个人（如时装模特或顾问，或“模式四”）。

## 6. 知识产权：保护和执法

1986—1994 年，乌拉圭回合谈判达成的《与贸易有关的知识产权协定》首次将知识产权规则引入多边贸易体系。《与贸易有关的知识产权协定》涵盖五个广泛领域：多边贸易体制的一般规定和基本原则如何适用于国际知识产权；成员应提供的知识产权最低保护标准；成员应规定哪些程序在其领土内执行这些权利；如何解决世界贸易组织成员之间的知识产权纠纷；实施《与贸易有关的知识产权协定》条款的特殊过渡安排。

## 7. 反倾销、补贴、保障措施等

具有约束力的关税平等地适用于所有贸易伙伴（最惠国待遇）是货物贸易顺畅流动的关键。世界贸易组织协定坚持这些原则，但也允许在某些情况下的例外，包括：（1）对倾销采取的行动（以不公平的低价出售）；（2）补贴和抵消补贴的特殊“反补贴”税；（3）临时限制进口的紧急措施，旨在“保护”国内产业。

## 8. 非关税壁垒：繁文缛节等

许多协定涉及可能会影响贸易的官僚体制或法律问题，如进口许可、海关货物估价规则、装运前检验、进一步检查进口、原产地规则等。进口许可制度受世界贸易组织规则的约束。《进口许可程序协定》规定，进口许可应当简单、透明和可预测。例如，该协定要求政府发布充分的信息，让贸易商了解如何以及为何授予许可。它还描述了各国在引入新的进口许可程序或更改现有程序时应如何通知世界贸易组织。该协定就政府应如何评估许可证申请提供了指导。如果满足某些条件，某些许可证会自动颁发。该协定设定了自动许可的标准，以便使用的程序不会限制贸易。

### 9. 诸边协定：少数利益

在大多数情况下，所有世界贸易组织成员都同意所有世界贸易组织协定。然而，在乌拉圭回合之后，仍有四项协定最初是在东京回合谈判中达成的，签署这些协定的国家范围较小，因此被称为“诸边协定”。当世界贸易组织于1995年成立时，所有其他东京回合协定都成为多边义务（所有世界贸易组织成员的义务），但以下四个协定是例外，成为诸边协定：（1）《民用航空器协定》；（2）《政府采购协定》；（3）《国际奶制品协定》；（4）《国际牛肉协定》。后两个协定于1997年终止。

### 10. 贸易政策审查：确保透明度

参与贸易的个人和公司必须尽可能多地了解贸易条件。因此，法规和政策的透明度至关重要。在世界贸易组织，透明度通过两种方式实现：一是成员政府必须定期“通知”世界贸易组织和其他成员其具体措施、政策或法律；二是世界贸易组织对各国贸易政策进行定期审查，即贸易政策审议。

## （四）世界贸易组织的治理结构

世界贸易组织的治理结构包括四个层次。

第一层次是部长级会议（Ministerial Conferences），它是世界贸易组织的最高决策机构，通常每两年举行一次会议。它汇集了世界贸易组织的所有成员。部长级会议是《建立世界贸易组织协定》所确立治理结构下的最高决策机构，可以就任何多边贸易协定项下的所有事项做出决定。

第二层次总理事会（General Council）是世界贸易组织在日内瓦的常设最高决策机构，定期举行会议以履行世界贸易组织的职能。它由来自所有成员政府的代表（通常是大使或同等职位）组成，并有权代表每两年召开一次的部长级会议行事。在部长级会议之间的日常工作主要由三个机构处理：（1）总理事会；（2）争端解决机构（Dispute Settlement Body）；（3）贸易政策审议机构（Trade Policy Review Body）。这三者实际上都是《建立世界贸易组织协定》规定的总理事会，但担当不同的职能。上述机构由所有世界贸易组织成员组成，向部长级会议报告。

第三层次包括各贸易领域的委员会，最主要的3个委员会是：（1）货物贸易理事会（Goods Council）；（2）服务贸易理事会（Services Council）；（3）《与贸易有关的知识产权协定》理事会（TRIPS Council）。另外，还有涵盖贸易和发展、环境、区域贸易安排和行政议题的委员会。

第四层次是各个理事会下设的附属机构。货物贸易理事会下设11个委员会，负责处理特定议题，如农业、市场准入、补贴、反倾销措施等；服务贸易理事会的附属机构处理金融服务、国内法规、《服务贸易总协定》规则和具体承诺。在总理事会层面，争端解决机构还有两个附属机构：为解决争端组成的专家小组、处理上诉的上诉机构。图1是世界贸易组织的治理机制架构。

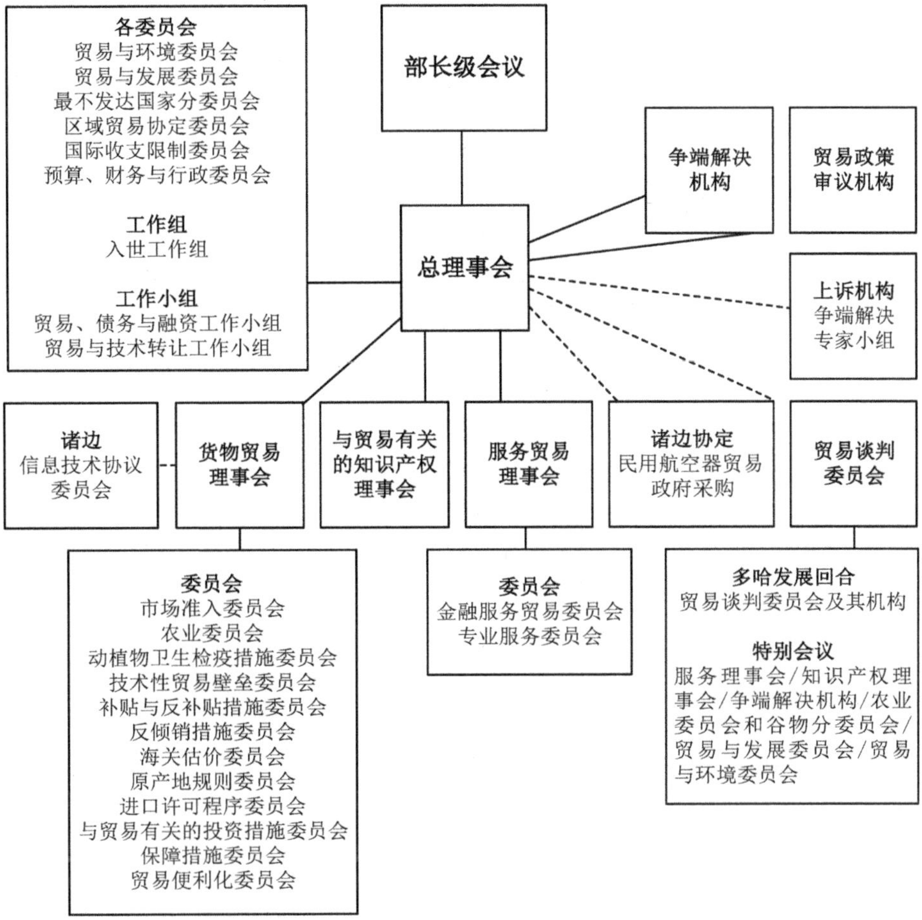


**图 1　世界贸易组织的治理机制架构**

资料来源：World Trade Organization, https://www.wto.org/english/thewto_e/whatis_e/tif_e/org2_e.htm。

由于世界贸易组织的决定是通过协商一致做出的，没有投票制度，非正式磋商在贸易议题谈判和达成共识、达成协定方面发挥着至关重要的作用。基于所有成员协商一致的方式做出决定，使得多边贸易谈判耗时更长，所有成员达成一致的艺术是取得适当的平衡，使少数国家取得的突破能够为其他成员所接受。[1]

世界贸易组织规则对各国的国内治理会产生正面激励。世界贸易组织体系能够帮助各国政府对贸易政策采取更加平衡的立场，权衡各利益攸关方的利弊得失，应对来自狭隘利益集团的游说干扰。因此，世界贸易组织规则常常成为敦促各国经济发展的外部力量，加入世界贸易组织也赋予各国政府加快和加大内部市场改革的动力和压力，如透明度（例如向公众提供有关贸易法规、费用和所需文书工作的所有信息）、国家间在“贸易便利化”上更加协调、处理产品安全和标准的法规更加明确，非歧视还有助于减少决策的随意性。很多时候，政府将世界贸易组织作为对其政策的一种受欢迎的外部约束，称“我们不能这样做，因为它会违反世界贸易组织的协定”。在国际上，世界贸易组织正在与其他国际机构密切合作，以改进解决全球问题的方式。大约 140 个政府间组织是世界贸易组织各委员会和理事会的观察员，世界贸易组织也是多个机构的观察员。世界贸易组织秘书处在统计、研究、标准制定、技术援助和培训等活动中与其中近 200 家机构合作。[2]

世界贸易组织的总体目标是帮助其成员利用贸易作为提高生活水平、创造就业机会和改善人民生活的手段。世界贸易组织负责全球贸易规则体系的运行，帮助发展中国家建设贸易能力，并为其成员提供谈判贸易协定和解决彼此贸易争端的论坛。具体而言如下。[3]

第一，改善人们的生活：世界贸易组织的根本目标是改善全世界人

---

1 WTO, “Whose WTO is It Anyway?” accessed June 20, 2021, https://www.wto.org/english/thewto_e/whatis_e/tif_e/org1_e.htm#committee.

2 WTO, “WTO Can Encourage Good Governance,” accessed June 30, 2021, https://www.wto.org/english/thewto_e/whatis_e/10thi_e/10thi05_e.htm.

3 WTO, “Understanding the WTO,” accessed March 1, 2021, https://www.wto.org/english/thewto_e/whatis_e/who_we_are_e.htm.

民的福祉。世界贸易组织的创始协定认为，贸易的开展应着眼于提高生活水平、确保充分就业、增加实际收入和扩大全球商品和服务贸易，同时最佳利用世界资源。

第二，谈判贸易规则：世界贸易组织诞生于有关减少贸易壁垒谈判的半个世纪之后。这些谈判降低了贸易壁垒，打开贸易市场，同时支持在保护消费者、保护环境等方面维持一定壁垒。

第三，监督实施世界贸易组织协定：世界贸易组织协定是世界贸易组织的核心，由世界上大多数贸易国谈判和签署而成。从本质上讲，这些文件为国际贸易提供了规则，并约束政府将其贸易政策保持在商定的限度内。协定的目标是帮助货物和服务的生产商、出口商和进口商开展业务，以提高生活水平，同时允许政府实现社会和环境目标。

第四，维持开放贸易：世界贸易组织体系的首要目标是帮助国际贸易尽可能自由流动，因为这有助于刺激经济增长和就业，并支持发展中国家融入国际贸易体系。其规则必须透明且可预见，以确保个人、公司和政府了解世界各地的贸易规则。

第五，解决纠纷：贸易关系往往涉及利益冲突。解决分歧的最和谐方式是通过基于商定法律基础的中立程序，这正是世界贸易组织协定设立争端解决程序的目的。

## 三、发展中国家与全球贸易治理体系

世界贸易组织协定包含对“发展中国家”的特殊规定，如允许更长的过渡期执行协定和承诺以及为贸易能力建设、处理争端和实施技术标准提供支持。全球贸易治理从 1948 年《关税与贸易总协定》开始运行至世界贸易组织创立，虽由发达经济体、发展中经济体与不发达经济体共同参与，但体系的话语权主要在发达经济体一方。

1955 年，《关税与贸易总协定》修订后的第 18 条明确指出，促进处在发展初级阶段的缔约方经济逐步增长有助于实现协定的宗旨，因此可以为这些国家提供额外的便利。1964 年，为促进发展中缔约方的经济发展，《关税与贸易总协定》中增加了“贸易与发展”作为第四部分，规定发达缔约方在与发展中缔约方展开贸易谈判、削减关税等贸易壁垒时，不能期待发展中国家予以对等回报，即所谓的“非对等”（non-reciprocity）原则。1979 年，《关税与贸易总协定》通过了“关于发展中国家差别和更优惠待遇及对等和更充分参与的决定”，[1] 明确了对“发展中国家”适用差别和更优惠待遇，重申了发达经济体在关税减让中不能要求“发展中国家”也提供对等待遇承诺。

世界贸易组织多边治理体系中的“发展中国家”身份具有特殊性。从范畴上看，既包含少数发达经济体，也包含多数发展中经济体，以及所有的不发达经济体。作为世界贸易组织的“发展中国家”成员，可适用“特殊与差别待遇”（Special and Differential Treatment）相关规定，以便在开放市场实现贸易自由化方面可享受更长的过渡期等特殊待遇。因此，世界贸易组织关于“发展中国家”的“特殊与差别待遇”至少有两个方面的贸易政策含义：其一，为发展中/不发达经济体实现逐步开放融入全球贸易体系，提供向市场经济过渡的条件或者便利；其二，

---

1 WTO, "Differential and More Favorable Treatment, Reciprocity and Fuller Participation of Developing Countries," accessed June 30, 2021, https://www.wto.org/english/docs_e/legal_e/tokyo_enabling_e.pdf.

世界贸易组织规则中的“发展中国家”地位还蕴含着一定的贸易政策空间（policy space），实际上是一个关乎成员政策空间的规则适用问题。2004年联合国贸发会议《圣保罗共识》强调，各国经济在全球化的世界中日益相互依存和国际经济关系规则制度的增加对各国国内经济政策空间的影响应受到关注。各国政府应在接受国际规则承诺和保留本国政策空间之间进行适当权衡，对发展中国家尤为重要。[1] 具体到贸易规则谈判，往往涉及新的贸易议题及其规则标准，如环境标准等。是否应当为发展中成员留出政策空间以及留出政策空间的大小问题，是发达经济体与发展中经济体长期争辩的一个议题，也常常是多边贸易谈判的主要分歧所在。

从多哈回合开始，世界贸易组织成员对发展议题的主张不同，在“发展中国家”的认定标准及适用“特殊与差别待遇”问题上的分歧也更明显。美国于2019年2月15日提出了关于世界贸易组织发展中成员认定标准的议案，主张下列国家不得作为世界贸易组织框架下的“发展中国家”：（1）经济合作与发展组织成员和启动申请进入经济合作与发展组织程序的国家；（2）二十国集团国家；（3）被世界银行定为“高收入”的国家；（4）占世界贸易份额0.5%或以上的国家。美国主张，符合上述任一条件的成员，不应继续在世界贸易组织中被认定为“发展中国家”。按照该标准，至少有30个世界贸易组织成员受到影响。2月15日，中国、印度、南非和委内瑞拉等成员联名向世界贸易组织提交了《惠及发展中成员的特殊与差别待遇对于促进发展和确保

1 United Nations, “Resolution Adopted by the General Assembly on 16 September 2005,” p. 4, https://www.un.org/en/development/desa/population/migration/generalassembly/docs/globalcompact/A_RES_60_1.pdf.

包容的持续相关性》的分析文件，坚持维护世界贸易组织为发展中国家提供的“特殊与差别待遇”原则。

2018年11月23日，中国商务部宣布了中国对世界贸易组织改革的三项原则和五项主张。三项原则中包含“世界贸易组织改革应保障发展中成员的发展利益”，五项主张中包括“世界贸易组织改革应保证发展中成员的特殊与差别待遇”同时“尊重成员各自的发展模式”。2019年5月13日，中国向世界贸易组织正式提交了《中国关于世界贸易组织改革的建议文件》，提出了世界贸易组织改革的四方面重点领域和相关建议：一是解决危及世界贸易组织生存的关键和紧迫性问题；二是增加世界贸易组织在全球经济治理中的相关性；三是提高世界贸易组织的运行效率；四是增强多边贸易体制的包容性。上述世界贸易组织改革的“中国方案”均明确主张世界贸易组织应保障发展中国家的发展利益与特殊差别待遇。

世界贸易组织基本原则体系中并没有关于“发展中国家”的清楚界定。事实上，国际上关于发展中国家和发达国家的划分也缺乏统一的标准，各国际组织主要是根据自身运营需要和研究目标对经济发展测度指标的需求而采用不同的核算体系进行分类，并综合运用多种分类方法进行观测。世界贸易组织成员按照“自我声明”（self-declaration）的方式选择其在世界贸易组织是否适用“发展中国家”身份，据此，目前在164个世界贸易组织成员中，约有三分之二的成员具有“发展中国家”身份。

在世界贸易组织协定中，许多条款给予了发展中国家和最不发达国家“特殊与差别待遇”，包括允许发达国家比对世界贸易组织其他成员更优惠地对待发展中国家的条款。在世界贸易组织框架下的多个协定中也都包含对发展中国家的“特殊与差别待遇”条款。

世界贸易组织《农业协定》明确提出，削减扭曲贸易的国内支持，但考虑到农业的特殊性，《农业协定》允许成员维持少量的黄箱支持，在一定限度内免于削减。对于发达成员，微量允许支持是指对特定产品的国内支持未超过该产品在相关年度内生产总值的5%、对非特定产品的国内支持未超过有关成员农业生产总值5%的黄箱支持措施。作为发展中国家成员享有的特殊和差别待遇，发展中国家成员的微量允许支持的标准被提高至10%。《农业协定》第6.2条涉及的支持也是特殊和差别待遇的一部分，发展中国家无须履行削减义务。这些支持包括：（1）发展中成员可普遍获得的投资补贴；（2）发展中成员的低收入或资源贫乏生产者可普遍获得的农业投入补贴；（3）发展中成员为鼓励停止种植非法麻醉物、实现生产多样化而给予生产者的国内补贴。

《实施卫生与植物卫生措施协定》第9条对于向发展中国家成员提供技术援助做了具体规定，包括在加工技术、研究和基础设施等领域，包括成立国家管理机构，也可以采取咨询、信贷、捐赠和转让等方式，包括为寻求技术专长的目的，为使这些国家适应并符合为其出口市场上的适当的动植物卫生检疫保护水平所必需的动植物检疫措施而提供的培训和设备。第10条“特殊与差别待遇”规定，在制定和实施动植物检疫措施时，应考虑发展中成员的特殊需要，应给予发展中国家成员有利害关系的产品更长的时限以符合该措施，从而维护其出口机会。

《技术性贸易壁垒协定》第12条规定，各成员在实施技术法规、标准和合格评定程序时，应考虑各发展中国家特殊的发展、财政和贸易需要，以保证不对发展中成员的出口造成不必要的障碍。

《补贴与反补贴措施协定》第27条发展中国家成员的特殊与差别

待遇也具体列出了发展中成员和发达成员不同的补贴认定标准，提高了对发展中成员出口反补贴调查的标准，即放宽发展中成员的补贴限制。

《与贸易有关的知识产权协定》第 65 条过渡性安排对最不发达国家和一般发展中国家规定了不同的过渡期。第 67 条技术合作提出“发达国家成员应发展中国家成员和最不发达国家成员的请求，并按双方同意的条款和条件，应提供有利于发展中国家成员和最不发达国家成员的技术和资金合作”。

作为乌拉圭回合谈判的最终成果，《建立世界贸易组织协定》在其所确立的世界贸易组织宗旨中明确提出要努力确保发展中国家，尤其是最不发达国家在国际贸易增长中获得与其经济发展水平相适应的份额和利益。世界贸易组织的基本原则之一，就是鼓励发展与经济改革，以帮助和促进发展中国家的经济发展，允许给予发展中国家特别的援助和贸易减让。

乌拉圭回合谈判结束时，发展中国家已经准备好了承担发达国家所要求的义务，协定也给它们提供了过渡期，以便发展中国家适应和调整。应该看到，世界贸易组织框架机制在设计上兼顾了发展中国家的发展利益，但在实践中产生的效果却不尽如人意。虽然多边贸易谈判成果是在“协商一致”的原则下达成，但发达国家与发展中国家之间在谈判能力和话语权方面存在的差距。发达国家因具有较强的谈判能力，有条件提出符合自身利益需要的谈判建议和提案，发展中国家由于谈判能力的缺失和话语权的不足，难以在多边贸易谈判中公平地参与和维护自身发展利益。

发展中国家的发展利益与全球经济治理越来越密切相关。发展中国家在 20 世纪后期的全球化扩张中取得了巨大进步，但其未来发展利益，特别是在可持续发展方面，仍面临着严峻挑战。虽然国际组织在全球经济治理中强调了发展目标的重要性，从实践效果看，发展问题并未得到有效解决。与国际货币基金组织和世界银行相比，世界贸易组织面临的挑战更为严峻。“贸易和资本流动的急剧增加使全球经济治理与发展越来越相关。然而，国际贸易、金融和技术体制的差距加剧了而不是遏制了全球失衡。例如，双边、区域和多边贸易协定侵蚀了发展中国家的政策空间并对技术转让构成障碍，而金融市场自由化增加了它们的宏观经济脆弱性，却不一定提供获得稳定融资的机会。因此，建立一个更具能力和包容性的全球经济治理体系对于克服这些缺点和实现可持续发展至关重要。此外，还应继续努力进一步提高发展中国家在多边机构和其他规范和标准制定机构中的代表性。”[1]

发展中国家仍处于经济崛起阶段，同时面临着全球化与逆全球化并行带来的前所未有的内部和外部挑战，充分保障其发展利益应是全球治理改革的目标之一。发展中国家与西方发达国家在很多全球议题领域的意见不同，但在维护共同发展利益、完善全球发展环境方面是有共识的，因此，基于对发展利益维护的共识，各国应努力推动通过谈判和对话解决分歧，而不是通过单方面贸易限制或贸易制裁破坏发展秩序。发展中国家的发展利益，不单是一个国别发展议题，而是多边发展议题。解决多边发展议题既需要发达成员的合作，又要重视发展中成员的作用。

综上所述，发展中国家与21世纪全球贸易治理体系利益攸关，发

1　United Nations, “Global Governance and Governance of the Global Commons in the Global Partnership for Development Beyond 2015,” January 2013, https://www.un.org/en/development/desa/policy/untaskteam_undf/thinkpieces/24_thinkpiece_global_governance.pdf.

展中国家参与全球治理也有助于解决治理规则滞后的问题。原有的全球贸易治理规则已经难以有效发挥保障现行全球贸易秩序的功能，其中的主要挑战既有对原有规则体系的不满，也有全球化新阶段和贸易政策新议题治理制度体系的不足。要改变这一局面，就需要在全球治理制度改革方面尊重并反映发展中国家的利益，这样做的目的并非否认二战后建立的全球贸易治理秩序，而是力促通过共同进化进一步完善原有体系，使其能够更为有效地应对全球性挑战，更加符合全球共同发展利益。可以说，发展中国家参与全球贸易治理，既是自身通过融入全球体系稳定全球化收益的内在需求，也是促进全球治理体系更加公平合理的客观需要。

## 四、世界贸易组织对全球贸易治理的贡献评估

《关税与贸易总协定》序言指出，缔约方认识到它们处理贸易经济关系的宗旨是为提高生活水平、确保充分就业、实际收入和有效需求的稳步增长，充分利用世界资源，扩大货物生产和交换。《关税与贸易总协定》缔约方希望通过做出互惠互利的安排，大幅度减少关税和其他贸易壁垒，消除国际商业中的歧视性待遇。因此，世界贸易组织对全球治理的主要贡献体现在能够降低生活成本，提高生活水平，解决争端并缓解贸易紧张局势，刺激经济增长和就业，降低在国际商务的成本，鼓励良好治理，帮助国家发展，支持环境和健康，促进和平与稳定。[1]

---

1 WTO, "What We Stand For," https://www.wto.org/english/thewto_e/whatis_e/10thi_e/10thi00_e.htm.

作为一个临时协定，《关税与贸易总协定》基本实现了初期目标，近半个世纪的运行对于全球经济治理的贡献是巨大的，也是不可替代的。正是由于《关税与贸易总协定》面临的挑战和它自身通过多边谈判解决全球贸易治理关键议题的机制，才有了乌拉圭回合谈判，那些《关税与贸易总协定》面临的新议题后来也自然成为乌拉圭回合谈判的主题。从1986年一直持续到1994年乌拉圭回合谈判中，缔约方在农产品和纺织品的贸易自由化方面有进步，乌拉圭回合的最重要成果是1995年建立了世界贸易组织，既包含了根据《关税与贸易总协定》谈判程序所达成的协定和谈判所应遵循的原则，也将全球多边贸易机制的国际机构地位正式确立下来，正式开启了全球贸易治理规范化、国际化和全球化的崭新时代。

回顾总结《关税与贸易总协定》/世界贸易组织对全球贸易治理的贡献，大致可以归纳为以下五个方面。

第一，世界贸易组织向全世界提供了国际公共品，即多边贸易制度框架体系。世界贸易组织运行着一个全球贸易规则体系，担当着谈判贸易协定的全球论坛，提供了解决其成员之间贸易争端的机制和场所。经过历次金融危机的考验，世界贸易组织已经成为一个高度灵活和适应性强的体系，兼有硬法与软法的特征。世界贸易组织为贸易扩展提供了国际公共品，确保最惠国原则和成员之间的非歧视性待遇的实现，并使得成员的政策透明度大幅提高，为全球商务创造了良好的外部环境。

第二，世界贸易组织将不同经济发展水平和不同经济制度的经济体纳入同一个全球治理框架机制之下，多边谈判对所有成员开放，但并非所有成员都需要做出相同的承诺，它允许发展中成员和不发达成员拥有相当的政策空间，主张发达成员比其他成员的开放步伐更大一些，但留给部分国家更长的过渡期担当适合的减让义务。因此，世界贸易组织既拥有一套共同和一般规则，也不乏灵活性和特别安排，使得多元化的成员之间能够在同一体系之下向着多边化和自由化方向开放贸易，但又合理体现出有差别的待遇。

第三，世界贸易组织对区域贸易协定和诸边协定采取了包容的立场，允许各成员自主谈判签署区域贸易协定但需要履行通知世界贸易组织的义务，允许各成员自主选择是否适用世界贸易组织的诸边协定。这一做法使得那些在世界贸易组织多边体系下尚不能达成协定的议题率先在区域贸易协定中得以实现，并推动了区域贸易协定下的新议题在世界贸易组织框架下的进一步谈判，最终成为多边贸易规则。特别地，世界贸易组织这一机制安排使得成员最大限度地保留了自主权，权衡利弊，各取所需，因为成员利益的多元化，很难在一项议题谈判中解决所有关切，这样，在一些敏感领域的议题，比如政府采购方面，仅有一小部分成员选择适用，但在一些普遍性的议题上，如倾销和补贴，则对成员普遍适用。

第四，世界贸易组织框架下的争端解决机制是全球贸易治理体系的核心。世界贸易组织争端解决机制的基本功能更加体现了全球贸易治理的制度化，争端解决机构做出的裁决对当事方具有强制约束力。可以说，从《关税与贸易总协定》到世界贸易组织，全球治理机制最重要的进步和贡献之一是贸易争端解决机制的建立和完善，这是全球贸易治理的基石。世界贸易组织争端解决程序包括磋商调解、专家小组、上诉审查和仲裁执行等程序。磋商阶段非常重要，是争端解决机制中规定的必经程序，世界贸易组织要求争端双方必须真诚地进行磋商以达成双方满意的解决方法。世界贸易组织以规则为基础通过一系列制度和程序的设计有效解决成员之间的贸易争端获得了世界贸易组织成员和国际社会的普遍认可，对全球贸易治理的贡献可谓独一无二，不可替代。

第五，世界贸易组织建立的贸易政策审议制度是一个制度的创新，也是世界贸易组织区别于一般区域或双边贸易协定的一个突出特征。世界贸易组织要求各成员保持贸易政策的透明度，并通过定期贸易政策审议跟踪和评估成员贸易政策的变化及其影响，为贸易政策透明度的真正实现提供了一种监督机制，使得全球贸易政策的动态调整具有透明度、可预见性。通过传播有关其所有成员政策变化的信息，世界贸易组织为市场参与者和日益全球化的政策制定者提供了重要资讯。尽管世界贸易组织仍不完善，但从实现透明度和非歧视性的意义上，世界贸易组织仍是一个不可或缺的机构。[1]

以世界贸易组织为核心的全球贸易治理体系，在促进世界经济开放和贸易扩展方面做出了巨大贡献，也可以说，今天的全球发展成就与全球贸易治理体系及其运行程序所产生的积极效应密不可分。

首先，世界贸易组织推动各国经济更加开放。从谈判加入世界贸易组织到成员做出关税减让承诺，实际上都是推动开放经济和开放市场的重要体现。中国加入世界贸易组织就是一个最经典的案例。中国“入世”谈判历时 15 年，这 15 年也是中国改革开放不断扩大的 15 年。“15 年来，伴着复关和入世谈判，中国现代化、市场化进程又向前迈出一大步，社会面貌和经济生活发生了沧桑巨变，成为 21 世纪全球经济舞台

---

1　Chad Bown, “Mega-Regional Trade Agreements and the Future of the WTO,” in Council on Foreign Relations DiscussionPaper Series “Global Order and the New Regionalism,” edited by Miles Kahler. 2019, http://cfr.org/RegionalChallenges.

上举足轻重的一员。”[1]

其次，全球贸易成本大幅下降。从《关税与贸易总协定》到世界贸易组织，关税减让和减少非关税壁垒是其主要制度演进趋势，这一制度演进的直接结果是降低了全球贸易的成本。在世界贸易组织多边治理制度体系下，成员通过谈判减少或消除贸易障碍，并根据需要确定国际贸易的行为规则，管理和监督与货物贸易、服务贸易和与贸易相关的知识产权规则相对应的多边协定。从《关税与贸易总协定》签署到世界贸易组织成立，各国间贸易成本已大幅下降，发展中国家之间的贸易成本下降幅度更大。在世界贸易组织规则体系下，一旦成员在世界贸易组织中承诺关税减让，该关税减让就通过最惠国待遇自动适用于所有成员。关税减让不仅降低了贸易成本，而且减少了国际贸易的不确定性。

最后，世界贸易组织治理体系使全球贸易对经济的贡献大幅提高。一国的开放程度与经济增长之间存在显著的正相关。开放度越高，经济政策确定性越高，经济增长也就更快，尤其是在摆脱贫困、提高国民收入水平方面，均与世界贸易组织治理体系下的贸易发展存在很强的相关性。具有《关税与贸易总协定》/世界贸易组织的成员身份，成员的国际贸易相对于其国内销售额增加了约 72%，成员之间的贸易增加了171%，成员与非成员之间的贸易增加了约 88%。这种显著效应主要源于《关税与贸易总协定》/世界贸易组织提供了公共品性质的制度体系减少了贸易政策的不确定性。[2]

---

1 《让历史铭记——中国加入世贸组织谈判备忘录》，《人民日报》，中国政府门户网站，2005 年 10 月 31 日，http://www.gov.cn/ztzl/content_87675.htm。

2 Mario Larch, at al., "On the Effects of GATT/WTO Membership on Trade: They Are Positive And Large After All," WTO Staff Working Paper, No. ERSD-2019-09, World Trade Organization, Geneva, 2019.

从 1948 年《关税与贸易总协定》开启全球多边贸易治理体系，到 1995 年世界贸易组织的正式建立，迄今为止，全球贸易治理体系经历了 70 余年的发展与变革历程，对全球贸易和世界经济的贡献有目共睹，但这一体系并不完美，还存在诸多自身的机制缺陷和对新议题覆盖不足等问题，其中最主要的是世界贸易组织全球贸易治理体系难以适应 21 世纪全球贸易新格局对全球治理的时代需要。2019 年 12 月 11 日，世界贸易组织上诉机构因法官人数不足而停摆，这是全球贸易治理体系创立以来遭遇的最严重危机。世界经济形势和国际格局的深刻变化均对全球贸易治理体系的有效性提出了挑战，需要与时俱进的改革。

面临百年未有之大变局，全球价值链正在重构，全球贸易格局也在快速演变，贸易政策新议题不断扩展，全球化与逆全球化仍在激烈交锋，发达经济体与发展中经济体在贸易领域的竞争从产品竞争上升至技术竞争，相互间的战略性竞争也前所未有地得以加强，如何构建一个更加公正合理、更具多元化包容性、更加稳定和可持续的全球贸易治理体系，助力全球可持续发展，是各利益攸关方正在面临的极具挑战性的时代议题。

# 国际金融治理制度体系变迁

秦凤鸣*

国际社会期待新的世界经济与金融秩序已有多年。这种期待来自对国际金融治理一些最基本事实的理解，“当今全球治理机制及其多边组织和世界秩序建立在对20世纪的毁灭性战争的反思之上，但是全球化带来的新变化和新问题使得这些治理模式备受质疑”。[1] 追溯现行国际金融治理制度和体系的起源，分析它所产生的背景和趋向，有助于理解国际金融治理制度变迁中产生的矛盾和冲突，可以更全面地领略治理体系的改善与变革的必要与紧迫。

## 一、国际货币基金创立与国际货币治理体系

1944年7月，美国新罕布什尔州布雷顿森林华盛顿山饭店聚集了来自全球44个国家的代表，以谋求建立国际经济合作框架。这次会议最终达成的《国际货币基金协定》第一次以世界性协定的方式明确规

---

* 秦凤鸣，山东大学经济学院教授。

1 约翰·柯顿：《全球治理与世界秩序的百年演变》，《国际观察》2019年第1期。

定了国际货币制度的规则与执行和维护该协定原则的途径，并诞生了维护协定原则和执行协定规则的组织机构——国际货币基金组织（IMF），从而开启了第二次世界大战后第一个全球性国际金融机构的发展历史，其成员从最初的44个创始成员扩大到目前的190个。

国际货币基金组织监测国际货币体系和全球经济发展，以识别风险，并提出促进增长和金融稳定的政策建议。基金组织还对其190个成员的经济和财政政策进行定期健康检查。此外，国际货币基金组织还确定了成员经济稳定可能面临的风险，并就可能的政策调整提供建议。

国际货币基金组织的创立及其使命意味着该组织承担着国际金融治理的职责。在国际货币基金组织协定基础上产生的布雷顿森林货币体系成为国际货币治理的架构，也是国际金融治理制度的核心。

## （一）国际货币基金的使命与职能

国际货币基金的使命与职能包括制定成员之间的汇率政策和经常项目的支付以及货币兑换性方面的规则并进行监督，维护国际间的汇率秩序；对发生国际收支困难的成员在必要时提供紧急资金融通，以免影响其他国家；为成员提供有关国际货币合作与协商等会议场所；促进国际间金融与货币领域的合作，协助成员之间建立经常性多边支付体系；促进国际经济一体化发展；等等。

### 1. 贷款与救援

国际货币基金组织自诞生以来一直是整个国际金融治理的中心，其最初使命是专注于保持国际汇率的稳定、多边贸易和货币的可兑换性。这是由当时的国际经济环境所决定的。经历过20世纪30年代大萧条和激烈贸易战的世界各国，在饱受第二次世界大战的创伤之后，将稳定汇率和贸易作为当务之急，布雷顿森林货币体系应运而生。1971年，美元贬值并与黄金脱钩，布雷顿森林体系解体，许多国家转而实行浮动汇率制度，美元与黄金的固定比价也被废除，国际货币基金组织维持国际货币体系秩序稳定的作用被大大削弱。相对于危机发生的频繁和波及程度，国际货币基金组织对国际金融体系的治理手段和效果相形见绌，在20世纪90年代的危机救援中备受诟病。因此，国际货币基金组织在国际金融治理架构中的角色转换，是国际金融治理体系改革的重要议题之一。

在70余年的运行和演进中，国际货币基金组织作为国际金融治理体系中的一个重要机构，主要的工作有三个方面。第一，监督成员的经济和金融发展，提供政策建议，特别是在预防危机发生方面提供政策建议；第二，向出现国际收支困难的成员提供短期融资和救援政策，同时对低收入国家提供用于削减贫困的贷款；第三，向成员提供技术援助，并在其所擅长的领域对成员进行专业培训。

### 2. 资金来源与贷款条件性

国际货币基金组织的每个成员基于其在世界经济中的相对地位支付资金做资本认购，从而获得相应的份额，即配额。成员的这些配额构成了国际货币基金组织的资金池，当遭遇财政困难时从中借款。国际货币基金组织向面临实际或潜在国际收支问题的成员提供包括紧急贷款在内的各类贷款便利，其目的是帮助这些国家重建其国际储备，稳定其货币，便利支付进口，恢复经济强劲增长的条件，同时纠正经济结构调整的根本问题。针对不同类型的国际收支需求以及成员的具体国情，国际货币基金组织设置了多种贷款工具。例如，基金组织所有成员都有资格以非优惠条件使用基金组织在普通资金账户（GRA）中的资金；通过减贫与增长信托基金（PRGT）支持低收入国家，提供优惠资金支持；针对陷入危机的新兴市场经济体和发达市场经济体，国际货币基金组织主要通过备用安排（SBA）提供援助，从而解决短期或潜在的国际收支问题；备用信贷（SCF）针对低收入国家发挥类似的作用；中期贷款（EFF）与相应的中期信贷（ECF）是国际基金组织向面临长期国际收支问题的低收入国家给予中期支持的主要工具；为预防或减轻危机，并在风险加剧时提振市场信心，已经采取强有力政策的成员可以利用国际货币基金组织的灵活信贷额度（FCL）或预防性和流动性额度（PLL）；因商品价格冲击、自然灾害和国内脆弱性问题而面临国际收支迫切需求的低收入成员，则可通过快速融资工具（RFI）及相应的快速信贷（RCF）获得紧急援助。

国际货币基金组织资助贷款的主要方式是事后条件性贷款，俗称贷款条件性。从国际货币基金组织成立至20世纪80年代初，国际货币基金组织贷款的条件一般包括国内需求管理政策和汇率政策等宏观经济政策。随着债务危机的爆发，国际货币基金组织认为有必要采取供给方措施以增强经济基本面从而促进经济增长，从根本上纠正国际收支失衡。此后，几乎所有的贷款都附加了包括需求管理、汇率以及供给方结构调整政策在内的一揽子附加条件。国际货币基金组织救援贷款之所以附加的政策条件逐渐增多，主要基于国际货币基金组织作为国际金融治理机构对外部失衡的理解：外部失衡，尤其是外部持续失衡的根本原因是由国内的基本经济情况决定的，因此，要从根本上纠正国际收支失衡，必须从国内经济调整入手。自20世纪80年代以后，求助于国际货币基金组织的发展中国家大幅增加，国际货币基金组织资金紧张，为了提高贷款的使用效率，增设了附加的绩效标准。

以1971年布雷顿森林货币体系解体为分界线，此前国际货币基金组织工作的重心是致力于会员国的国际收支失衡调整，此后转向关注受援国中期的经济增长。

不幸的是，自20世纪90年代开始，世界经济的波澜起伏中一直伴随着金融危机，以往在灾难性的不稳定时期才出现的危机变成了常态。例如，继1994年墨西哥金融危机之后，发生了巴西的货币贬值和债务危机。艾肯格林（Eichengreen）[1] 在评估官方部门更有效地管理新兴市场金融危机所做的努力时认为，国际货币基金组织在限制危机蔓延和加强国际金融体系方面取得良好进展，但问题在于一些主动行动实际上使得最贫穷的国家陷入更深的困境。国际货币基金组织为官方部门提供融资的传统方法是问题的一部分，而不是解决方案的一部分。因为基金的金融运作使得投资者在不造成重大损失的情况下逃离，反过来又鼓励他们不顾风险地放贷，违背市场规律。国际货币基金组织的贷款最终可得到偿还，那么，最终买单的是危机国家的居民。这样的救助是不公平的，这是国际货币基金组织所提供的救援计划在发展中国家通常会遭遇敌意的原因之一。对于陷入困境的国家而言，有一个简单而有利于市场的解决方案，应专注于更温和的改革（restructuring-friendly），即在主权

---

1 Barry Eichengreen, *Financial Crises and What to Do About Them* (Oxford: Oxford University Press, 2002), p. 194.

债务中引入贷款协议，或“集体行动条款”，增强债权人和债务人解决合同问题的能力。同时建立新的机构和程序，协调国际贷款的展期，如此，受助人在短时间内可通过作为最后手段的“资格预审”获得大量融资。

国际货币基金组织的贷款条件性在金融危机频发时尤为严苛，紧缩的财政和货币政策与复苏经济的诉求相矛盾。国际货币基金组织通常会要求危机国家进行经济结构调整，这应该是长期的目标，与短期复苏目标有明显的冲突。这是国际货币基金组织救援计划在受援国中遭受敌意的另一个原因。

## （二）布雷顿森林货币体系与国际货币秩序

布雷顿森林货币体系与国际货币秩序的动荡是第二次世界大战后国际金融制度演变的核心问题，也是国际学术界多年来讨论的热点与焦点问题。布雷顿森林货币体系是1944—1971年这一时期国际货币秩序的运行方式。

### 1. 货币体系与货币秩序

欧元之父蒙代尔认为，货币体系和货币制度（秩序）的区别在于，“体系”是通过正式的交互作用，运用某种控制方式整合分散的实体，通过国家层面上的政策产生互动影响。如国际货币体系探讨的是贸易国之间互动关系的调整机制，重点是协调货币、资本和商品市场上的国别货币和信用工具。而秩序或制度代表法律、惯例和规制等建立起来的系统框架以及参与者对这些秩序的认同，体系在这一框架内运行，货币体系是货币秩序的运行方式。[1]

1880—1931 年的国际金本位制是短命的，但它却是研究国际货币体系的开端。金本位制是自发形成的一种国际货币制度。作为一国货币制度基础的货币被称为本位货币。金本位制是以一定黄金量作为本位货币的制度。无论是最初盛行的金币本位制还是后期流行于多国的金汇兑本位制，都受制于三个条件。第一，具有国际性。各国货币储备与结算均使用黄金。第二，金币可自由铸造、自由兑换和黄金自由输出入。第三，金币的数量可自发满足流通中的需要。因此，稳定与健全是这一货币制度的显著特征。

在金本位制的全盛时期，黄金是各国最主要的储备资产，由于英国当时的经济主导地位，英镑成为世界贸易最重要的记账单位和最主要的国际清算手段，也成为全球最主要的储备货币。1880 年，欧洲主要国家追随英国采用金币本位制度，形成以黄金和英镑为中心的国际金本位制。英格兰银行作为全球经济的最后贷款人（last lender of resort），扮演着世界中央银行的角色。即使如此，国际金本位制依然是自发和约定俗成的一种货币体系。

第一次世界大战之后，世界经济状况和各国经济实力发生了很大变化。1922 年的热那亚经济与金融会议之后，金币本位制演变成附有限制条件的金汇兑（或金块）本位制。金币依然是本位货币，但国内流通的是纸币，国家储存金块作为储备。纸币按国家规定的含金量、纸币数量和用途向本国中央银行兑换金块。各国的国际储备中除了黄金还包

1　Mundell Robert, "The Future of The International Financial System," in Acheson, J. Chant and M. Prachowny (eds.), *Bretton Woods Revisited* (Toronto: University of Toronto Press, 1972).

括一定比重的外汇，黄金依然是最后的支付手段。然而，稳定与健全的条件和要素已经遭到破坏，国际金本位货币体系的基础严重削弱，在1929—1933年世界经济危机的冲击下，这一体系随之解体。

### 2. 布雷顿森林货币体系的诞生

当世界主要经济体普遍实行纸币流通制度时，货币的信用危机加深。1929年世界经济危机发生之前，已经出现了各种货币集团，这些集团内外有别，相互之间壁垒森严，外汇倾销与货币战绵延不绝，加剧了国际货币关系的混乱，严重阻碍了国际贸易的发展。

20世纪30年代的经济崩溃和大萧条催生了新的经济学说，凯恩斯的观点影响最为深远，他建议摆脱金本位的约束，反对任何形式的国际共同货币本位，认为共同货币本位会限制一国货币政策的自主权。但是，为了防止出现20世纪30年代以邻为壑的政策，必须稳定汇率水平以恢复正常的世界贸易。这是布雷顿森论货币体系产生的背景。

布雷顿森林会议上提交讨论并引起争议的有两大方案，美国的怀特计划与英国的凯恩斯方案。前者主张取消外汇管制和各国对资金转移的限制，设立一个国际稳定基金组织发行一种国际货币，各国货币与之保持固定比价。后者主张建立一个世界性中央银行，将各国的债权债务通过其在世界中央银行的存款账户进行清算。结果演变为最终通过以怀特计划为基础的《联合国货币金融协议最后协议书》以及《国际货币基金组织协定》和《国际复兴开发银行协定》。这种结果是意料之中的。二战时，美国本土远离战争，而二战结束后，当其他欧亚国家还在战争的创伤中挣扎时，美国的经济与政治实力扶摇直上，黄金储备在全球总额中占59%以上。英镑尽管还是主要储备货币，毕竟是明日黄花，英国的工业制造优势和在世界贸易中的领先地位已为后起的制造业中心美国所取代。英格兰银行对黄金可兑换性的承诺因黄金储备的流失而无法兑现，也因此无法维系市场对英镑的信心。由此可见，在国际货币秩序中的话语权无疑更多地取决于经济实力，这是由世界经济与政治发展不平衡的规律所决定的。在国际货币基金组织协定基础上产生的布雷顿森林货币体系在1971年之前是国际金融治理制度的核心。

金融波动是世界经济发展的致命伤，保持各国之间的货币与汇率稳定无疑是重中之重。因此，布雷顿森林货币体系在汇率安排上必须是可控的弹性汇率。

### 3. 布雷顿森林协议有关货币体系的条约

首先，确定各国货币的比价。各国确认1934年1月美国规定的1盎司黄金等于35美元的黄金官价和单位美元的含金量，各国政府和央行可按官价向美国兑换黄金，并协同美国政府在国际金融市场上维持这一黄金官价。各国自行决定本国货币含金量，通过含金量的比例确定与美元的汇率。各国货币与美元之间的汇率在法定汇率上下各1%的幅度内波动，超过这一幅度，各国央行有义务在外汇市场进行干预，从而保持汇率的稳定。若会员国法定汇率的变动超过10%，需得到国际货币基金组织的批准。1971年12月，这种即期汇率变动的幅度扩大为上下2.25%，决定平价的标准也由黄金改为特别提款权。

协议规定了各国货币的兑换性与国际支付清算的原则。各国属于经常项目项下的支付货币可自由兑换，确定国际储备资产。协议中关于货币平价的规定使得美元处于等同于黄金的地位，成为各国外汇储备中最主要的国际储备货币。外汇储备在 19 世纪曾扮演“货币后盾”的角色，到了 1945 年已经转变为“缓冲储备”的角色了。这一点得到了经济学家的认同。

协议还明确了国际收支的调节机制。会员国国际收支出现暂时性失衡时，运用流动性储备作为缓冲机制，应当成为国际货币体系的日常运作，通过这种操作可以在短期内维持汇率水平的桅顶，即“国际流动性”的一般功能。“国际流动性”不仅包括黄金和外汇储备，而且包括国际货币基金组织提供的份额，当某个或某些国家的流动性储备资产耗尽之后，只有在这种情况下才是采取措施纠正国际收支的时机。

### 4. 固定汇率下美元本位制度的非对称性问题

保留长期汇率的灵活性原则是 1945 年布雷顿森林协议的主要精神。但是，由于美元与黄金挂钩，其他国家将本币汇率同美元正式锁定之后，美国承诺美元和黄金之间的自由兑换，成为唯一关键的国家，汇率水平出现“意外”刚性。自布雷顿森林货币体系建立到 20 世纪 70 年代，布雷顿森林协议的相关条款并没有显著修订，但是，世界货币体系到 1950 年就已经发展为固定汇率的美元本位制。[1] 同 1945 年的条约精神相比，国际货币秩序的实际博弈规则在 1950—1970 年的 20 年间已经发生了巨大变化。

布雷顿森林货币体系作为国际货币史上第一个带有“正式约束”

1 Ronald I. McKinnon, “The Rules of the Game: International Money in Historical Perspective,” *Journal of Economic Literature* 31, no. 1 (1993): 1-44.

(formal constraints) 的国际货币制度，结束了二战后世界货币体系混乱的局面，汇率的稳定扩大了世界贸易和投资，带动了资本和生产的国际化。初期，当美国黄金存量足以兑现承诺时可维持良好的金融声誉。当各国美元债权的积累和美国有限的黄金存量形成反差，就为投机者提供了单向赌博的机会，挤兑威胁也人为地增加了黄金需求。金本位制下货币秩序的对称性特征增加了微观层面上作为一种交换机制的政治诉求，只要所有国家对称性地保持本币对黄金的固定平价，共同价格水平也就内生性地决定了，并不需要任何国家扮演名义锚 (nominal anchor)[1] 的角色。[2] 因此，这种制度下的名义锚是内生的。但是在布雷顿森林货币体系中，更具弹性和对称性的货币秩序并没有得到有效实践，严格的非对称性的固定汇率美元本位取而代之，出现了“热钱”问题。没有了黄金这种纯粹的国际货币，而由美元扮演了名义锚的角色，也只有该国可以执行独立的货币政策为整个系统提供稳定的名义锚。而且在其他方面也需要被动适应其他国家的政策调整结果。

美元扮演名义锚的角色就意味着美联储类同于世界中央银行，作为货币政策的制定者，在发生国际收支危机或金融危机时，承担“最终贷款人”的职责。此外，布雷顿森林货币体系规定汇率波动幅度在上下1%以内，汇率缺乏足够的弹性，限制了对国际收支的调节作用，实际上仅着重于国内政策的单方面调节，即使后来扩大了波动幅度至2.25%上下，但不足以起到应有的调节作用，且为时已晚。

支撑布雷顿森林货币体系的根基是美元的清偿能力与市场对美元的

---

1　名义锚，是指锁定物价水平以实现稳定物价目标的名义变量，例如通货膨胀率或货币供给。——作者注

2　Ronald I. McKinnon, “The Rules of the Game: International Money in Historical Perspective,” *Journal of Economic Literature* 31, no. 1 (1993): 1-44.

信心。这一体系建立在美国当时雄厚的经济实力和充足的黄金储备之上。若美国国际收支呈现持续性顺差，则会减少或断绝其他国家的美元储备，造成美元流动性不足，有违初衷。相反，如果美国国际收支出现持续性逆差，就会危及美元的长期价值。按照协议，国际货币基金组织其他成员可以按协议价格以美元兑换黄金，长此以往，美国黄金流失过多，储备不足，无法履行兑换义务，也无力进行市场操作平抑汇价，美元比价随之下降，导致对美元的信心不足，布雷顿森林货币体系的根基随之动摇。这就是后来被国际经济学界所普遍接受并广泛讨论的“特里芬难题”（Triffin Dilemma），也是布雷顿森林货币体系运行 10 多年之后所发生的经典事实。

20 世纪 60 年代后期，美国国际收支收入状况恶化。1971—1973 年，美元多次贬值，引发欧洲多国抛售美元和抢购黄金风潮，布雷顿森林货币体系处在风雨飘摇的关键时刻，尼克松政府于 1971 年 8 月宣布“新经济政策”，停止履行外国政府或央行以美元向美国兑换黄金，以《史密森协定》[1] 为标志，布雷顿森林货币体系已名存实亡。当时的美国财长康纳利更是对外宣称，“美元是我们的货币，但却是你们的问题”[2]，这无疑是瓦解布雷顿森林货币体系的最后一根稻草。直至 1976

---

1 《史密森协定》（*Smithsonian Agreement*）指 1971 年 12 月西方十国集团在美国首都的史密森学会召开会议所达成的新的国际货币制度的协定。协定内容：美元对黄金贬值 7. 89%，每盎司黄金的官价由 $ 35 提高到 $ 38；调整汇率平价，美元平均贬值 10%，其他欧美主要货币升值；非储备货币对美元的波动允许幅度由±1%调整为±2. 25%；美国政府取消 10%的临时进口附加税。这一协定实施后并未消除对美元的信任危机，也未能阻止美国国际收支继续恶化。1973 年第八次美元危机爆发后，美元对黄金再次贬值，协定各国先后放弃该协定，采用浮动汇率制，挽救布雷顿森林体系这一尝试最终失败。

2 1971 年 8 月 15 日，美国总统尼克松在财长约翰·康纳利的建议下，根据财政部副部长保罗·沃尔克的方案，关闭了黄金兑换窗口，布雷顿森林体系终结。康纳利在随后的十国集团会议上对这些国家的财金官员推出这样的说辞。

年国际货币基金组织理事会“国际货币制度临时委员会”签订《牙买加协定》和《国际货币基金组织协定第二修正案》，表明布雷顿森林货币体系已由1971年事实上的解体通过协定修正条款而被彻底抛弃。

《牙买加协定》增加了各会员国的基金份额，各会员国可自由选择汇率制度，废除黄金官价，扩大对发展中国家的资金融通。这些改变确认了浮动汇率的合法化，各国汇率安排多样化，增强了特别提款权的作用和作为国际储备的地位，国际储备呈现多元化的局面。与此同时，相关修改条文即作为黄金非货币化的法律依据，最终葬送了布雷顿森林货币体系的前途。从此，世界进入了法定纸币本位时代。在黄金非货币化的30多年间，黄金不再是主要的国际货币，仅仅作为各国官方储备的一个并不显著的组成部分。为了促使黄金的非货币化（或黄金经济化），国际货币基金组织将特别提款权（Special Drawing Rights，SDR）作为黄金的补充，以减轻对美元的压力。特别提款权是一种记账法，号称纸黄金，但并不能兑换黄金。它行使与黄金同等的储备功能，但是，与黄金截然不同的是，它可以通过法令来创造。

1969年，国际货币基金组织创造特别提款权这项国际储备资产，以助会员国摆脱国际储备受制于黄金生产和美国国际收支持续逆差的困境。特别提款权按会员国份额的一定百分比分配，作为各会员国平衡国际收支的账面资产，发行量及分配量都有限。特别提款权最初以13种货币构成，经过几次调整，目前以美元、欧元、日元、英镑和人民币五种货币定值。

从长远看，特别提款权的创设对追求国际金融体系的有效运作和货币秩序稳定的国际社会而言具有非凡的意义。

## 5. 有关新旧布雷顿森林货币体系的讨论

以美元本位的固定汇率平价体系的崩溃并不意味着美元本位的终结，尽管固定汇率制遭受重创，并没有影响到官方和私人部分使用美元作为国际货币的惯例，美元依然保持着其作为国际货币的重要性，其他国家大多会考虑将本国货币兑美元的汇率保持在自认为合适的水平上。美国仍然在很大程度上独立执行自己的货币政策，并且最终给外汇市场带来影响。同样，也依然存在“使用某种货币作为国际货币本身强化了这种货币有用性”的规模经济。[1] 鉴于此，有些国际经济学家坚持认为，布雷顿森林货币体系依然在运行，或者更确切地说是复活的布雷顿森林货币体系，[2] 也有部分文献划分了布雷顿森林货币体系Ⅰ和布雷顿森林货币体系Ⅱ[3]或称新旧体系（Old and New Bretton Woods）。[4]

世界经历了20世纪70年代的石油危机和80年代最不发达国家的债务危机，更重要的是90年代新兴经济体的崛起和新兴市场发生的银行业与汇率危机，普遍需要一个新的国际金融治理架构，也有大量关于构建国际金融架构的建议。代表人物杜利（Dooley）等对新（20世纪

1 Paul Krugman, "The International Role of the Dollar: Theory and Prospect," *NBER*, 1984, https://www.nber.org/system/files/chapters/c6838/c6838.pdf.

2 Michael Dooley, David Folkerts-Landau and Peter Garber：《复活的布雷顿森林体系》，徐涛译，中国金融出版社，2010。

3 布雷顿森林货币体系Ⅱ也称为新布雷顿森林体系，是指1990年后的国际货币秩序的操作方式。在新体系中，美国持有巨额经常账户赤字，美国扮演着银行家的角色，通过谈判，债权人可持有国债，而不是向美国兑换黄金。——作者注

4 Paul Wachtel, "The Global Perspective" in *In Search of a New Bretton Woods: Reserve Currencies and Global Imbalances*, Edited by Paolo Savona (Florence, Italy, October 20, 2006), pp. 129-144, https://cesifin.it/wp-content/uploads/2016/12/IN_SEARCH_OF_A_NEW_senza_copertina_atti_on_line.pd_.pdf.

90年代中期至今）旧（1945—1971）体系进行对比，认为尽管没有固定的平价，但新兴经济体尤其是中国的人民币与美元是固定的比价并维持较低的实际汇率，以产生出口导向增长。美元依然是储备资产，也是国际货币基金组织的资金来源，保持其流动性，在运营上似乎有相似之处，但也有显著差异。旧体系中，美国拥有经常账户盈余，提供流动性，即使出现赤字，美元储备会面临压力，但可维持体系运转。新体系中，美国持有巨额经常账户赤字，在提供无风险资产的程度上，资本市场广泛且少有资本市场的限制和例外。美国扮演着银行家的角色，通过谈判，债权人可持有国债，而不是兑换黄金。杜利等以乐观的态度审视现存的国际货币体系，认为目前的体系实际上依然是原来的体系，只是以不同的方式进行了自我调整。由于出现了一个新生的新兴市场经济群体，使得孕育这些经济体的国际货币体系背景自身也重新充满活力。

## （三）冲破僵局

麦金农（McKinnon）[1] 在评价布雷顿森林货币体系的演变时指出，世界美元本位是历史的偶然，尽管这一本位强大的网络效应极大地提高了多边贸易的金融效率，却不得人心。美国反复无常的货币和金融政策令美国和世界经济感到不安，从而令外国人感到不快。疲软和不断贬值的美元导致了20世纪70年代的严重价格通胀，以及21世纪头十年灾难性的资产泡沫，加剧了战后世界三大石油危机。美元本位的不对称性也让许多美国人感到不满，因为他们无法控制自己的汇率。20世纪90

1 Ronald McKinnon, *Unloved Dollar Standard: From Bretton Woods to the Rise of China* (Oxford: Oxford University Press, 2013), pp. 3-7.

年代中期美国抱怨日元低估而挑起美日贸易摩擦。2000年故技重施。中美关于人民币汇率问题的争论也是另一个实例。这里的悖论是，即使美元本位似乎内外交困，它依然在国际货币体系中充当主要的结算与储备货币。因为作为一种国际货币具有天然的垄断性，在多元化世界的国际清算体系中引入其他货币会增加交易成本。另一个优势是一国货币作为国际货币的先发优势，一旦有危机发生，这种先发优势使得已然作为国际货币的美元成为“避风港”。

1944年以来的国际金融架构是在现实情况不断变化的情势下演变的，修订国际金融架构的每一次重大尝试都是为了应对一场危机。无论新旧布雷顿森林货币体系也只能解决几个问题而搁置了另一些问题。无论搁置了什么，都不太可能在下一代人或者在下一次重大危机之前得以解决。

就国际货币的创设而言，可供选择的方案似乎并不多。那么，国际货币基金组织在1969年发行的一项新的储备资产——特别提款权是否可作为一种替代呢？为了促使黄金的非货币化（或黄金经济化），国际货币基金组织将特别提款权作为黄金的补充，以减轻对美元的压力。

决策者们选择特别提款权作为储备资产以替代黄金与美元，确有可能成功。然而，正如美元原本被认为可等同于黄金而实际上却行不通一样，特别提款权即使可以变成为有形的纸黄金或可兑换为黄金和其他货币，也有生存之忧。真正的威胁不是来自特别提款权可能遭到与美元同样的失败命运，即无法提供货币稳定性，而是将特别提款权纳入正式货币体系可能造成的危害。如同美元替代黄金作为主要储备资产一样，特别提款权有一种很实在的潜能，对黄金与美元的作用产生一种递减效应，有可能改变国际货币基金组织的性质，潜在地激励国际货币基金组织的扩张性政策。所以，国际货币体系的改革和具体的运作体系需要详尽的设计和成员紧密的合作。面对当前地缘政治博弈中的分裂倾向，这一改革变得更加艰难。

2009 年，时任中国人民银行行长周小川在二十国集团（G20）伦敦峰会上指出，此次金融危机的爆发与蔓延让世界再次面对一个古老而悬而未决的问题，那就是什么样的国际储备货币才能保持全球金融稳定。他力主"创造一种与主权国家脱钩并能保持币值长期稳定的国际储备货币，从而避免主权信用货币作为储备货币的内在缺陷，是国际货币体系改革的理想目标"。[1] 这个创意延续了 20 世纪 40 年代布雷顿森林会议上凯恩斯所提出的设想，采用 30 种有代表性的商品作为定值基础建立国际货币单位"Bancor"。超主权储备货币可以克服主权信用货币的内在风险，摆脱非对称性所衍生的"特里芬难题"，也为调节全球流动性提供了可能。由一个全球性机构管理的超主权国际储备货币将使全球流动性的创造和调控成为可能，当一国主权货币不再作为全球贸易的尺度和参照基准时，该国汇率政策对失衡的调节效果会大大增强。这些能极大地降低未来危机发生的风险、增强危机处理的能力。

这一主张并没有得到欧美一些发达经济体的认同，美国的反应尤为强烈，时任美国的总统奥巴马反对建立超主权国际储备货币，认为时机尚不成熟，况且美元仍然坚挺。实际上，从 1944 年布雷顿森林会议以来，国际货币博弈的历史很清晰地表明了美国政府从根本上维护强势美元地位的信念。美国与他国发生的货币摩擦，包括对人民币升值所施加的种种压力，不过是政治博弈的筹码。如果主要国家不采取积极的行动

1 周小川：《关于改革国际货币体系的思考》，中国人民银行网站，2009 年 3 月 23 日，http://www.pbc.gov.cn/hanglingdao/128697/128719/128772/2847833/index.html。

来矫正目前的国际货币体系，我们何以期待全球经济复苏的可持续？又何以避免另一场金融危机？就建立下一个国际货币体系而言，参与的范围越广，其结果就越有可能为人类带来长期利益。

## 二、世界银行与国际投资治理体系

1944 年的布雷顿森林会议不仅诞生了国际货币基金组织，同时成立了国际复兴开发银行（IBRD），简称为世界银行，而后又扩大为世界银行集团。目前拥有 189 个成员国。自 1947 年以来，世界银行集团通过传统贷款、无息信贷和赠款资助了 12000 多个发展项目。

### （一）世界银行在国际投资中的角色

世界银行最初的宗旨在于帮助在二战中遭受严重破坏的国家进行战后重建。在这项使命完成之后，其关注点从战后重建转向成员国的经济与社会发展，重点是基础设施建设，筹资和贷款皆与基础设施建设或教育等有关的具体项目相关联。其资金来源包括会员缴纳的股金、在国际金融市场上发行债券、出让银行债券和利润收入等。世界银行在 70 多年的成长中，逐步扩大为 5 个密切相关的开发机构组成的集团，统称世界银行集团（World Bank Group）。

1956 年成立的国际金融公司（IFC），向发展中国家私营企业和金融机构提供贷款，并为客户提供投资、建议和资产管理产品，着重于基础设施、制造业、农业综合企业、服务和金融市场有关的项目，可根据客户的具体需求量身定制。随后，世界银行集团的首要目标转向消除贫困，于1960年成立了国际开发协会（IDA），更多地关注最贫困国家，向这些国家以促进经济增长、减少不平等和改善人民生活为条件的项目提供零息或低息贷款以及赠款。除此之外，国际开发协会还通过重债穷国倡议和多边债务减免倡议提供大量债务减免，重点是保护弱势群体、创造就业机会、拯救企业和建立更有弹性的复苏。自1960年以来，国际开发协会已为114个国家提供了4220亿美元的投资。

1966年，世界银行集团增设了一个新的机构，即国际投资争端解决中心（ICSID），致力于解决国际投资争端，也是世界上第一个专门解决国际投资争议的仲裁机构。通过调解和仲裁方式，专为解决政府与外国私人投资者之间争端提供便利，在国家和投资者之间培育一种相互信任的氛围，从而促进国外投资不断增加。在大多数国际投资条约和许多投资法律和合同中，各国同意将国际投资争端解决中心作为解决投资者与东道国争端的论坛，管理大多数国际投资案例。提交该中心调解和仲裁完全出于自愿，该中心还发表有关解决争端和外国投资法律方面的出版物。

20世纪80年代崛起了一批新兴工业化经济体，如亚洲和南美的一些国家。发展中国家和地区向世界展示了巨大的投资机会。投资者在觊觎这些投资机会的同时，对这些国家和地区不稳定的政策环境和政治风险顾虑重重，为了消除这些疑虑，促使外商直接投资流入发展中国家，世界银行集团于1988年成立了多边投资担保机构（MIGA），通过两种方式应对上述顾虑。一是通过向投资者和贷款者提供政治风险担保，包括征收风险、货币转移限制、违约、战争和内乱风险，并向成员提供投资促进服务；作为担保的一部分，多边投资担保机构帮助投资者和政府解决可能对其担保的投资项目造成不利影响的相关争端，防止潜在索赔要求升级，以确保项目得以继续。二是通过提供技术援助协助发展中国家吸引私人投资。中心任务是促进在发展中国家的跨境投资，担保和保护投资不受非商业风险的影响，并可以帮助投资者获得改善财务条款和条件的资金来源。

## （二）世界银行全球投资治理

全球投资治理是全球经济治理的重要内容。国际投资规模扩展迅速。伴随着国际投资的不断增长，跨国公司与母国及东道国的相关利益纠葛日益加深，迫切需要一个保护自身权益的制度安排。全球价值链的发展要求打破资源要素跨境流动的种种壁垒和障碍，也需要更加透明、公正和竞争性的国际投资环境。但是现实中，全球投资治理体系是松散的，或者说是碎片化的，缺乏总体设计，其构成包括大量的双边投资协定和带有投资条款的自由贸易协定，以及几个国际经济组织的多种争端处理机制。这些在范围和内容上千差万别的投资协定条款相互交织和重叠，而且现有的国际投资规则仅能覆盖部分的全球外商直接投资存量。[1]

世界银行集团介入多边投资治理的机构是投资环境咨询服务局（ICAS），原名为外国投资咨询服务机构（FIAS），成立于 1985 年。旨在协助发展中国家和转型经济国家改革其商业环境，重点在于监管简化和投资产生。投资环境咨询服务局依赖于与其捐助者的密切合作，致力

1　文洋：《在全球投资治理中实现中国价值》，《学习时报》2016 年 11 月 3 日第 2 版。

于创造一个稳定、完全中立且高效率的投资环境，在保持现有生产力的同时，推动新生投资力量的发展。其原则是只接受国家政府机构的委托，根据该国最基本的特性和优劣势，针对委托国特有的投资环境构造，量体裁衣，策划出最适合该国的投资方案，扬长避短，发挥出最大的潜力，吸引外国直接投资。投资环境咨询服务局的独特之处在于，它是世界银行和国际金融公司的牵头组织，在设计投资方案时，可动员包括多边投资担保机构和国际投资争端解决中心在内的力量，提供专业意见和专业技术。

## （三）发展中国家的投资治理机构

世界银行集团全球投资促进机构认为，正确的体制安排可以引致更高水平的外国直接投资。一个运作良好的体制框架需要政府和私人部门共同参与对外来直接投资的战略构想，包括：体制的稳定性和可持续性；技术授权明确和有能力的机构；体制的稳定性和可持续性；适当鼓励机构合作和投资促进机构设置的政治及财政支持；等等。按照最佳的实践标准，具备这些条件的发展中国家的投资促进机构并不多。[1]

根据《全球投资竞争力 2019/2020》年度报告——重建不确定时期的投资信心》[2] 分析，在一些发展中经济体，投资促进机构（IPA）的主要作用被误解，并没有充分发挥其对发展的影响，缺乏对满足投资者

---

1 Armando Heilbronand Robert Whyte, "Establishing a High-Performing Institutional Framework for Foreign Direct Investment ( FDI) , " accessed May 21, 2021, https: //www. worldbank. org/en/home.

2 World Bank Group, *Global Investment Competitiveness Report 2019/2020: Rebuilding Investor Confidence in Times of Uncertainty*, accessed May 31, 2021, https: //documents. banquemondiale. org/fr/publication/documents-reports/documentdetail/403901590645496246/global-investment-competitiveness-report-2019-2020-rebuilding-investor-confidence-in-times-of-uncertainty.

需求的战略重点的把握，所提供的服务与投资者的需求不匹配，需要国家层面和多边投资促进机构提供支持和指导。评估投资促进机构的表现和鉴别投资促进机构的一些特征，可以更有效地发挥这些机构对扩大投资的促进作用，帮助发展中经济体融入全球价值链，实现可持续发展目标。

在全球多边投资体制缺失的情况下，二十国集团于 2016 年的中国杭州峰会通过《二十国集团全球投资指导原则》（以下简称《指导原则》），是国际社会首次在多边机制下就全球投资规则的制定达成共识，也是多边投资规制的历史性突破。《指导原则》提出的九项原则涵盖了国际投资体制包括投资准入、投资保护及待遇、投资促进与便利化、投资争端解决机制在内的核心要素，为构建一个更加平衡、更有利于可持续发展的全球投资体制提供了基本框架。[1]

联合国贸发会议《2020 年世界投资报告》中，对后疫情时代国际化生产配置发展轨迹进行了分析。投资回流导致更短且碎片化的价值链和更高的区域性附加值的集中，主要影响高技术的全球价值链集约化行业。对于发展中经济体而言，进入全球价值链发展的升级难度加大。而多样化将导致更广泛的经济活动，主要影响服务业和全球价值链密集型制造业。在为新进入的经济体和企业提供参与全球价值链机会的同时，对供应链数字化的依赖将导致全球价值链更加松散，价值的获取和实现更加困难。总之，在严峻的压力下，全球价值链解体、空心化和衰退的风险加大。发展中经济体的工业化战略需要一定程度的再平衡，倾向于以国内与区域需求和服务为基础的增长，投资在绿色经济和蓝色经济以

1 《二十国集团全球投资指导原则》，人民网—人民日报，2016 年 9 月 7 日，http://world.people.com.cn/n1/2016/0907/c1002-28696142.html。

及国内基础设施。

在世界经济遭受疫情冲击进入衰退的严酷背景下，构建一个完整的、公平的、更有利于可持续发展的全球投资体制的必要性和需求更加迫切了。

### （四）未来的选择

几乎所有双边、区域和诸边协议的规则以及与上述几大机构投资相关规则都具有约束力。然而，并不存在一个全面的具有约束力的多边投资协议。多层次投资规则模式的显著特征之一是方法和法律架构的多样性，这意味着任何投资决策在时间范围内的不确定性和风险程度，对跨境投资意愿和区位选择都有重要影响。吸引外国直接投资取决于多重因素，其中有很多维度是至关重要的，也有些政策领域是相互交织的，促进国际投资需要国际合作与协调。缺乏规则和政策一致性对投资安全和可预见性构成威胁。对外直接投资规则将大大提高东道国在外国投资者眼中的信誉和价值，使得东道国的投资政策具有可预见性，提高对投资者的吸引力，这是投资协定的基本目标。世界各主要经济体对全球投资治理体系需求强烈，适时地进行多边谈判，制定一个全球性、平衡的投资治理框架应当纳入国际经济组织的议事日程。

## 三、国际金融监管体系

国际金融监管体系由不同的国际金融机构和团体基于某些协定和工

作框架而构成，前者包括国际货币基金组织、世界银行、国际清算银行的巴塞尔监管委员会和金融稳定理事会等。后者包括国际证监会组织、国际保险监管者协会等。随着经济一体化和金融全球化的扩展，国际金融领域的风险变得复杂化和不确定，地区性和全球性金融危机频繁发生。2008 年全球金融危机的破坏性和传染性不亚于 20 世纪 30 年代的大萧条时期。从此，二十国集团在国际金融监管体系中承担了更重要的角色，对国际金融监管合作而言是一个新的里程碑。

## （一）国际货币基金组织框架内的监管

国际货币基金组织的运作越来越多地倾向于金融危机的预防，通过转移重点提高从宏观经济学到数据传播和金融部门稳定方面的管理能力。1999 年，国际货币基金组织启动了金融部门评估方案作为危机救援的补充，并定期对国家政策和业绩进行宏观经济审查。这些评估需要主体政府间的大量合作。至于解决危机，国际货币基金组织除了提供调整建议和方案，几乎无法强迫各方达成一项特定的决议。因此，国际货币基金组织在解决危机方面的能力也有明显的局限性。

20 世纪 80 年代的主权债务问题是国际货币基金组织通过与私人部门的谈判逐步解决的。通常情况下，这些债务都是银团贷款，债权人较少，较易达成谈判结果。90 年代，新兴市场债券被广泛持有，债权人众多，国际货币基金组织对此无能为力，遂提出了“主权债务重组机制”，意在扩大信贷和保护债务人，其核心是建立一个国际性的法律框架，在这一框架下促进债权人与债务人就债务进行谈判，以解决合同方法下各国法律规定不一致的问题。

为应对不断恶化的形势，国际货币基金组织提出了协调政策刺激的理由，以及对主要银行健康状况的担忧，国际货币基金组织支持由二十国集团牵头制定全球应对政策，并对其进行监测和分析。同时，改革贷款工具，增加资源，提供前所未有的资金支持。国际货币基金组织履行职责的底线是加强基金组织作为系统稳定守护者的作用。实际中的关键因素在于，防范危机的监督需要更加严格，即扩大对金融部门和监管问题的覆盖，更好地识别系统风险。如果国际货币基金组织要成为危机融资的可靠提供者，那么，应对危机提供的贷款必须在速度、覆盖范围和规模上远远超出先前的假设。并付出更多的努力，加强国际货币体系的长期稳定性[1]。

对于危机预防，国际货币基金组织提出一个新的多边监督程序的想法，加强对系统性风险和金融风险的监管，向更“系统化”的国际货币基金组织监督愿景转变。例如，二十国集团启动了相互评估程序，加强多边途径和国家间的问责制，同时，丰富双边或国家层面监测的系统内容。通过系统渗透追踪风险，掌握常见风险敞口、交叉风险敞口、资产和负债的到期模式和地域集中转移之间的关系，构建一幅全球风险地图。

对于危机应对工具的选择，除了呼吁各国中央银行的双边互换以提供流动性，国际货币基金组织试图对贷款工具进行重大改革，以便在发生系统性危机时尽可能提供短期和多国信贷额度，推出了一种新的保险类型的融资方式，即灵活信贷额度（FCL），为预审合格的会员提供融资，不附加任何条件，在所有融资过程中简化限制条件，以便更好地关

1　Dominique Strauss-Kahn, “An IMF for the 21st Century,” (paper present at Bretton Woods Committee Annual Meeting, Washington D. C., February 26, 2010).

注对特定国家恢复宏观经济稳定至关重要的因素。与此同时，修改了针对贫穷国家的贷款框架，引入了新的融资工具，并简化了附加条件。

国际货币基金组织《2017 年全球金融稳定报告》[1] 提出的核心问题是：全球经济是否在险境中增长。报告通过对宏观经济与金融关联的分析，识别经济增长可规避金融部门风险的政策，从而对金融部门的发展可能对未来经济条件的影响做出评估。报告同时警告，获得金融稳定的某些因素在短期可刺激经济增长，一旦杠杆效应累积，如果其间缺少适当的政策应对金融脆弱性的增加，中期增长将面临风险。因此，重要的是强化金融体系，尤其是要关注风险上升极快的非银行金融机构。

毋庸讳言，新冠肺炎疫情的发生改变了融资条件和全球投资风险偏好，但后疫情时代更需要稳健的金融体系。

## （二）涉足国际金融监管的重要机构

审慎的管理政策可以作为基本工具，减低中期风险，权衡货币政策，求得增长免于全球金融体系风险的拖累。值得庆幸的是，全球系统性重要银行的安全性显著改善。2008 年全球金融危机之后，在更严格的监管之下，这些银行在充足资本率和流动性指标达到了《巴塞尔协议Ⅲ》的要求，这要归功于巴塞尔银行监管委员会（Basel Committee on Banking Supervision，BCBS）《巴塞尔协议》（*Basel Accord*）的修订和金融稳定委员会（FSB）的综合改革项目以及成员监管部门的努力。

1　IMF, *Global Financial Stability Report October 2017: Is Growth at Risk?* October 2017, accessed March 31, 2021, https://www.imf.org/en/Publications/GFSR/Issues/2017/09/27/global-financial-stability-report-october-2017.

## 1. 国际清算银行与巴塞尔银行监管委员会

国际银行业需要统一管理已有共识，但由谁来管理？相比较而言，国际清算银行（BIS）比任何其他国际机构更接近于这一角色。对任何一个国际机构而言，如果要建立核心规则，作为有资格和有话语权的管理者都需要在各国家的层面上取得折中方案。[1]

国际清算银行于1923年在瑞士的巴塞尔设立，主要是办理二战后遗留的金融问题，尤其是德国的战争赔款问题，是第一个半官方的国际银行。自1975年以来，国际清算银行功能逐渐发生了变化，担当监管国际银行业和金融管理的角色，针对成员货币当局和一些专家有关国际金融问题的想法共同协商。国际清算银行旗下的巴塞尔银行监管委员会作为管理的常设机构，其构成大部分来自各国中央银行的代表，通过该委员会聚集，发表了一系列成员有关监管的备忘录或草拟协议，其议题对国际银行业有重要影响。

巴塞尔银行监管委员会“旨在制定应用于所有国家的管理规则”，设立全球金融体系委员会（CGFS），职责包括：对全球金融体系的系统性短期监控；对金融市场功能的长期分析；对改善市场功能和促进稳定的政策建议进行衔接和协商。另有支付清算体系委员会（CPSS），制定国际银行在各国国内和跨境支付及清算体系的相关规则。除此之外，银行同业结算网络委员会（CINS）发布有关双边和多边结算体系操作最低标准的报告，并以赞同法建立对结算网络体系的合作监管这一体系。

---

1 Felsenfeld C., Bilali G., "The Role of the Bank for International Settlements in Shaping the World Financial System," *Social Science Electronic Publishing* 25, no. 3. (2004): 945-1045.

巴塞尔银行监管委员会对各国央行发布金融监管指导原则，以及对各国银行和其他金融机构直接有关的管理指导，主要内容涵盖：核心银行的确定和相关国际支付体系问题；银行票据伪造问题；衍生品体系问题；商业贷款的金融风险；等等。这些原则与指导俗称“软法律”。

巴塞尔银行监管委员会所发布的软性法律已经被国际银行业广泛采用，但任重道远。国际银行业所存在的矛盾太多，某个单一的国际管理机构难以胜任。主要的困难在于对银行业的界定；每个国家在本国对其银行体系进行不同形式的管理；各国银行业提供的金融和非金融产品各不相同。如此，目前并不存在一个真正单一的国际银行业监管法，无论是软性法律或硬性法律。

巴塞尔银行监管委员会最主要的管理规则设定是《巴塞尔协议》。1988 年的《巴塞尔协议》（*Basel Ⅰ*）规定了资本充足率的最低限度，其资本管理旨在要求银行保持足够的资本缓和冲击带来的损失，而不至于引起系统危机，同时提供国际公平竞争平台。一级资本最低限为 8%，核心资本为 4%，这一要求保留至今。

1998 年监管委员会开始修订《巴塞尔协议》。基本宗旨在于建立一个可进一步强化安全稳定国际银行业体系的框架，同时保持足够的资本充足率管理和国际银行业公平竞争的环境，反映了巴塞尔银行监管委员会就国际银行业资本充足率管理为题和确保修改后的国际监管标准趋同的研究成果，期待成员在各国监管过程中从国际监管框架中选择更适合本国的程序，并在适当的时机确定优先顺序。在修订监管框架时，监管委员会要求资本充足率的管理达到一个更加风险敏感的水平，在概念上是精确和强有力的，同时对各成员当时的监管制度和会计制度的特征予以充分的关注。修订后的框架比 1988 年的协议提高了风险敏感度，对信用风险和操作风险的资本要求提供了广泛的选择范围，允许银行和监管部门选择更适合于自身的操作和金融基础设施的方法，目的在于促使国际银行业达到最低限度的资本要求。其中最重要的创新是由银行提供的内部系统来评估风险，并计入资本运算。

巴塞尔银行监管委员会于2004年通过了《巴塞尔新资本协议》(*Basel* Ⅱ)，核心为涉及微观审慎监管法的三大支柱。第一支柱为最低资本要求，界定为应对非预期损失的最低资本。应用信用风险的标准法，一般条款许可二级资本可遵从于风险加权资产最大限度为1.25%的规定。第二支柱为监管审核过程，旨在确保银行有足够的资本来应对所有的风险，但也鼓励银行在监控和管理风险中发展和使用更好的风险管理方法。第三支柱市场约束是对第一支柱和第二支柱的补充。银行必须满足信息披露的要求，使得市场参与者有可能评估银行资本风险评价过程和资本充足要求的关键信息。

《巴塞尔新资本协议》着重于微观审慎监管，并界定微观审慎监管的含义：只要单个金融机构保持自身的稳健，就可以保证整个体系风险得到适当管理，从而具有了三大特征。第一，突破了传统银行业的限制。考虑到控股公司下不同机构之间的并表问题，涉及的金融产品涵盖了证券化资产和银行持有证券的资本要求。在机构和业务品种方面，推广了经典的最低资本比例的适用范围，为金融业合并监管的形成确立了重要的政策基础。第二，规则更为灵活和动态化。《巴塞尔新资本协议》允许银行实行内部评级方法，使监管规则有一定的灵活性，有利于吸收现代化大型银行管理风险的各种先进经验。《巴塞尔新资本协议》鼓励银行不断改进风险评估方法，发展更为精细的风险评估体系。同时鼓励银行在具备充分数据的条件下，采用高级内部评级方法，有利于促进现代银行业风险管理的技术进步。第三，定性和定量相结合，定量更加精细化。以三大支柱构建政策架构，强调三大支柱协调发展的必要性，体现了定量（资本计算）和定性（对监管过程以及利用市场约束规则）的结合。

《巴塞尔新资本协议》依然存在缺陷，其矛盾之处在于单一银行活动与体系稳定性之间的矛盾，以及金融动荡时的资产减价出售和外部评级机构的推波助澜，并存在银行挤兑的传染效应和交易对手风险，以及大而不倒的危害和信息不对称的通病。第二支柱依赖于监管者的压力测试和指导使银行持有风险资本，在第一支柱中并没有体现，换言之，缺乏一致性或综合性。第三支柱依赖于市场约束和信息披露，这是建立在市场奖惩有度的认知之上的：市场惩罚管理状况不佳者而奖赏管理状况良好的银行。而事实上，全球金融危机从根本上说是市场泡沫，说明缺乏信息的有效性。

《巴塞尔新资本协议》的致命弱点在于顺周期性。《巴塞尔新资本协议》的资本要求是周期性的，强化了商业周期波动，其框架倾向于繁荣期的风险低估和衰退期的风险高估；风险测度也倾向于一个时间点而不是整个商业循环周期的测度；对手方信贷政策在繁荣期是宽松的，在衰退期是从紧的；利润识别与补偿方案便利于短期风险的承担者，而不是根据整个商业周期的风险来调整；顺周期由于内部评级法（IRB）框架而加重，后者允许银行评估自身的违约概率（PD）、违约损失率（LGD）和违约风险暴露，而这些都应该从商业周期来运作。[1]

---

1 Pichaphop Chalermchatvichien et al., "The Effect of Bank Ownership Concentration on Capital Adequacy, Liquidity, and Capital Stability," *Journal of Financial Services Research* 45, no. 2 (2014): 219-240.

基于《巴塞尔新资本协议》的缺陷，巴塞尔银行监管委员会在2010年发布的《巴塞尔协议Ⅲ》（*Basel Ⅲ*）强调宏观审慎监管，通过了宏观审慎监管法。《巴塞尔协议Ⅲ》建立了全球标准以应对特定的和一般的系统风险，通过提高资本质量，使得银行可以吸收损失，持续经营，监控杠杆率和改善银行流动性，目的在于提高资本框架的风险覆盖率，尤其是针对票据买卖、证券化、表外业务风险暴露和对手方信用风险暴露等来自衍生品的风险。

宏观审慎监管的理念基于金融体系作为一个整体有着共整合的关系以及风险转化的特征，体现在对两个主要维度的管理上。首先是横断面的管理，重点是系统重要性金融机构（SIFIS），大而不倒和道德风险问题，为此，资本充足率额外增加1%。在时间维度上实施逆周期管理，逆周期资本框架有利于更稳定的银行体系，减少金融与经济冲击。[1]

逆周期管理有多项措施。首先给出新资本定义：仅保留原来的一级与二级资本，简化原来为应对市场风险的三级资本。新的一级资本包括继续经营的资本如普通股和永久性优先股，信用损失和注销从普通股的留存收益中扣除，并要求各家银行在2017年底完全达到针对一级资本的严格定义。新资本定义在全球范围内对资本构成机制有重要改善，预期通过更大的风险覆盖率、缓冲资本的引入以及提高最低资本要求来强化资本机制。其次是资本缓冲。规定银行建立新的储备，即留存缓冲资本2.5%，由普通股权益构成。如果银行出现了“过度信贷条件”，将产生一个“逆周期账面额”0—2.5%（风险权重资产总额），要求银行在信贷过分充足时未雨绸缪，是留存缓冲范围的延伸。资本留存缓冲率

1　BCBS (2010a), “Basel Ⅲ: A Global Regulatory Framework for More Resilient Banks and Banking Systems,” BIS, accessed March 2, 2012, https://www.bis.org/.

为≥2.5%，逆周期缓冲资本率为0—2.5%，确保银行持有缓冲资金用于金融和经济危机时吸收损失。尽管银行可利用这一缓冲，但越是接近最低资本要求，受到的限制就会越多。若缓冲比率达不到要求，监管方将限制银行拍卖、回购股份或派发红利。最后是杠杆率的要求，要求3%的一级资本杠杆率，作为应对监管资本套利的辅助。从2008年全球金融危机所出现的状况来看，拥有高资本充足率的银行在金融危机中同样倒闭。而杠杆率规定有助于牵制银行体系的高杠杆率，为达到风险管理要求提供额外的支撑。危机表明，即使在银行资本充足和资本质量得到保证的情况下，也会出现流动性问题。为此，《巴塞尔协议Ⅲ》引入了两个流动性监管新指标，即流动性覆盖率（LCR）和净稳定融资比率（NSFR）。流动性覆盖率指银行流动性资产储备与压力情景下30日内净现金流出量之比，用于度量短期（30日内）单个银行流动性状况，目的是提高商业银行短期应对流动性停滞的敏感性。净稳定融资比率指可用的稳定资金与业务发展所需资金之比，用于衡量银行在年内可供使用的稳定资金来源是否满足资产的流动性配置，以及潜在的由于表外业务的承诺支付而引起的偶然流动性需求。净稳定融资比率旨在限制银行在流动性市况活跃期间对短期大额资金的过度依赖，鼓励银行更好地评估表内、表外资产负债表中项目的流动性，可用稳定资金总额/所需稳定资金大于100%。流动性覆盖率和净稳定融资比率这两个指标的提出，将进一步增强银行维护流动性的能力，应对短期内的资本混乱状况，并解决长期流动性错配问题。净稳定融资比率从2012年开始平行期观测，

2018年引入作为解决流动性错配的一个长期结构比率。[1][2]

2010年巴塞尔银行监管委员会提议的3%杠杆率要求自2013年生效，旨在利用杠杆率俘获表内业务和表外业务和衍生品所暴露的风险。

《巴塞尔协议Ⅲ》的缺陷也逐渐显露。例如，外部评级机构被抨击在此次危机中推波助澜。但《巴塞尔协议Ⅲ》并未对这一基本问题制定规则，监管资本框架应当减少对外部评级机构的依赖。再如，风险权重体系依旧受到证券投资组合不变的假设的限制，《巴塞尔协议Ⅲ》没有变更风险权重体系，银行会继续寻求用普通股作为风险权重资产。这为银行参与资本套利（贷款销售、资产证券化等）提供了动机。《巴塞尔协议Ⅲ》试图以审慎的方法俘获所有的风险，但是金融体系的发展会产生新的风险或风险系列，这些新的风险可能目前的监管框架无法应对。风险管理也存在着重要的缺陷，例如银行和金融公司治理、市场透明度和危机前的监管质量。对于影子银行类似于银行的经营活动尚未设定规则，然而影子银行体系在强化这场危机中显然已经扮演了重要角色。

## 2. 金融稳定委员会金融监管综合改革项目

金融稳定是保持市场参与者参与金融市场正常交易和运用金融服务的信心。安全与稳健是确保金融机构在运行过程中避免风险的连锁反应而导致金融体系解体，同样是保持公众对金融体系的信心。此外，信息

---

1 BCBS (2010b), "Guidance for National Authorities Operating the Countercyclical Capital Buffer," March 2, 2012, https: //www. bis. org/.

2 BCBS (2010c), "Basel Ⅲ: International Framework for Liquidity Risk Measurement, Standards and Monitoring," March 2, 2012, https: //www. bis. org/.

不对称问题尽管可以通过增强信息披露而部分得到缓解，但不可能完全消除，金融监管部门有责任甄别、监督和舒缓此类风险。金融基础设施对于金融安全是至关重要的，它为金融市场活动提供了诸如交易、清算、支付和结算等金融服务和便利的平台，基础设施建设的失误会放大金融风险，金融机构间将由于资金的流动不畅和交易义务无法实现而发生转移冲击，金融基础设施的有效性在于可减少摩擦，降低成本，使金融中介得到经济利益的最大化。公平、有效和透明是针对资本市场的准入和信息获得性而言的，金融监管机构有责任监控和惩罚市场操纵、内幕交易和欺诈行为等，制止和纠正市场的不公平竞争。金融监管部门有责任通过金融教育帮助金融服务的消费者以基本的金融知识、金融计划和投资技巧武装自己。

2008 年金融危机暴露了很多金融系统性风险问题。信贷质量恶化、结构性信贷产品价格下跌以及流动性资金缺乏等，加剧了金融体系的脆弱性。在经济复苏的过程中，金融市场随时可能发生更加剧烈调整的风险。这也是金融稳定委员会在 2008 年全球金融危机后发起金融管理综合改革项目的动因。

2016 年，金融稳定委员会以《二十国集团金融管理改革的实施与效果》[1] 为题发表了年度报告，回顾了自 2008 年二十国集团发起金融管理改革综合项目以来的进展。改革旨在增强全球金融体系的弹性并保持开放和一体的结构，从而支持二十国集团稳定的可持续均衡发展。这些改革项目包括：通过有步骤地履行《巴塞尔协议Ⅲ》所规定的资本

---

1 FSB 2016 2nd Annual Report, "Implementation and Effects of the G20 Financial Regulatory Reforms," FSB, August 31, 2016, https://www.fsb.org/wp-content/uploads/Report-on-implementation-and-effects-of-reforms.pdf.

和流动性标准建立其金融机构的弹性；通过对全球系统重要性银行要求更高的亏损吸收能力和强化监管，终结大而不倒的神话；提高衍生市场的安全度；将影子银行转化为以市场为基础的融资机构。

根据金融稳定委员会的观察，在危机后的市场波动中，全球金融体系面对市场压力所表现出的弹性有效地抑制而不是放大了危机余波的冲击，说明改革生效，但依然任重道远，且综合改革项目的推行需要各国监管当局跨境通力合作，寻求法律、数据和能力约束等方面的协调。总体而言，改革综合项目的实施整体稳定而有效，诸如大的跨国银行比危机前呈现更大的弹性，通过留存收益建立起更大规模和更高质量的缓冲资本，显著减低杠杆和改善资金投入境况，尽管这些银行依然在调整经营模式以改变市值持续低迷的状态。金融市场的弹性也在提升，投资者的风险意识也在增强，对衍生品交易的管理减少了市场参与者之间的风险传染。在增进金融机构和金融市场弹性的同时保持对实体经济信用的供给，在经历了危机的急速下滑之后，总信用与银行信贷都在恢复，市场流动性在增强，综合金融改革减少了市场流动性的扭曲可能造成的金融稳定问题。然而，要达到综合改革的目标，还需增强市场基础设施的建设，解决市场融资和资产管理的缺陷，减少跨境信息分享和法律方面的障碍。综合改革有助于降低全球范围内由于金融危机所造成的金融市场分割，维护全球金融体系的开放和一体化。

### （三）后危机时代的国别金融监管模式

涉足国际金融监管的各个金融机构仅仅是在有限的范围内搭建协调的框架，而国际金融体系良好运作的基本条件是国别金融管理的效率。

理论界对金融监管的理论模式划分是以设置金融监管机构的对象为依据的，因而有机构型、功能型和目标型监管之分。大部分国家选择只设立一家金融监管机构，统揽审慎监管与合规监管的职责。也有些国家根据监管目标设立两家金融监管机构，其中一家负责维护金融机构和金融市场的稳定，实行审慎金融监管；另一家负责保护投资者的合法权益，实行市场合规监管，这种模式被称为双峰式监管模式，也是2008年危机后受到青睐的一种模式。美国的监管模式类似于矩阵式监管模式，即根据不同金融机构的差异和不同的监管目标，设定多个监管部门，各自独立地针对不同的领域，如针对存款放款机构系统性风险的系统监管者，针对证券公司和保险公司以及其他非银行金融机构保持持续经营能力的审慎监管者，针对批发金融业务和零售金融业务的合规监管者，交易所的自我监管和保证竞争性公平的监管部门，等等。这些监管部门再根据不同金融行业的特点，形成对这个行业的组合式的监管。

在金融服务业发生急剧转变的40多年中，金融业向企业提供综合性的金融产品与服务的视野已经从国内转向了国际市场，并由银行、证券和保险业务的分业经营向综合一体化发展。这些根本性的变化以及全球性金融服务市场的特征暴露了各国金融管理模式的弊端，原有的监管框架已经无法适应金融业结构正在发生的变化。这些变化对于金融监管的效率提出了新的评价标准和方法。尤其是2008年全球金融危机以来，各国都在寻求谨慎的金融危机管理方法及评价标准。

### 1. 金融监管模式的演进

就监管模式而言，目前得到学术界和监管部门公认的模式大致有四类：一是机构型监管，按金融主体的法定地位决定由谁来监管以及监管的范围；二是功能型监管，依据金融主体的交易活动确定其功能管理者，而不论金融主体的法定地位如何；三是一体化监管或统一监管，通常由一个全能的监管机构对所有金融服务业实施经营活动管理和体系健全性管理；四是目标型管理，也称双峰法，由两类不同的监管部门分别行使体系健全性与金融活动的管理，将两种功能分离。

上述每一种监管模式似乎都仅仅是次佳监管结构。例如，作为传统的监管方法的机构管理法，在金融市场和参与者发生变化的情况下，产品经营边界已经模糊，容易产生监管套利，需要协调性机制来克服这一缺陷。功能法监管更为流行，只要各机构之间达到良好协调和维持，便可顺利运作，但同样被认为在一定程度上依然是一种次佳监管结构，所以，部分国家已从功能型转向一体法或双峰法。一体法的统一性在于避免了前两种监管方法较易发生的管理和监管上的混淆和冲突，有效地消除重复监管。这种方法最大的挑战在于监管部门内部在动荡时的及时协调。双峰法集许多综合法的优势于一身，同时又关注了不时发生安全性监管和消费者保护等目的间的冲突。当监管与消费者保护问题出现冲突时，双峰体制下的审慎监管者会优先考虑安全性，强制性地解决冲突。双峰法引起了观察者越来越浓厚的兴趣，但在现实中采用双峰法监管模式的国家并不多。

因此，大部分国家存在着多种监管部门，在处理危机需要协调时，类似金融稳定委员会这样的协调机构便应运而生，通常有监管部门、央行和财政部的官员参与其中，这表明三者之间的协调在任何监管体制中都是至关重要的。其中，央行审慎监管的功能总是被置于优先地位，大的金融机构的系统重要性与央行的审慎监管具有直接的关系。同时，显性的存款保险制度是监管体系和管理结构的重要组成部门，可以锚定并维持公众对金融体系的信心。这也是后来英国监管体制改革中坚定实施双峰法并赋予英格兰银行核心地位的理由。

## 2. 全球监管体系改革的取向

对于金融发展而言，无论是理论研究还是实践经验都说明，政府在推进监管体系的改革和促进效率方面无疑起着关键的作用。政府干预与否以及干预时机的选择都将影响到市场参与者的预期。干预以及时机的不确定性将带来市场的波动性，从而出现羊群效应（herd effect）或非理性行为（irrational behavior）。在这个领域中，过去的监管规则与市场规则均在危机中暴露其局限性。世界银行《2013 年全球金融发展报告》中尤为强调，适时而强有力且具有前瞻性的监管规则实施和市场纪律的结合是监管体系改革的方向。

大多数经济学家认为，激励问题（incentive issues）是导致金融体系不稳定性的根源。金融机构对于金融产品和服务的设计和销售，若激励措施不当，将带来可怕的后果。现代金融体系使得金融中介以有限的负债承载巨大的风险，而设计拙劣的金融监管规则或金融网会加速风险的积聚，从而使得各种利益攸关者监守自盗，瓦解金融体系。因此，制定和实施核心金融监管条例成为国际金融机构和各国监管部门的重中之重。

2017 年 12 月，巴塞尔银行监管委员会发布了有关《巴塞尔协议Ⅲ》的最终修订内容，明确了若干未决事宜。其中最重要的修订内容是提高信用风险、信用评估调整风险和操作风险标准法的稳健性和风险敏感性。其他修订内容包括限制内部模型方法的使用，引进杠杆率缓冲，进一步限制全球系统重要性银行的杠杆率。压力测试作为金融稳定性的另一保障因素，在美国已成为一项固定的年度工作，欧洲银行管理局也定期进行压力测试且要求日趋严格。

在美国，监管机构对银行违规行为的处罚力度较大，银行业需审慎经营。美联储一直致力于建立有效的处置机制，银行需要建立“生前预嘱”，[1] 详细说明银行在陷入严重财务困境或破产时如何快速、有序地进行重组。银行向美联储提交处置计划已成为一项既定程序。欧洲建立了存款人保护制度，即银行处置和破产程序中，存款人比无担保债权人可优先获得支付。此外，根据合格负债最低要求制定资本和“可自救”债务的最低标准，确保必要时有充足的资本进行股东自救。前述的单一处置机制即用于处理银行破产问题。

然而，处于经济增长的政策诉求，美国特朗普政府力主放宽对银行业的监管力度，《2017 金融选择法案》（*Financial Choice Act of 2017*）意图取缔《多德—弗兰克法案》中的诸多条款，如放宽对资本充足银行的监管，终结在该法案下纳税人对大型金融机构的资助和救助，并规定对欺诈和内幕交易的实施者施加史上最严厉的惩罚。2018 年 5 月 24 日，特朗普签署了《经济增长、放松监管和消费者保护法案》（*Economic Growth, Regulatory Relief, and Consumer Protection Act*），[2] 旨在放松对美国中小型银行和社区银行的监管。根据新监管法案，资产规模低于 2500 亿美元

---

1　波士顿咨询公司（The Boston Consulting Group-BCG）：《2018 年全球风险报告：打造面向未来的银行风险管理机构》，https://image-src.bcg.com/Images/BCG_Global%20Risk%202018_May%202018_CHN_tcm9-194082.pdf，访问日期：2018 年 12 月 4 日。

2　S. 2155, *Economic Growth, Regulatory Relief, and Consumer Protection Act*, March 5, 2018, https://www.cbo.gov/publication/53632.

的银行将不必参加美联储每年组织的压力测试，也不必向美联储报批有关破产后如何清算的"生前预嘱"。不过，新监管法案也赋予了美联储更大的自由裁量权，比如，对资产规模超1000亿美元的银行，有权根据风险评估情况决定是否采取严格的审慎监管标准。作为取缔"沃尔克规则"受到阻力的一种妥协，此项法案改为放松"沃尔克规则"的适用范围，符合条件的社区银行将豁免执行。

放松金融机构的监管环境是否会后患无穷，是否意味着金融危机的沉痛教训被遗忘，甚至断送了金融业这些年卧薪尝胆主动适应监管趋紧的代价呢？静观美国放松金融监管的动向，回首10年前的金融大萧条，触发危机的经济隐患曾酝酿多年，低利率、宽松信贷和监管部门的"视而不见"和"默许"造就了有毒资产助长下的房地产泡沫。

危机前的2005年，时任国际货币基金组织的首席经济学家的拉詹（Raghuram G. Rajan）[1] 曾发出警告，现存的刺激奖励机制鼓励银行家冒险，最终会摧毁自己的公司，甚至整个金融体系。并非承担更大的风险便可以轻松产生绩效，真正的绩效应该是风险调整后的绩效。当金融体系监管减弱时，银行倾向于采取高风险的投机行为，这往往蕴含着长期的系统性风险，并为下一次危机埋下隐患。他的观点在当时被认为是反对金融业改革而被漠视。

英国金融监管体系的改革从机构型监管过渡到功能型监管进而实施目标性监管，并在目标型监管的框架下强化对央行的问责和治理，确立了英格兰银行在金融体系中的核心地位。目标型监管模式按照监管要达到的审慎目标和消费者保护目标来划分监管机构及相应的监管职责，区

---

1 Raghuram G. Rajan, "Has Financial Development Made the World Riskier?" NBER, November 2005, https://www.nber.org/papers/w11728.

别于传统的机构性监管和美国的功能型监管。

英国在过去的10年中致力于改变对银行和其他金融机构宏观审慎监管过于松散的局面。危机爆发前，英国金融监管体系由财政部、金融服务局（Financial Services Authority）、英格兰银行三方组成，财政部负责确立监管框架与金融立法，金融服务局对金融体系有统一的监管权，英格兰银行负责制定货币政策和维护金融稳定。金融危机之后，英国对金融监管体系的改革赋予英格兰银行维护金融稳定的核心地位，并于2013年颁布《金融服务法案》，原来的金融服务局一分为二，形成金融行为局（Financial Conduct Authority）和审慎监管局（Prudential Regulation Authority），俗称“双峰”监管模式。前者直接向财政部和议会负责，对超过56000家公司进行行为管理，并负责对审慎监管局监管范围外的约18000家金融机构进行审慎监管，加强对消费者的保护。后者直属英格兰银行，负责监管大约1500家银行、住房互助协会、信用合作社、保险公司和主要的投资银行。在英格兰银行理事会下设金融政策委员会，由英格兰银行行长任主席，成员包括货币政策委员会（MPC）主席、审慎监管局主席和金融行为局主席。金融政策委员会负责识别、评估、监测系统性风险，全面维护英国金融系统整体稳定。法案赋予金融政策委员会强有力的宏观审慎管理手段，包括指令权（direction）和建议权（recommendation）。

英国议会颁布的《2016年英格兰银行与金融服务法案》，标志着由货币政策委员会、金融政策委员会和审慎监管委员会共同组成的英格兰银行组织架构正式形成，负责和行使货币政策、微观审慎监管和宏观审慎管理职能。审慎监管局和金融行为局的“双峰”监管再次变革，终结审慎监管局在英格兰银行的从属地位，而将其融入英格兰银行内部，并强化对英格兰银行的问责和治理。

这种监管的新结构刻意营造了独立审慎监管的机构，全面负责宏观审慎监管以及与金融机构一系列行为有关的监管职责，将宏观和微观监管紧密结合。英国成立的金融政策委员会，期望通过制定监管政策维护金融稳定。对于问题银行的救助方案，重点在于打破国家对银行机构所谓的显性或隐性担保，因为政府的刚性担保无论是显性的还是隐性的，都意味着政府要承担评估风险，而政府部门又很难在任何时候都做出正确评估，还要避免评估过程中的寻租和游说。

英国监管部门一直强调银行业的自律性，建立有效的自救机制。通过高层管理人员制度，使得所有金融机构的高管对下属的行为层层问责，这是一种文化变革，促使金融机构变得安全而灵活，更加稳健和成功。这种监管结构的改革对监管部门提出了更高的要求，监管部门要确保自己不是问题的一部分，而是问题解决方案的一部分，体现了“预防重于救治”的科学监管理念。

鉴于历史教训，从全球与国家不同层面上的金融监管体系的改革来看，重点在于识别和强化具有体系重要性的金融机构，制定补偿政策，减少监管部门对评级机构的依赖，增加信息披露和透明度等。同时，循序渐进地调整金融监管和管理的框架结构，加固显性或隐性的金融安全网，以确保公众对金融体系的信心，这是一个需要长期坚守的目标。

## （四）国际金融监管合作的动力

频发的金融危机往往是各国金融监管部门实施金融监管体系改革的理由和动力，同时国际金融监管合作的呼声也在增加。是否需要合作以及怎样达成合作存在着争议。

有学者认为，加强金融监管是为了应对危机造成的后果，同时预防危机再度发生。问题在于金融危机爆发的原因和产生的结果因时因地而异。因此，整齐划一的监管模式并非最优选择。一个更好的金融监管框架是采取属地管辖的原则，结合本国国情，维护金融监管的独立性是关键。即使对于跨国配置资本带来不便，相较于金融危机发生所带来的成本依然是风险更低的选择。依靠一些全球监管者制定出一套适合于全球各国的精确操作程序是不切实际的，这也是多年实践中金融监管标准的国际统一化一直受到批评的原因。[1]

然而，全球化充满不确定性，即使逆全球化的迹象有所显露，完全去全球化也是不可能的。全球化本身利弊共存，金融体系兼具稳定与脆弱之源。危机暴露了联结市场、银行、主权国家、企业和家庭的错综复杂的金融网络的脆弱性。旨在提高市场和机构透明度、降低复杂性和杠杆率的监管改革取得了重大进展，但金融稳定前景依然堪忧。基于对现实的分析，国际货币基金组织前总裁拉加德[2]曾呼吁，要进一步努力完善和执行金融监管的改革措施。归根结底，全球金融危机是人为的灾难，其财务和人员成本需要全球各国政府、金融机构、多边组织，甚至市场本身都表现出同样坚定的集体决心，促进有效的全球合作和治理，以应对日益增强的金融关联所带来的挑战。

全球金融稳定与各国休戚相关，面对不断演变的国际金融监管架构，国际货币基金组织、金融稳定委员会和二十国集团之间的密切合作

---

1　何帆：《帮倒忙的国际金融监管合作》，《经济学家茶座》2010 年第 3 期。

2　Christine Lagarde, "Challenges of the Global Financial System: Risks and Governance under Evolving Globalization,"Opening Remarkspresented at the Bank of Japan-IMF High-Level Seminar Tokyo, Japan, October 14, 2012.

是其中的一个关键部分。当前的框架是否确保了全球公共利益（金融稳定）与主权国家合法的自身利益之间的适当平衡？这是建立新的国际金融治理体系必须考量的标准，而央行的作用至关重要。从长期而言，央行的独立性和可信度对政策效果和金融稳定有很多潜在影响。鉴于货币政策决策的跨境溢出效应，各国央行需要加强国际对话与合作，一起修复、重启和改造金融体系，使之更加安全，支持各国乃至全球的经济增长与就业。

在现行国际金融监管体系中，新兴经济体的重要作用并没有得到充分合理的体现。新兴经济体应该更为主动地参与到国际金融监管及其改革之中，提升制度话语权。

监管体系是多重的，各种不同时期的国际组织，如国际货币基金、巴塞尔银行监管委员会、联合国贸发会议、世界银行等，这些国际金融机构的成员交叉或重叠，有协商与共谋，但协调的效果依然有限。

## 四、国际金融治理的制度困境

曾经，在布雷顿森林货币体系正常运转的大约30多年，国际货币基金组织对国际金融事务的治理似有成效。受制于各国经济发展不平衡，原有的全球经济与金融格局不断被打破，国际货币基金组织固有的缺陷暴露得越来越充分。局部的和全球性的金融危机频频发生，国际货币基金组织治理的手段相形见绌，也因此而饱受诟病。如今，国际货币基金组织在动荡不安的世界经济中正面临着国际金融治理前所未有的挑战。

## （一）国际货币治理中的矛盾

目前国际金融环境有以下三个特征。第一，高度的不确定性。全球范围内的不确定性一直在增加。即使很小的冲击也可能带来很大的伤害。突如其来的贸易摩擦与金融摩擦频繁发生。那些历经艰巨而漫长的协商所取得的谈判成果在消失。如果说国际社会从单边走向多边是一种进步，那么很明显，当下所呈现的局面是一种明显的倒退，多边体系处于被撕裂的边缘。我们需要从这种困境中摆脱出来。第二，金融体系脆弱性的累积。贸易的紧张局势和经济下行风险冲击着金融市场。宽松的金融条件鼓励了金融冒险行为，企业债务负担增加，偿债能力减弱，从而导致在金融部门具有系统重要性的经济体中企业部门和国家脆弱性的累积。政策制定者收紧宏观审慎政策势在必行。第三，逆全球化的倾向。2008 年全球金融危机后的 10 余年中，大多数低收入国家和新兴经济体都处在缓慢复苏和增长乏力的“新常态”之中。保护主义和孤立主义占了上风，出现了去全球化的迹象，全球化颇受挫折，甚至出现某些局部的退步。金融全球化的总体趋势是难以逆转的，顺势而动是明智的选择。在国家层面，针对特定领域的脆弱性，须审慎考虑可用的政策空间，守住不发生系统性风险的底线。在国际层面，抵御全球金融动荡的唯一选择是坚持多边协作体系。

只有从理论上剖析这些矛盾的制度根源和正在产生以及可能产生的影响，方能在此基础上提出全球货币治理有价值的建议。

1944 年各国协商建立的布雷顿森林货币体系生存不足 30 年，而 20 世纪 80 年代约定俗成的布雷顿森林货币体系Ⅱ也难以为继，因为它们有着同样的悖论，即“特里芬难题”：储备货币发行国在实现国内目标和履行本国货币的国际职能之间往往面临艰难抉择。为了应对金融危机和经济衰退，美国通过大量发行美元以刺激国内需求，这必然威胁到美元的价值稳定，并直接影响它作为国际储备和价值储藏货币的吸引力。相反，如果美元专注于履行其国际储备货币职能，美国的国内目标将无法实现。

二战后以美元为中心的固定汇率制中的货币锚是美元，具有“天然”的非对称性问题。[1] 从历史的角度看，把驻锚任务交付给某个主权国家的国内货币当局非常有效。如果这个驻锚国在经济上具有主导地位，且金融非常稳定，其他国家就会自愿稳定本国货币同货币锚的汇率。但是，这种“天然”的非对称性不可能永久持续下去，不仅未来的金融巨变可能超出驻锚国中央银行的控制，规则自身也将导致制度安排的失败，例如滥用额外的自由度，即无节制地发行货币，就会给其他国家带来损害。然而，为了协调各国的货币政策，更具对称性的规则也需要稳定的名义锚。如果限制了汇率的波动范围，同时没有限制共同的价格水平，这种协议安排仍不尽如人意。如果不由单个国家承担名义锚的义务，能否找到一种新的、更具对称性的国际货币秩序？这正是国际货币制度改革的关键所在。

目前的国际货币体系处于一种松散的状态，除了在一些区域范围内成员还在努力坚持单一货币或货币联盟内部的合作，在全球范围内如何建筑一个合理有效的国际货币体系仍然未见进展。

---

1 Coleman William and Ronald McKinnon, “The Rules of the Game: International Money and Exchange Rates,” *Australian Economic History Review* 37, no. 3 (1997): 300-302.

美元本位呈现一种刚性。[1] 在私人交易和清算中，作为国际交易媒介，美元仍然是银行间清算的主要交易通货，在私人外汇交易市场上，用美元进行清算的现期和远期交易为90%，其他商品交易中，美元作为计价货币也占统治地位。作为货币当局干预货币，美联储以外的各国中央银行通常采取官方干预行动平滑或直接影响本国货币相对美元的汇率变动，几乎与固定汇率制下的干预行为一样普遍。其结果是，美元依然保持其国际货币的重要性，其他国家考虑如何将本国货币对美元汇率保持在合适的水平上，美国仍然在很大程度上独立执行自己的货币政策，并且最终给外汇市场带来影响。

2008 年的全球金融危机更加充分地暴露了现行国际货币体系的缺陷。全球金融危机的教训之一在于，将国际货币体系建立在单一全球性主导货币之上，尤其严重的是，这次危机过程中所引发的美元短缺窒息了全球金融市场的正常运作并严重阻碍了国际贸易与金融交易。美元短缺的灾难性后果向世界发出警示，以美元为主导的国际货币体系隐藏着极大的系统风险。以一国主权信用货币作为国际储备货币无法摆脱“特里芬难题”。所以，选择或创造一个长期价值稳定的超主权国际储备货币是未来国际货币体系安排中重要的组成部分。

从布雷顿森林货币体系开始，现行的国际货币体系所发生的主要变化有两点。一是欧元的问世；二是人民币加入特别提款权的货币篮子。仅有一个国家的主权货币作为全球储备货币已经越来越不适应世界经济发展的新格局。国际资本流动难以监控，汇率大幅度波动，金融风险缺

1 Paul Krugman, “The International Role of the Dollar: Theory and Prospect, ”*NBER*, 1984, https: //www. nber. org/system/files/chapters/c6838/c6838. pdf.

乏预警，救助无策。如果现行国际货币体系不加以改革，应对全球性金融危机则必然乏力。

全球货币治理涉及的国际金融组织架构、国际货币安排等宏观因素错综复杂，已有文献的观点和方案很多，但尚未形成一个完整的系统框架。因此，需要从动态的角度出发，给出国际货币治理体系改革的方向与框架，寻求协作共赢的国际多边货币治理体系。

## （二）国际金融治理的制度缺陷

国际金融体系现有架构未能充分应对的三个关键领域暴露出越来越多的漏洞，最终导致了金融危机的发生。其一，对全球经济发展和政策的监督未能就国际金融体系中积聚的风险发出足够明确的警告；其二，各国政府间宏观经济政策的协调并没有产生协调应对所确定的全球风险所需的国际领导力；其三，活跃在国际舞台上的金融机构缺乏监管和监督，未能提供一个足够健全的框架解决实质性的问题。在危机发生后，随着危机蔓延，国际公共流动性和支持调整的贷款安排未能充分填补缺口，反映出设计和规模上的缺陷。[1]

国际金融治理需要包容性，并坚持多边主义，破除金融保护主义和地缘政治所带来的隔阂与冲突。从这个意义上说，二十国集团已经发展成为更具包容性和多元化的组织机构，以此为基础建立实体性全球货币监管协调机构，负责统筹协调全球金融稳定与改革发展的重大问题，更便于国家间协调和宏观微观的协调，避免国际金融组织复杂化和分散

---

1　Reza Moghadam, “Initial Lessons of the Crisis for the Global Architecture and the IMF,” accessed November 7, 2019, https: //www. imf. org/external/np/exr/key/quotav. htm.

化，降低协作治理成本。国际货币基金组织在国际金融治理中应扮演主动和积极的角色，推动基金份额调整改革，确定单一国家份额占比上限从而消除单个国家一票否决的可能性，体现多元化，增加新兴经济体和发展中国家的话语权。

协调与合作并非一刀切，而是具体问题具体分析。正如卡恩(Kahn)[1] 在二十国集团会议上所言，提供更平衡、更强劲、更可持续的全球增长，只有合作方能办到，全球合作并非纸上谈兵，而是要切实保障各国利益，创造就业机会和解决贫困。关于金融部门的改革，对于补偿性的财政税收合作应采取更严格和更有效的管理。而对于配额改革等更复杂的问题，二十国集团可协助国际货币基金组织进行最重要的治理改革。国际货币基金组织是作为政策协调的媒介应对危机，反映各国诉求，自有其角色，如果只关注单个国家的问题而非体系的问题，其作用将受到很大的局限。新的时代需要新的工具，追踪风险与波动，设立早期预警机制和参与金融稳定委员会是良好的开端。但需要将金融稳定置于国际货币基金组织监管的前沿和核心地位。即使国际货币基金组织无意于或不可能成为一个全球性的监管者，但需要更好地理解风险敞口、交叉风险敞口的复杂关系，以及资产和负债集中在不同地区和机构之间的变化模式。为此，必须与各国监管机构以及巴塞尔银行监管委员会和金融稳定委员会等国际金融机构合作，改善必要数据的获取途径，加强多边监督，更好地处理构成全球金融体系基础的相互联系。

根据国际货币基金组织发布的 2021 年《全球金融稳定报告》[2]，在

---

1　Dominique Strauss-Kahn, “Crisis and Beyond-the Next Phase of IMF Reform,” June 29, 2010, https://www.piie.com/commentary/speeches-papers/crisis-and-beyond-next-phase-imf-reform.

2　IMF, *Global Financial Stability Report, Preempting a Legacy of Vulnerabilities*, accessed May 31, 2021, https://www.imf.org/en/Search.

新冠肺炎疫情大流行期间，一些国家采取非常规政策措施以缓解恶化的金融状况和支持经济，有助于遏制金融稳定风险，但国际货币基金组织需采取行动避免可能出现的资金大量紧缩，关注发达经济体和新兴市场经济体之间的复苏非同步和分化问题。毋庸置疑，面临如此严峻并充满高度不确定性的世界经济环境，国际金融治理制度比任何时候都需要包容性和多边主义。

# 全球投资治理体系的构建

孙志强*

全球投资是全球价值链的基础，是经济全球化的“助推器”。国际投资与国际贸易和国际金融相比，制度建设大为滞后，在全球层面缺乏对投资规则的共识，未能建立起一个综合性、权威性的多边投资协定。全球投资治理体系的形成与调整，是各国广泛协调博弈的结果。目前，全球投资治理形成以双边投资协定为主体，双边、区域和多边协定共存的规则体系。全球投资应以实现可持续发展和包容性增长为目标，通过国际货币基金组织、世界银行、联合国贸发会议（UNCTAD）、二十国集团等多边机构扩大共识，促进多边投资规则体系的构建。

## 一、全球投资新趋势、新挑战、新措施

投资是经济增长和可持续发展的核心，它能够提升经济体的生产能力，创造就业，推动收入增长。全球投资治理是指各国以实现国际投资规则化、自由化和公平性为目标，通过协商谈判，制定有约束力的国际

* 孙志强，山东大学国际问题研究院助理研究员。

投资规则，从而促进国际投资可持续发展。[1] 国际投资规则是指在国际投资领域，汇聚着行为体预期的一系列默示和明示的原则、规范、规则和决策程序。[2] 当前，各国均把扩大国际投资视为重启全球需求的新引擎。联合国贸发会议《2021 年世界投资报告》数据显示，2020 年，全球外国直接投资流量规模为 1 万亿美元，全球投资存量规模为 41 万亿美元。[3]

## （一）新趋势

传统全球投资治理体系囊括了投资自由化、投资保护、投资争端解决等内容，但体系存在不完整性和不公平性，规范化及制度化建设不足。在全球经济不确定性增加环境下，促进投资并确保投资实现可持续发展是所有国家的优先选项。全球投资治理框架以双边投资协定为主体，双边、区域和多边治理协定共存，并呈现新的发展趋势，主要有以下几种。

一是着重推进准入前国民待遇和负面清单模式。准入前国民待遇使得外国投资者能够以和东道国国民相同的条件进入东道国市场，负面清单则列明企业所不能投资的领域。[4]

二是投资协定文本趋同，主要是欧美投资制度的协同一致以及对发

---

1 陈伟光、王燕：《全球投资治理与体系建构》，人民出版社，2020，第 17-20 页。

2 国务院发展研究中心课题组：《百年大变局——国际经济格局新变化（上）》，中国发展出版社，2018，第 276 页。

3 UNCTAD, *World Investment Report 2021*, June 21, 2021, https://unctad.org/webflyer/world-investment-report-2021.

4 戴双兴、冀晓琦：《G20 框架下全球投资治理变革与中国的应对方略》，《经济研究参考》2019 年第 22 期。

展中经济体的持续影响，减少了国际投资制度分歧。环境保护、社会责任和劳工标准问题成为国际投资规则的新内容，边境后措施成为国际投资规则关注的焦点。

三是国际投资领域非国家行为体的数量激增及活动频繁，包括政府间国际组织、非政府组织、跨国公司等。其中，跨国公司成为支撑全球跨境投资的坚实基础。随着新兴经济体的影响力越来越大，公司治理形态、价值、投资方式随之改变。

四是全球跨境投资长期主要趋势为平稳缓慢上升，实体规则趋于平衡化、社会化及竞争中立，在强调投资促进的同时，强化知识产权保护和外国投资审查。各国相继成立投资促进机构，减少管制措施，通过签订、修订和解释国际投资条约，为本国企业对外投资提供直接支持。[1]国际社会对外资期望日益严苛。外资仅创造就业、带动增长远远不够，越来越多的国家要求外资具备环境友好、能带来社会效益、提升东道国在全球价值链的地位等特性，可持续发展成为受到国际社会广泛认可的投资议题。

五是发达经济体对外投资主导地位下降，发展中经济体尤其是新兴经济体日益成为重要投资来源国。发达经济体谋求主导全球投资规则，发展中经济体参与塑造全球投资规则，二者之间对话机制日渐成熟。发达经济体向发展中经济体提供资本和技术等有形资产，以及知识技能和市场准入等无形资产，并在投资准入和投资保护方面对发展中经济体提出更高要求。发展中经济体也认识到外国资本对于弥补本国资本缺口的重要作用，积极优化投资环境，倒逼国内法治改革。

---

1 卡尔·萨文特、费德里戈·欧迪诺：《国际投资法制和政策制度的未来》，载王浩主编《全球经济与金融治理》，中央编译出版社，2017，第240-241页。

六是信息通信技术将对下一轮服务业和特定传统制造业跨境投资产生决定性主导作用，也将对各国投资法规和全球投资规制产生重大影响。国际数据跨境规制在自由流动和隐私保护的取舍争论中初具区域性雏形。跨境数据流动的治理也体现在《全面与进步跨太平洋伙伴关系协定》《美日数字贸易协定》《新加坡—澳大利亚数字经济协定》等区域协定中。

## （二）新挑战

全球投资治理是全球治理的短板。国际投资对他国经济社会的介入更直接深入，对国家主权自主性冲击也更大，各国对这一领域的权力让渡抱有谨慎态度。问题关键在于各国是否愿意参与到广义的政府间谈判进程中，对于投资议题进行协商。各国基于自身发展阶段，在对外投资政策上考量不一，使全球投资治理面临新挑战，主要表现如下。

一是全球投资规则系统涵盖全球 200 多个经济主体，截至 2020 年底，共拥有 3360 多项投资协定。[1] 由于协定众多且缺乏体系范围内协调，使得全球投资体系处于高度碎片化状态，规则呈现出重叠交叉的“意大利面碗效应”，签署成本和实施成本偏高，协定内容相互冲突，不利于维护国际投资发展秩序。同时，新签订的国际投资协定遵循不同的协定范畴，并规定缔约方已有的双边协定继续有效，从而使得全球投资规则体系复杂程度加大。

二是不同国际投资法法律渊源不一致，在全球层面缺乏统一的规则

1 *World Investment Report 2021*, UNCTAD, June 21, 2021, https://unctad.org/webflyer/world-investment-report-2021.

和机制来调整国际投资法律关系。国际投资法律制度尚处于“丛林法则”状态，不存在一个能够为区域或双边投资提供纪律约束的基础。各国之间缺乏构建国际投资法治的理念共识。

三是东道国与投资者权利义务失衡，绝大部分投资协定可持续发展要素缺失，投资者仍面临投资壁垒、歧视性待遇等问题。投资内容如投资定义、待遇标准、投资补偿、货币兑换、争端解决、对国有企业投资的保护、投资条约失效等条款也存在较大差异。

四是国际投资保护主义攀升，存在不同类型投资者使用不同规则的现象。新的针对外国投资者的限制或监管主要基于国家安全、本土生产者的竞争或土地和自然资源的外资所有权考虑。[1] 国际投资缺乏长期市场，公共投资面临约束，资本流动成本高。

五是发达经济体与发展中经济体在投资自由化、投资保护等问题上存在分歧。发达经济体对外国投资的审查日趋严格，并力促发展中经济体实现投资自由化，但发展中经济体认为投资自由化可能损害国家主权和经济政策的相对独立性。双方谈判分歧则包括能否形成及形成何种形式的负面清单，制定何种水平的劳工与环境标准，是否开展次级投资联合抵制，是否限制投资诱因，应否设定投资绩效要求，等等。

六是投资者与国家争端解决机制的系统性缺陷不断浮现。除正当性不足、透明度不够外，投资者与东道国纠纷诉诸国际投资争端解决机制可能削弱东道国的外资管理权，导致东道国政府监管恐惧。现行的国际投资争端解决制度以商事仲裁中私人与私人争端解决方式为模型，没有

1 国务院发展研究中心课题组：《百年大变局——国际经济格局新变化（上）》，中国发展出版社，2018，第 268-269 页。

设置上诉程序，缺少官方或非官方先例体系。[1] 同时，国际投资仲裁存在仲裁效率低下、上诉解决机制缺失、仲裁员独立性备受质疑、缺乏公正性以及仲裁费用高昂等问题。

## （三）新措施

当前，国际投资体系正处于激烈变革期，新兴经济体的群体性崛起和对外投资的迅猛发展，改变着全球投资格局、内容及流动模式，亟须制定一套各国普遍遵守的投资规则来营造稳定预期，达到投资保护和投资促进的目的。

一是加快国际投资制度演变速度，寻求投资者保护和政府追求合理公共政策目标间的平衡，避免多边投资框架的建立与多边贸易谈判的捆绑。各国应简化投资审批程序，在自愿基础上共同制定非约束性的全球投资指导原则。

二是应将全球投资制度重新设计为一个基于基本原则和实质性优先事项的治理制度，改变强国制定、弱国适应的单边型政策，适当改进最惠国待遇、争端解决、投资便利化等条款，确保东道国监管权的有效施行。[2]

三是优化国际投资范本，确定国际投资协定应包含的内容，平衡东道国和母国的利益，并在此基础上反映谈判双方的特殊利益。经济合作与发展组织（OECD）《投资政策框架》、国际可持续发展研究所（IISD）

---

1　张晓君、李文婧：《全球治理视野下国际投资法治的困境与变革》，《法学杂志》2020 年第 1 期。

2　张蕴岭、马天月：《国际投资新规则及中国应对策略》，《国际展望》2019 年第 4 期。

《可持续发展国际投资协定范本》》、联合国贸发会议《可持续发展投资政策框架》等可以作为未来范本的基础。[1]

四是东道国政府应注重仲裁、调停、调解和便利等各种争端解决方式。东道国可适当引入一些例外条款，打破行业垄断，防范系统性金融风险，提高信息传递效率。增强投资争端仲裁过程中的信息披露以及透明度，引入新的争端解决机制，如设立双边或区域投资法庭、上诉机制等。

五是借助自由贸易协定谈判实现全球投资规则的重塑。自由贸易协定涵盖议题和范围广阔，在自由贸易协定下谈判投资章节，谈判主导国可将投资规则和货物贸易、服务贸易、知识产权、政府采购、环境和劳工等规则共同谈判，提高投资规则的有效性和可执行性。

## 二、全球投资治理的主要议题

全球价值链时代，国际投资规则应反映国际社会的多元需求和共同利益。在国际投资领域，母国和东道国之间签订的投资协定对于外国投资者来说，是“类宪法的”（constitution-like）[2]。各国缔结国际投资条约的首要目标是通过维护外国投资者的利益吸引外商投资。全球投资协定谈判的焦点应集中于投资待遇、投资开放及准入、投资监管及保护、投资争端解决、投资协定文本分析等。

---

1　卡尔·萨文特、费德里戈·欧迪诺：《国际投资法制和政策制度的未来》，载王浩主编《全球经济与金融治理》，中央编译出版社，2017，第 255 页。

2　David Schneiderman, *Constitutionalizing Economic Globalization: Investment Rules and Democracy's Promise* (Cambridge: Cambridge University Press, 2008), p. 4.

## （一）投资待遇条款

投资待遇条款通常包括最惠国待遇、公正公平待遇、竞争中立原则等。最惠国待遇是保障贸易及投资非歧视待遇的基石。近年来，美欧均尝试对最惠国待遇条款进行改革。一方面制定最惠国待遇适用例外条款，如关税同盟、共同市场、双重征税协定等排除在最惠国待遇适用范围之外；另一方面对最惠国待遇条款的“待遇”一词进行限制性解释，以《加拿大—欧盟综合经济与贸易协定》（CETA）等欧式协定为代表。公平公正待遇曾是发达经济体和发展中经济体在签订国际投资协定方面最具争议性的条款。条款本身具有一定模糊性，国际仲裁法庭又在既往投资争端中对公平公正待遇条款进行任意解释。欧美发达国家在新近签订的国际投资协定中对该条款进行适度澄清和限制，以降低争议。[1] 竞争中立原则确保市场上所有商业经营者都能够公平竞争。

## （二）投资开放及准入

促进投资条款方面，主要包括禁止业绩要求和投资便利化措施，准许缔约方投资，不得设置障碍限制。准入条款方面，要求确保准入前国民待遇。1994 年《北美自由贸易协定》（NAFTA）第 1102 条、第 1103 条首次将国民待遇和最惠国待遇提前至投资“设立、并购及扩充”时，为准入前国民待遇，此后美国对其缔约方均输出了准入前国民待遇原

---

1　陈伟光、王燕：《全球投资治理与体系建构》，人民出版社，2020，第 85-86 页。

则。准入前国民待遇的实施相当于事实上的完全市场准入，当前主要为美国、日本所推崇，体现在《北美自由贸易协定》、东盟等自由贸易协定中。同时，美国、日本、韩国在国际投资协定中普遍采纳负面清单模式，而《加拿大—欧盟综合经济与贸易协定》及欧盟与越南自由贸易协定等也采取了负面清单模式。

## （三）投资监管及保护

核心条款涉及资金转移、征收补偿、投资履行要求等。资金转移条款方面，缔约方应允许投资者在境内投资的所有资金，包括资本出资、利益与分红转移、利息支付、专利费、合同支付等，能够自由、及时地汇入或汇出该方领土。[1] 征收补偿条款方面，国际投资条约充斥着发展中国家的“适当补偿”标准与发达国家的“赫尔公式”（Hull Formula）[2] 标准之间的较量。美国主张充分、及时的“赫尔补偿原则”，一些发展中国家则主张“卡尔沃主义”（Calvo Doctrine）的“适当补偿原则”。[3] 投资履行要求条款方面，当前争议最大的是技术当地化问题。禁止当地化条款主要为美欧所制定，针对发展中经济体在引入外资和技术时，将外国投资者向东道国企业转让特定技术作为条件。多数投资协定认可政府基于保护环境、历史遗产、人类健康、收支平衡等合法目的进行投资

---

1　文洋：《全球投资治理：现状、趋势及中国的参与路径》，《理论视野》2016 年第 10 期。

2　1938 年 7 月 21 日，美国国务卿康奈尔·赫尔（Cornell Hull）在关于 1917 年墨西哥国有化的回应中提出的原则，也称为赫尔原则或全部赔偿（full compensation）原则，主张实行国有化的国家有义务以“充分（adequate）、有效（effective）、及时（prompt）”的方式对财产被国有化的外国投资者支付全部赔偿。

3　陈伟光、王燕：《全球投资治理下的国际投资协定多边谈判与中国对策》，《天津社会科学》2017 年第 3 期。

管制的需要。此外，国企竞争中立原则也逐渐进入投资协定的范围，其最先由澳大利亚所倡导，后蔓延至美国、欧盟主导的投资协定中，旨在调整国企占比较高的中国、俄罗斯、巴西企业在全球的竞争优势。

国际投资保护理念及功能正发生变化，也需具备防范境外投资者滥诉。[1] 发达国家纷纷放弃 20 世纪 60—90 年代形成的“荷式黄金保护标准”(Dutch Gold Standard)，[2] 避免投资协定过度的投资保护在为海外本国投资者提供保护的同时，亦为外国投资者所用，成为攻击本国合法管制权限的利器。此类投资者与东道国政府关系调整的协定以美国主导的《北美自由贸易协定》为范例，随后在美国 2004 年和 2012 年双边投资协定范本中两度微调，增进了政府的管制权限，紧缩最惠国待遇、间接征收等条款的解释，在双边投资协定、自由贸易协定投资章节中扩充保证政府管制权限的一般例外条款及安全例外条款，并改良国际投资仲裁机制的透明度及问责性。

## (四) 投资争端解决机制

世界银行曾成功建立起多边投资争端解决机制和多边投资担保机制。早在 1965 年，世界银行就主持缔结了《解决国家与他国国民间投资争端国际公约》，并在 1966 年成立“国际投资争端解决中心”(ICSID)。国际投资争端解决中心是世界上最主要的解决外国投资者与东道国之间投资争端的国际组织，其 143 个成员包括大部分重要的资本

1 王燕：《区域法治规则治理与政策治理模式的探析》，《法商研究》2016 年第 2 期。

2 20 世纪 60—90 年代，欧共体为国际投资规则的制度供应国，这源于荷兰对外签署的双边投资协定，以其广泛的投资保护而闻名，并被称为“荷式黄金保护标准”。

输出国和资本输入国，是发达经济体和发展中经济体在国际投资领域妥协的产物。国际投资争端解决中心可受理的争端限于东道国与投资国之间因直接投资而引起的法律争端，并提供了调解与仲裁两种相对独立的争端解决程序。国际投资争端解决中心的管辖具有排他效力，如果争端双方将争端交付了国际投资争端解决中心，那么投资者母国就不得行使外交保护或提出国际索赔。国际投资争端解决中心机制有助于通过非政治方式解决东道国和外国投资者间的投资争端，但总体上倾向于保护来自发达国家的私人投资者利益。[1]

1968 年，荷兰和印度尼西亚签订的双边投资协定中首次引入投资者—国家争端解决机制。20 世纪以来，投资者屡屡借助投资协定下的最惠国待遇条款，挑战东道国所签署其他贸易和投资协定下的更优惠程序或实体待遇，引发了帕拉马公司诉保加利亚案、西门子公司诉阿根廷案等颇具争议的投资争端。相较于国内法院等救济方式，90%的国际投资者偏好通过国际仲裁的方式解决投资争端。2010 年及 2012 年全球最大烟草商巨头万宝路香烟的生产商瑞士菲利普·莫里斯公司先后在国际投资仲裁平台上，分别对乌拉圭政府和澳大利亚政府提起仲裁申请，抗议两国对香烟外包装实行的新规制政策。[2]

同时，投资者—东道国争端解决机制存在仲裁效率低下，缺乏透明度和公正性等问题。[3] 国际仲裁庭扩张自身的管辖权，挤压东道国的司法主权，剥夺东道国应有的外资管理权。投资者在多起争端中利用投资

---

1 张晓君、李文婧：《全球治理视野下国际投资法治的困境与变革》，《法学杂志》2020 年第 1 期。

2 高臻：《国际投资争端的全球治理》，社会科学文献出版社，2018，第 2 页。

3 Emma Aisbett, Barnali Choudhury and Frank J. Garcia, *Rethinking International Investment Governance: Principles For the 21st Century* ( Columbia Center on Sustainable Investment Books, 2018), p. 14.

协定的不完全性，随意挑选对其最有利的实体和程序性待遇，使东道国承担了无法预见的义务。

## （五）协定文本分析

国际投资协定主要由资本输出国对外签订，主要包括欧式协定和美式协定。欧美主导的国际投资协定均强化投资条款的防御性功能，避免投资协定成为投资者攻击政府合法管制权限的武器。20 世纪 80 年代前，双边投资协定以欧式双边投资协定为主流，突出强调投资保护，不追求投资自由化，对外资实行准入后国民待遇。20 世纪 80 年代后，美式双边投资协定成为主流。美式双边投资协定更强调投资自由化，也更注重程序法规则，将欧式双边投资协定中对外资的国民待遇和最惠国待遇从投资准入后与设立后阶段延伸到了投资准入前和设立前阶段。[1] 总体来看，欧式双边投资协定条约简约、对外资的保护程度较高，而美式双边投资协定更迎合投资自由化的需求。

20 世纪 80 年代之前，美国效仿欧式投资协定及 1962 年经济合作与发展组织制定的投资协定范本制定了本国的投资协定。20 世纪 80 年代后，美国意识到欧式协定的弊端，并根据本国对外投资政策调整投资协定的内容，相继制定四个双边投资协定范本，即 1981 年、1994 年、2004 年和 2012 年美式双边投资协定范本。2009 年《里斯本条约》生效后，欧盟 27 国统一国际投资规则立场，逐步向美式投资保护标准靠拢。[2] 欧盟统一的国际投资协定文本整合了德式、英式、荷式不同版本

1　霍建国、庞超然：《国际投资规则的发展与启示》，《国际经贸探索》2017 年第 8 期。

2　王燕：《欧盟投资保护理念的“西学东渐”及其启示》，《国际商务研究》2015 年第 5 期。

的协定文本，由“放松管制”转向“收紧管制”的有限保护；授予环境、人权等非政府组织较强的话语权，使环境、劳工、可持续发展等理念对国际投资协定的影响更为明显。[1]

## 三、《二十国集团全球投资指导原则》与跨国投资合规体系构建

随着传统治理主体博弈格局的变化，二十国集团等新兴治理机制日益受到关注。二十国集团成员代表着世界经济总量（GDP）的80%以上、全球贸易总量的75%和世界总人口的60%。实现世界经济稳定和持续增长，是二十国集团诞生即确定的目标。其政策颁布更为灵活，能够对投资治理问题和挑战做出迅速反应，同时减少合作成本。二十国集团作为国际规则制定的协商平台，致力于国际投资政策协调，是国际多边投资治理的潜在渠道。

2012年，在墨西哥城举办的二十国集团首次贸易和投资促进高峰论坛中，与会代表同意“建立常规的交换贸易—投资促进和政治支持的平台”。2013年，二十国集团圣彼得堡峰会，明确提出“重视长期投资融资，包括基础设施和中小企业融资以促进经济增长，创造就业和发展”，还新建了长期投融资研究小组。2014年，二十国集团布里斯班峰会通过的“全球增长战略”专门强调了投资特别是基础设施投资对促进全球经济增长的重要作用。2016年，二十国集团杭州峰会提出“建

1 聂平香：《国际投资规则的演变及趋势》，《国际经济合作》2014年第7期。

立各国普遍接受的全面、综合、具有约束力的多边投资协定已经成为国际社会的广泛共识”，并发布了全球首份关于投资规则制定的多边纲领性文件《二十国集团全球投资指导原则》（以下简称《指导原则》）。《指导原则》是国际社会首次在多边机制内就全球投资规则达成共识，并提出：应认识到全球投资作为经济增长引擎的关键作用，政府应避免与跨境投资有关的保护主义。投资政策应设置开放、非歧视、透明和可预见的投资条件。投资政策应为投资者和投资提供有形、无形的法律确定性和强有力的保护，包括可使用有效的预防机制、争端解决机制和实施程序。投资相关规定的制定应保证透明及所有利益相关方有机会参与，并将其纳入以法律为基础的机制性框架中。投资及对投资产生影响的政策应在国际、国内层面保持协调，以促进投资为宗旨，与可持续发展和包容性增长的目标相一致，等等。[1]《指导原则》为未来多边投资协定奠定了重要基础，在实现多边投资政策协调与合作方面迈出了历史性的一步。

同时，二十国集团关于投资的倡议往往被贸易、基础设施以及增长战略涵盖，成员的复杂性也增加了利益诉求不一致问题。作为一个非正式机制，二十国集团没有强制约束力，其提出的倡议没有执行机制，政策落实完全凭自愿。未来，二十国集团应不断改善投资的准备工作、优先排序和执行程序，不断提高问责水平。[2]

---

1 《二十国集团全球投资指导原则》，人民网，2016 年 9 月 7 日，http://world.people.com.cn/n1/2016/0907/c1002-28696142.html，访问日期：2021 年 11 月 2 日。

2 韩冰：《二十国集团在国际投资领域的合作与前景展望》，《国际经济评论》2016 年第 4 期。

## 四、全球投资治理规则体系

伴随经济全球化，全球投资体系进入调整期，各国以不断扩大共识的渐进模式，寻求在贸易协定的基础上重塑投资规则，确立保护外国投资的国家实践体系。未来更多国家将重视推动引进外资和对外投资，由此带来的身份混同和需求混同为国际投资规则的制定带来重大挑战。

### （一）双边投资协定

双边投资协定（BIT）是双方在互惠基础上签订的旨在鼓励、促进和保护签约国之间投资活动的专门性投资协定。双边投资协定是目前国际投资治理体系的主要组成部分，也是国际上最重要的投资规范、投资保护与投资促进工具。双边投资协定内容针对性强，谈判方得失容易进行计算，协定更容易达成和管理。双边投资协定的前身是友好通商航海条约，是东道国给予他国国民前来本国从事商业活动权利和航海运输保障的一种条约。友好通商航海条约是二战前及结束初期各国保护其海外投资的主要法律工具。1989 年，全球只有 385 项双边投资协定，1999 年达到 1857 项，[1] 截至 2020 年末，达到 2943 项。欧式双边投资协定从 20 世纪 50 年代出现，到 80 年代已经发展成熟，而美国直到 1981 年才

---

1 UNCTAD, *Bilateral Investment Treaties 1959 - 1999* ( New York and Geneva: United Nations, 2000), p. 1.

与巴拿马正式签署第一个双边投资协定。[1] 20世纪90年代以来，双边投资协定在保护及促进投资，维护国际投资秩序过程中发挥了不可替代的作用。

双边投资协定通过较宽泛的投资定义，给予缔约对方投资者国民待遇、最惠国待遇和公平公正待遇等。[2] 双边投资协定明确外资准入条件，提高了外资准入透明度，限定东道国采取进口替代、出口导向、当地雇用等要求。在投资者转移投资资产和利润时，要求东道国不得施加不合理的限制，保障外国投资者合法权益。同时，还大幅降低对外投资的政治风险，通过投资准入、投资待遇和投资履行条款，降低投资者海外投资障碍，便于资本在全球的流动。[3]

全球投资协定的基本模板体现在欧美主导的双边协定中。20世纪60—90年代，国际投资协定以欧式投资协定为主。但90年代之后，投资流向转变，欧式投资协定条款“攻击性”效应的不可预见性越来越强，美国在《北美自由贸易协定》谈判中逐渐形成投资保护与投资规制相对平衡的新模式。少数国家继续坚持使用侧重投资保护的欧式简约投资协定，绝大多数国家则借鉴和发展美国、加拿大的投资协定，评审和修改其投资条约范本和缔约实践，平衡投资者权益保护和东道国主权公共政策空间。[4] 例如，日本与韩国签订的《韩日投资自由化、促进和保护协定》，突出强调投资自由化的要求；印度的双边投资协定范本要

1 孔庆江：《美国如何设置国际投资规则的议程?》，《中国政法大学学报》2016年第4期。

2 张宇燕：《全球经济治理结构变化与我国应对战略研究》，中国社会科学出版社，2017，第430页。

3 陈伟光、王燕：《全球投资治理与体系建构》，人民出版社，2020，第75-81页。

4 王彦志、王菲：《后危机时代国际投资全球治理的变迁：趋势、影响与成因》，《国际关系与国际法学刊》2015年第5期。

求受东道国保护的投资者需为东道国"真实及实质性商业运作"的企业;《加拿大—欧盟综合经济与贸易协定》则对投资施加了"持续性"和"实质性商业运作"的要求。

以双边投资协定为主的国际投资体制缺乏稳定性、统一性和规模效应,表现出运转不力的局限性。众多双边协定内容重叠,连贯性和协调性较差。各国在双边谈判中相互博弈,推高了协定的执行成本。不同国家主导的协定在投资资产的范围、汇兑、征收及国有化、投资争端解决等方面也存在差异化条款。双边投资在国内法下的地位和效力取决于签约国宪法及相关法律的规定。当双边投资协定与国内法发生冲突时,究竟是双边投资协定优先还是国内法优先存在争议。双边投资协定往往包含退出条款,对缔约国缺乏绝对的约束力,缔约国可单方面解除。双边投资协定在谈判实践中,还存在发达经济体与发展中经济体谈判地位与能力、谈判目标与效果、权力与利益不平衡的现象。2017 年,终止使用双边投资协定的数量首次超过了新缔结的双边投资协定的数量。对于双边投资协定数量持续递减的原因,有分析认为主要是近年来各国基于双边投资协定可能涉及潜在法律责任的广泛了解,对双边投资协定的签署趋向理性。[1]

## (二) 区域投资协定

随着双边投资协定内容的趋同,各国开始热衷于区域投资协定的谈判。区域投资协定是指区域性国际经济组织旨在协调成员之间的投资活

1　Srividya Jandhyala, Witold Henisz, Edward Mansfield, "Three Waves of BITs: The Global Diffusion of Foreign Investment Policy," *Journal of Conflict Resolution* 55, no. 6 (2011): 1047-1073.

动而签订的区域性多边协定。[1] 具体表现为相同或不同地缘区域内三个以上国家和地区之间、某一区域经济一体化集团或组织与外部第三国家和地区之间，以及不同区域经济一体化集团或组织相互之间的专门投资协定或者包含投资专章的自由贸易协定或经济伙伴关系协定。[2] 全球价值链的生产和贸易模式促进了区域之间的经贸往来，国际资本的区域间流动缓释了资本输出国和输入国的矛盾。

从 2007 年开始，双边投资协定递增数量逐年降低，区域投资协定随着区域性合作的加强，特别是以建立自由贸易区为基本内容的各种区域贸易协定的数量稳步攀升。区域投资协定谈判成本低、灵活性强，是多边投资协定的雏形。区域成员和整个区域的宏观经济稳定、增长和发展，必然要求货物、服务、资本、技术、人员等在区域内能够自由流动，也必然要求将贸易、投资、环境保护、劳工保护等非经济议题协调起来、统筹兼顾。区域投资协定通过一体化克服碎片化带来的规则冲突和资源浪费，改善运行效率，促进投资准入自由化，平衡投资保护与东道国公共政策保障，为投资机制的一致性提供了机会。未来在区域内或区域间可能出现投资规则的合并，以实现更大区域范围内的规则统一。

区域协定的代表性协定包括《北美自由贸易协定》《中国—东盟自由贸易协定》《全面与进步跨太平洋伙伴关系协定》《区域全面经济伙伴关系协定》等。1992 年，美国、加拿大和墨西哥签署《北美自由贸易协定》属于典型区域协定，包含高度自由化的投资规则，并创立了

1　李玉梅、桑百川：《国际投资规则比较、趋势与中国对策》，《经济社会体制比较》2014 年第 1 期。

2　王彦志、王菲：《后危机时代国际投资全球治理的变迁：趋势、影响与成因》，《国际关系与国际法学刊》2015 年第 5 期。

“准入前国民待遇+负面清单”的投资规则模式。近年来，新的区域协定之中，单纯涉及投资议题的区域协定很少，绝大多数都是广泛包含了贸易、投资等综合议题的自由贸易协定或者经济伙伴关系协定。

巨型区域协定谈判是高水平和高质量的投资协定的典范。《跨太平洋伙伴关系协定》最初是由《优惠关税协定》发展而来，并从一个亚太经合组织框架内的小型自由贸易协定转型为覆盖面更广、更有约束力的自由贸易协定。美国宣布退出《跨太平洋伙伴关系协定》后，剩余11国在日本的主导推动下对其相关条款加以修改，并改名为《全面与进步跨太平洋伙伴关系协定》，其指向则是高水平的区域贸易投资自由化。《全面与进步跨太平洋伙伴关系协定》被认为是高标准自由贸易协定的模板，涉及关税减让、贸易便利化、投资、服务贸易、知识产权、透明度等方面，要求超过80%的商品实现零关税。[1]《区域全面经济伙伴关系协定》于2020年11月15日正式签署，该协定建立了迄今为止全球最大的自由贸易区。《区域全面经济伙伴关系协定》不仅规定90%的商品最终实现零关税，推动新技术基础上的通关便利化，而且在投资领域全面推行负面清单制度。《区域全面经济伙伴关系协定》对于不同国家的经济体制特点以及加入和退出协定等都持较为开放的态度。加入《区域全面经济伙伴关系协定》和《全面与进步跨太平洋伙伴关系协定》等高水平国际经贸自由化安排，对我国构建以国内大循环为主体、国内国际双循环相互促进的新发展格局具有重要意义。[2]

---

1　白洁、苏庆义：《CPTPP 的规则、影响及中国对策：基于和 TPP 对比的分析》，《国际经济评论》2019 年第 1 期。

2　王跃生、边恩民、张羽飞：《中国经济对外开放的三次浪潮及其演进逻辑——兼论 RCEP、CECAI、CPTPP 的特征和影响》，《改革》2021 年第 5 期。

## （三）多边投资协定

全球性多边投资协定，也被称作多边投资规范、多边投资规则和多边投资框架，是国际投资协定的一种。双边及区域投资协定不成体系，数量众多，参差不齐，对外资的开放程度和保护标准各行其是，使得国际投资缺乏统一原则、价值和标准，不可避免地造成国际投资体系性和发展功能的缺失。无论是从投资环境的优化、提振全球化信心、提升制度的有效性，还是从解决现有规则体系相互重叠冲突、不连贯、约束性不高等问题来看，多边投资协定以及与之匹配的国际协调机构无疑是完善全球投资治理的理性选择。

多边投资协定能促进投资自由化、便利化，提高投资制度环境的稳定性，促进各国利益平衡，形成更加公正合理的国际投资秩序。多边投资协定谈判主体多，利益诉求多元化，强调东道国放松外资审查，有利于促进微观层面国际生产、分工和交换，以及货物、服务、资本和技术等不同经济要素的自由流动和高效配置。不同部门之间的综合一体化协定，有利于促进不同经济议题领域国际法之间的文本互动、规则互动和适用互动。1949 年国际商会制定的《外国投资公平待遇国际法则》是第一份获得通过的关于外国直接投资的专门性国际文件。

基于《多边投资担保机构公约》，世界银行下的多边投资担保机构（MIGA）于 1988 年成立，是世界银行的第五个机构，拥有完全的法人地位。这使得多边投资担保机构在合格投资项目审查上，很少将政治性作为参考因素，能够突破各国政治利益的局限，更好地为资金的国际性流动创造条件。[1] 多边投资担保机构对机构目标做出具体规定："鼓励在其会员国之间，尤其是向发展中经济体会员国融通生产性投资，以补充国际复兴开发银行、国际金融公司和其他国际开发金融机构的活动。"多边投资担保机构也是世界上第一个专营非商业性政治风险的国际组织，主要为外国投资者的非商业风险提供担保，并提供投资咨询和促进服务，以及作为公正的中间人提供争端解决服务。1992 年，世界银行还发布《外国直接投资待遇指南》，对外资准入、外资待遇、征收及其补偿和投资争端解决问题等分别做出规定。

世界贸易组织协定中与投资有关的规则具有重要意义，标志着国际投资问题已不再单纯地受各国外资法、双边投资协定和多边投资协定的约束，还受全球多边贸易体制的制约。世界贸易组织框架下的投资规则要求成员逐步取消对国际贸易活动产生限制和扭曲的投资措施，包括《与贸易有关的投资措施协定》（TRIMs）、《与贸易有关的知识产权协定》（TRIPS）等。《与贸易有关的投资措施协定》由乌拉圭回合谈判所达成，是迄今为止国际社会在国际投资领域所达成的唯一一个全球性、实体性的多边协定。[2] 《与贸易有关的知识产权协定》在两个方面与国际投资产生交叉关系：一是当前国际投资协定下的投资形式包括知识产权形式，由此《与贸易有关的知识产权协定》所建立的知识产权最低保护标准对投资者在东道国以知识产权形式进行的投资提供了保障；二是《与贸易有关的知识产权协定》下的"强制许可"制度与东道国的投资保护义务有可能发生冲突。例如，《与贸易有关的知识产权

1 张宇燕：《全球经济治理结构变化与我国应对战略研究》，中国社会科学出版社，2017，第 417 页。

2 卢进勇：《从〈与贸易有关的投资措施协定〉到〈多边投资协定〉》，《世界经济》1997 年第 10 期。

协定》规定，当东道国发生公共健康危机时，东道国可以在未经技术所有人同意的情形下，强制许可其专利技术供其他厂商使用。

经济合作与发展组织在20世纪90年代中后期开始启动多边投资协定谈判，期望达成一个包含高标准投资自由化和投资保护标准以及有效投资争端解决机制的多边投资框架。但由于各国在诸多关于投资规则问题上的分歧以及非政府组织的施压阻挠，谈判无果而终。

联合国贸发会议、国际劳工组织等也积极参与国际投资治理。联合国贸发会议是联合国综合处理贸易和发展问题的机构，其宗旨是促进所有成员，特别是发展中经济体的贸易增长和经济发展，其三大支柱职能分别为政策分析和研究、政府间协商、技术合作。在国际投资方面，联合国贸发会议负责使公众了解外国直接投资流动的趋势和变化以及外国直接投资、贸易、技术和发展之间的相互关系，并负责编写全球和区域的外国直接投资趋势和政策报告等。国际劳工组织致力于促进社会正义，以及人权和劳工权利。国际劳工组织具有独特的三方性机构（政府、雇员、工人代表），在制定指导政府、工人组织和雇员组织以及多国企业自身的原则方面起主要作用。国际劳工组织积极参与国际投资规则的制定，通过国际投资来实现减贫、性别平等、体面工作以及普遍社会保护等目标。

投资协定内容的趋同和共商共建共享的全球治理理念的创新为多边投资体系建设提供了良好契机。欧美的制度影响及制度同化导致了规则同化趋势。多边协定谈判应采取“自下而上”的渐进式方法，附加相关例外条款，并采取“议题交换”的策略，即一方通过在特定议题上的妥协，换取另一方在其他议题上的让步。

新冠肺炎疫情暴发以来，全球经济复苏乏力和逆全球化浪潮为国际投资领域的多边合作增加了不确定性。各国应不断扩大共识，寻求在贸易协定的基础上重塑全球多边投资规则。

## (四) 中国参与全球投资治理

世界正经历百年未有之大变局，中国作为快速发展的国际投资大国和负责任的国际社会成员，全面参与全球投资治理是必然选择。在国际投资规则调整的战略机遇期，国际投资体系呈现高度动态化，内容涉及货物和服务贸易、竞争政策、政府采购、知识产权、环境保护和劳工权益等。国际投资活动规模、流动格局、投资形式的变化，引起各国不同的利益诉求。全球投资治理的成功取决于发达经济体与发展中经济体间能否达成共识。未来国际投资协定制定过程中，应有效提升发展中经济体的代表性和参与度，包括提升设定和推动重大议题的能力。

中国应广泛参与国际投资规则的制定、调整与变革，力促制度规则的国际化，重点包括：一方面，推进外资管理体制改革，进一步压缩负面清单，提高外资准入开放度，提高审批效率；另一方面，建立投资争端解决机制，加强投资政策与产业政策的协调，加强内外政策的协调一致。

我国至今尚未与美国、欧盟正式签署双边投资协定。在中欧、中美双边投资协定谈判中，谈判双方一直在市场准入、国有企业、知识产权保护等问题存在分歧。[1] 在中美双边投资协定谈判方面，中国与美国的分歧既来源于对国家利益的争取，也来源于国内的体制机制障碍。美国认为中国向国有企业提供的补贴以及歧视性经营条款限制了中国市场的

---

1　王碧珺：《中国参与全球投资治理的机遇与挑战》，《国际经济评论》2014 年第 1 期。

公平竞争，中国则要求美国外国投资委员会（CFIUS）在国家安全审查方面提高透明度。美国双边投资协定标准较高，就投资政策、投资者权利及保护等做出广泛规定，突出强调了在透明度、劳工标准、环境标准和国有企业等领域的高标准，由于标准的进一步提高，也使得美国与中国及其他新兴经济体的投资协定谈判更加复杂。

在中欧双边投资协定谈判方面，2020 年 12 月 30 日，历经 7 年艰辛，共计 35 轮的中欧投资协定谈判如期完成，但 2021 年 5 月 20 日，欧洲议会以压倒性的票数通过冻结“中欧全面投资协定”的议案。截至 2019 年底，中国大陆累计接受欧盟的投资为 1987 亿欧元，而欧盟接受来自中国大陆的投资为 693 亿欧元。中欧在经贸领域的相互依赖关系较为稳定，从投资领域看，双方在市场准入承诺、可持续发展条款、投资争端解决、公平竞争等方面均面临挑战。

面向未来，我国应以区域合作为重点，熟悉与执行新的国际投资规则，营造良好的外部投资环境，建立良好可预期的政策和监管框架，为我国企业“走出去”提供更多便利条件。对现行的国际协调机制，我国应主动参与、具体分析、区别对待，坚持对外开放，构建广泛的利益共同体，鼓励企业对发展中经济体的绿地投资。我国应进一步完善国内金融市场，配套升级金融监管体系，引导企业对外理性投资，降低外部金融市场冲击，并引入例外条款、过渡期条款。同时，以“一带一路”国际合作为契机，建立欧洲、中亚、非洲等多样化区域性合作价值链体系，推动国内产业升级，培养国际经济合作和竞争优势，规避短期金融和政治风险。随着信息技术的发展，我国还应重新审视众多实体经济在全球互联网语境下的投资规则，完善外资法律体系和审查准入管理体系，强化市场激励机制，对接国际投资高标准规则，探讨参与构建全球投资治理体系的路径，提升国际投资谈判的话语权。

# 世界贸易组织多边贸易体制改革

杨凤鸣*

“所有国际组织都在努力更新自己，以在不断变化的经济和地缘政治环境中保持目标。世贸组织不能成为例外。”[1] 这是世界贸易组织时任总干事阿泽维多在2019年7月19日世界贸易组织全体成员会上的发言，指出了世界贸易组织改革的本质。

世界贸易组织多边贸易体制为全球创造了稳定和可预期的贸易环境，推动全球贸易大规模扩张，提供了解决贸易争端的机制。即便如此，自1995年成立以来，围绕如何改善和提升世界贸易组织机制的公平和效率的讨论也从未间断。[2]

1999年世界贸易组织西雅图会议未能成功发起新一轮多边谈判，2001年发起的多哈发展议程在坎昆部长级会议（2003）上又遇到挫折，

---

* 杨凤鸣，中国世界贸易组织研究会研究部副主任，副研究员。

1 “Azevêdo: WTO reform is already happening,” The World Trade Organization, July 19, 2019. https://www.wto.org/english/news_e/news19_e/tnc_19jul19_e.htm.

2 “发展中成员自1996年以来就呼吁对世界贸易组织进行某些改革，以解决不对称和平衡世界贸易组织规则”，印度、古巴等发展中成员在其世界贸易组织提案中提到，参见WT/GC/W/778。世界贸易组织法权威专家约翰·杰克逊撰文讨论了世界贸易组织的“体系性问题”，并提出了改革决策机制、增强透明度、非政府组织参与等建议。参见Jackson, J. H., “The WTO‘Constitution’ and Proposed Reforms: Seven ‘Mantras’ Revisited,” *Journal of International Economic Law* 4, no. 1 (2001): 67-78。

当时即引发了关于世界贸易组织未来的一系列讨论。[1] 最为典型的是2003年6月，时任世界贸易组织总干事素帕猜·巴尼巴滴邀请委托前总干事萨瑟兰为首的八位名人[2]成立总干事顾问委员会，共同就世界贸易组织的未来进行研究，审视世界贸易组织，研究和澄清世界贸易组织所面临的体制性挑战，考虑如何通过加强和巩固世界贸易组织，并于2005年完成了报告《WTO的未来——应对新千年的体制性挑战》（*The Future of the WTO-Addressing Institutional Challenges in the New Millennium*）。[3]

在多哈回合谈判久拖不决的情况下，世界贸易组织体制的内在问题更加凸显，使得对世界贸易组织体制本身的质疑不断上升。[4] 如世界贸易组织一贯坚持的协商一致的决策机制导致其效率低下，多边谈判功能几乎停滞。尤其是从2001年至今，世界贸易组织成员仅仅在贸易便利化、取消农业出口补贴等少数议题上达成了一致，遗留下众多传统议题有待解决。与此同时，随着世界贸易的扩张和贸易新模式的不断涌现，世界贸易组织成员也没能就有关新议题制定出新的规则。

---

1 峇吉拉·劳·达斯（Bhagirath Lal Das），曾任印度大使及印度驻关税与贸易总协定常驻代表，联合国贸易与发展会议（UNCTAD）国际贸易计划署主任，于2004年在第三世界网络（TWN）出版专著《世界贸易组织与多边贸易体系之过去、现在与未来》。

2 他们中的每个人都在政府部门、学术界、商业、贸易和经济政策制定方面拥有卓越的经历：彼得·萨瑟兰（Peter Sutherland），贾迪什·巴格瓦蒂（Jagdish Bhagwati），奎斯·伯赤威（Kwesi Botchwey），尼尔·费茨杰拉德（Niall Fitz Gerald），滨田光一（Koichi Hamada），约翰·H.杰克逊（John H. Jackson），塞索·拉弗（Celso Lafer），提埃西·德·蒙特布西亚勒（Thierry de Montbrial）。

3 世界贸易组织总干事顾问委员会：《WTO的未来——应对新千年的体制性挑战》，商务部世界贸易组织司译，中国商务出版社，2005。

4 2007年，英国华威大学（University of Warwick）发表了题为《多边贸易机制：出路何在?》的报告，再次系统提出了世界贸易组织改革的具体方案。之后，美欧学术机构多次举行专题研讨，纷纷为世界贸易组织改革建言献策。参见 The Warwick Commission, *The Multilateral Trade Regime: Which Way Forward?* (Nottingham: University of Warwick, 2007)。

2008 年多哈回合谈判破裂，[1] 之后针对多哈回合久拖不决和全球经济治理困境的讨论增多。较为典型是国际贸易和可持续发展中心（International Centre for Trade and Sustainable Development，ICTSD）[2]、世界经济论坛（World Economic Forum）和 16 个合作机构在 2011 年至 2015 年联合成立并共同实施的 E15 倡议，召集世界级的专家和机构，为今后十年的全球贸易和投资体系演进，制订一套可信的综合性政策方案。[3][4] 其中，"世界贸易组织的功能"专家小组就加强全球贸易体系的合法性和世界贸易组织的未来进行了深入探讨，为如何改革世界贸易组织和提升其表现给出了具体的建议。[5]

---

1　2008 年 7 月 29 日，世界贸易组织总干事帕斯卡尔·拉米（Pascal Lamy）在瑞士日内瓦宣布，由于各国在一些关键问题上的分歧难以弥合，旨在寻求多哈回合关键性突破的世贸组织小型部长级会议谈判最终破裂。参见 https：//www. wto. org/english/news_ e/news08_ e/meet08_ summary_ 29july_ e. htm，访问日期：2021 年 4 月 2 日。

2　国际贸易和可持续发展中心总部设在瑞士日内瓦，于 1996 年成立，是一个独立的、非营利的国际组织。国际贸易和可持续发展中心与中国共同开展了很多活动，但由于财务状况不稳定，国际贸易和可持续发展中心遗憾地宣布于 2018 年 11 月 30 日停止（以原有形式）运营。他们为世界贸易组织多边贸易体制的发展提供了很多研究成果，如 Ricardo Meléndez-Ortiz, "Global Challenges and the Future of the WTO, ICTSD Programme on Global Economic Policy and Institutions, "April 25, 2013。

3　E15 倡议共召集了超过 375 名国际专家参加了 80 多次互动对话，审议激发了人们对全球贸易和投资体系面临的长期挑战和机遇的新看法。项目的核心部分是 15 个主题专家小组和 3 个特别专家组，每一个小组都由各个领域和背景挑选出来的、来自发达经济体和发展中经济体的领先的专家组成。他们的工作通过提纲挈领性的对话得到补充，这些对话着眼全球贸易和投资架构，并与成百上千的专家和政策制定者之间进行了多次商讨。整个过程产生了大约 150 篇分析性文章。

4　"The E15 Initiative: Strengthening the Global Trade and Investment System in the 21st Century," January 22, 2016, https: //www. weforum. org/reports/the-e15-initiative-strengthening-the-global-trade-and-investment-system-in-the-21st-century.

5　Roderick Abbott, "WTO in Times of Major Change," December 2013; Jappe Eckhardt, "The Decreasing Interest of Business in the WTO: Why Should We Care and How Can We Solve It?" December 2013; Manfred Elsig, "The Functioning of the WTO: Options for Reform and Enhanced Performance," January 2016; Manfred Elsig, "Functioning of the WTO: Mapping the Challenges and Asking the Hard Questions," December 2013; Manfred Elsig, "WTO Comitology: Unleashing the Potential of Governance Dimensions," December 2013; John S. Odell, "A Grand Bargain to Save the WTO from Declining Relevance," December 2013; Brendan Vickers, "The Relationship between Plurilateral Approaches and the Trade Round," December 2013, accessed December 20, 2021, http: //e15initiative.org/interactive/.

在2015年世界贸易组织成立20周年之际，世界各地的谈判者、贸易从业者和学者都在反思乌拉圭回合的成功和世界贸易组织的成就，并在庆祝的国际会议上展望其未来，前景乐观。讨论暂时转向了可能的未来改革议程，但没有紧迫感。改革更多地被视为潜在的点缀而非必要。

在2017年世界贸易组织布宜诺斯艾利斯部长级会议上，美国贸易代表提出了一项世界贸易组织改革议程，涵盖遵守世界贸易组织义务，特别是通报要求，澄清了对世界贸易组织内经济发展的理解以及反思为何世贸组织规则更难实现经济增长，重振世界贸易组织常设机构以确保其专注于新的挑战，并采取行动重新考虑当前的诉讼结构。[1] 2018年5月30日，法国总统马克龙在位于巴黎的经合组织总部发表演讲时称，“贸易战威胁不解决任何问题”，并建议尽快就世界贸易组织的改革进行磋商。[2]

与以往专注于讨论世界贸易组织运行的体制性、程序性问题不同，以美国等为首的发达成员主张改革世界贸易组织，更多的是因为他们本身的政策转向，作为支持经济全球化、支持贸易自由化、支持以规则为主的多边贸易体制的传统主导力量，突然转向了贸易保护主义、单边主义，转向破坏世界贸易组织多边贸易体制。

特朗普上台后曾公开表明对世界贸易组织的不满，质疑世界贸易组织上诉机构的有效性以及对美国存在的不公平裁决。尤其是美国对世界贸易组织上诉机构成员任命的杯葛使得世贸组织争端解决机制陷入停摆。

---

1 “Opening Plenary Statement of USTR Robert Lighthizer at the WTO Ministerial Conference,” USTR, December 11, 2017, https://ustr.gov/about-us/policy-offices/press-office/press-releases/2017/december/opening-plenary-statement-ustr.

2 “The Speech by the President of the French Republic to Open the OECD’s Annual Ministerial Council Meeting,” Élysée, May 30, 2018, http://www.elysee.fr/declarations/article/speech-by-the-president-of-the-french-republic-to-open-the-oecd-s-annual-min-isterial-council-meeting/.

同时，美国在世界贸易组织框架内指责中国利用“发展中国家”[1] 特殊地位和非市场经济做法，获得不公平竞争优势，损害了美国利益。美国还通过实施钢铝 232 措施、对华 301 措施等单边主义方式，故意破坏世界贸易组织体制的权威，引发世界贸易组织的生存危机、合法性危机。世贸组织难以有效应对经济、政治、社会、技术和环境快速变化的挑战，缺乏抵御当今地缘政治风暴所需的基础设施弹性。

美国所采取的一系列单边举动使得其他世界贸易组织成员无所适从。担心美国退出世界贸易组织的部分发达成员，不得不迁就并倾向于接受美国意图系统改造世界贸易组织的主张。而欧盟、加拿大、日本等主要成员既不能完全接受美国的立场和行为，又担心美国抛弃世界贸易组织，还意图借美国之力约束限制中国的发展。发展中成员被迫卷入其中，坚决维护多边贸易体制。无论各成员抱有何种目的，推进世界贸易组织改革已形成相当的共识，可以说已经是众望所归，势在必行。

## 一、世界贸易组织改革方案的比较分析

2019 年 7 月 19 日，时任世界贸易组织总干事阿泽维多在世界贸易组织全体成员会上发言时指出，“谈论世界贸易组织改革，好像是在谈未来。但实际上改革已经在发生”。[2]

---

1　WTO, “Who Are the Developing Countries in the WTO?” https://www.wto.org/english/tratop_e/devel_e/d1who_e.htm.

2　World Trade Organization, “Azevêdo: WTO Reform Is Already Happening,” July 19, 2019, https://www.wto.org/english/news_e/news19_e/tnc_19jul19_e.htm.

## （一）2018年以来的世界贸易组织改革方案

为了维护世界贸易组织的权威性，更好地发挥其促进世界经济贸易发展的积极作用，自2018年以来，各方开始就如何改革世界贸易组织提出自己的关切和主张。

2018年的相关方案多是由发达成员提出的，且多是原则性的。欧盟率先给出了完整具体的改革方案，旨在推动世贸组织现代化。欧盟理事会于2018年6月28—29日授权欧盟委员会推进世贸组织现代化，于2018年9月正式公布其现代化提案。2018年加拿大联合欧日等13方（无美国、中国）形成的《加强与提升世界贸易组织》的文件等。作为世界贸易组织多边贸易体制的坚定支持者，中国系统地参与了世界贸易组织的改革，2018年11月发布了《中国关于世贸组织改革的立场文件》。[1]

美国对世界贸易组织的态度是只破不立，主要是表达对世界贸易组织的不满，质疑世界贸易组织的有效性以及对美国的不公平，阻挠上诉机构成员遴选，指责中国。2019年3月1日，美国贸易代表办公室发布的《2019年贸易政策议程和2018年报告》第一次较为系统地阐释了美国对世界贸易组织改革的建议。[2]

2019年的世界贸易组织改革方案开始聚焦具体问题，同时发展中成员也开始参与其中。具体正式提交到世界贸易组织的提案，如就“发展中国家”的特殊与差别待遇问题，美国和发展中成员提交的不同

---

1　参见《中国关于世贸组织改革的立场文件》，商务部世界贸易组织司（中国政府世界贸易组织通报咨询局），2018年12月17日，https://crsreports.congress.gov/product/pdf/IF/IF10002。

2　其立场包括：重新评估各成员取得“发展中国家”地位的资格标准，解决非市场经济体的挑战，争端解决机制必须充分尊重成员的主权政策选择，通报义务。2021年1月5日，美国国会研究服务部（CRS）发布报告再次重申此立场。参见《美国2019年贸易政策议程及2018年度报告——知识产权保护》，中国国际商会，2019年3月6日，http://www.ccoic.cn/cms/content/13527，访问日期：2021年5月1日。

提案，美欧日联合提交的关于增强透明度和通报义务的提案，中国和欧盟联合其他成员提交的推动尽快启动上诉机构成员遴选的提案，等等。

2019 年中国开始细化其原则性方案，于 5 月 13 日向世界贸易组织提交的《中国关于世贸组织改革的建议文件》。2019 年 5 月 13—14 日，印度、中国等 23 个世界贸易组织发展中成员在新德里举行部长级会议，其中 17 个成员部长和高官发表《共同努力加强世贸组织以促进发展和包容》的成果文件。7 月 10 日，非洲集团、印度等提出“通过包容性方式加强世贸组织透明度与通报”。7 月 22 日，印度、古巴、玻利维亚和 8 个非洲国家共同向世界贸易组织提交改革提案“加强世贸组织以促进发展与包容”等。

2020 年以来，成员更新细化以往的提案，成员之间的沟通合作加强。如欧盟于 2021 年 2 月更新其世界贸易组织改革文件。欧美就世界贸易组织改革加强立场协调。[1] 2021 年 7 月 15 日，美国、欧盟、日本以及其他 12 个成员以总理事会决议草案形式，更新了此前向世界贸易组织总理事会提出的《世界贸易组织协定下提升透明度和强化通报义务的程序》提案。[2] 世界贸易组织成员改革方案参见表 1。

---

1　2021 年 2 月 18 日，欧盟委员会宣布了新的欧洲贸易战略，发布《贸易政策审议——开放、可持续和进取的贸易政策》，附件为《改革世贸组织：建立可持续和有效的多边贸易体制》。附件中建议在世界贸易组织第十二届部长级会议召开之前，美国和欧盟可以“加强在世界贸易组织改革所有方面的参与度，争取最大限度地统一各自立场，甚至提出联合提案”。2021 年 3 月 10 日，美国外交关系委员会研究人员詹妮弗·希尔曼（Jennifer Hillman）和亚历克斯·蒂普特（Alex Tippett）撰文认为，在上诉机构改革问题上的意向正在向美国靠拢，因此美国应抓住这一机会，进一步推动世界贸易组织改革。

2　2021 年 7 月 28 日召开的世界贸易组织总理事会上，美国、欧盟就提案做出进一步澄清，表示该提案旨在通过改进通报方式、提供技术援助等方式在根本上解决各成员通报的困难，提升透明度，并兼顾了最不发达成员的特殊诉求，推动改善世界贸易组织的整体运作。该提案已获近三分之一的世界贸易组织成员支持，参见“Draft General Council Decision Procedures to Enhance Transparency and Strengthen Notification Requirements under WTO Agreements,” July 15, 2021, https://docs. wto. org/dol2fe/Pages/SS/directdoc. aspx? filename = q: /Jobs/GC/204R6. pdf&Open = True; *U. S. Statement on Transparency Proposal at General Council*, July 28, 2021, https://geneva. usmission. gov/2021/07/29/us-statement-on-transparency-proposal-at-general-council/; *European Union Statements at the General Council Meeting*, July 27-28 2021, https://eeas. europa. eu/delegations/world-trade-organization-wto/102517/european-union-statements-general-council-meeting-27-28-july-2021_en。

**表 1　世界贸易组织成员改革方案对比**

| 世界贸易组织成员 | 世界贸易组织改革方案提出时间 | 主要关注点 |
| --- | --- | --- |
| 欧盟 | 2018 年 9 月 18 日 | 《世界贸易组织现代化方案》<br>规则制定<br>• 制定公平竞争的规则：透明度和补贴通报；国有企业；对贸易最具扰乱性的补贴<br>• 服务和投资规则：对外国投资者的歧视性待遇，包括强制技术转让；数字贸易障碍<br>• 可持续目标，包括渔业补贴<br>发展目标的灵活性<br>• 毕业机制<br>• 未来协定中的特殊与差别待遇<br>• 现有协定中额外的特殊与差别待遇<br>规则制定程序<br>• 灵活的多边主义<br>• 秘书处功能<br>• 政治支持<br>常规工作和透明度方案<br>• 透明度和通报<br>• 解决市场准入问题<br>• 改进工作方式<br>• 削减无效机构<br>争端解决方案<br>• 解决上诉机构功能的关注<br>• 加强争端解决机制 |
| | 2021 年 2 月 18 日 | 新的欧盟贸易战略的附件<br>《改革世贸组织：建立可持续和有效的多边贸易体制》<br>造成世界贸易组织危机的关键因素<br>• 中国的非市场经济、开放度与经济体量不符<br>• “发展中国家”特殊与差别待遇<br>• 美国阻挠上诉机构成员的任命等 |

**续表**

| 世界贸易组织成员 | 世界贸易组织改革方案提出时间 | 主要关注点 |
|---|---|---|
| 欧盟 | 2021年2月18日 | 重建信任和共同目标感<br>• 注重可持续发展：贸易与健康、环境保护、贸易与气候、工人权利、两性平等<br>• 特殊与差别待遇：个案研究；经合组织成员、世行高收入国家、在世界出口及特定谈判中高份额国家应充分承诺；中国应该以身作则，在任何正在进行的谈判中都不要求获得特殊与差别待遇<br>改革上诉机构<br>• 应该优先处理，而不是与世贸组织改革的其他方面相挂钩<br>• 欧盟同意美国对上诉机构的合理担忧，欧盟考虑做出进一步改进<br>增强谈判职能——世贸规则现代化<br>• 制定数字贸易、服务和投资规则，推动联合声明倡议的谈判<br>• 制定新规则以避免因国家干预经济而造成的竞争扭曲——竞争中立：处理国家干预经济的情况；产业补贴新规则——产能过剩的补贴、补贴透明度、推测有害的补贴、“绿箱”补贴；新的国有企业规则，参照区域贸易、投资协定中的纪律；竞争中立规则；强迫技术转让；通过美欧日三方合作推动<br>• 解决成员市场准入承诺之间的不平衡：现有承诺不能反映某些主要贸易国（中国）在世界经济中权重的重大变化<br>• 农业谈判问题<br>增强谈判职能——整合开放的诸边协议<br>改进世贸组织体系的运行<br>• 加强世界贸易组织的监督和审议职能<br>• 加强总干事和秘书处的作用<br>• 更有效的利益攸关方参与：工商界和社会民众<br>实现世界贸易组织改革<br>建立联盟：欧盟发挥领导力 |

续表

| 世界贸易组织成员 | 世界贸易组织改革方案提出时间 | 主要关注点 |
| --- | --- | --- |
| 美国 | 2018—2021 年 | 美欧日向世界贸易组织提交增强透明度的提案：《世界贸易组织协定下提升透明度和增强通报要求的程序》[①]<br>细化世界贸易组织在改善通报方面的工作机制<br>• 明确关于成员通报情况的事实分析<br>• 咨询秘书处关于通报履行情况的世界贸易组织内部资料保管程序<br>• 世界贸易组织官网创建通报资料库<br>• 通报到期前提醒邮件<br>技术援助<br>未通报的惩罚措施 |
| | 2018—2020 年 | 向世界贸易组织提交散发文件及提案，关注中国的“非市场经济导向”，2020 年 2 月 20 日，美国提交提案《总理事会关于〈市场导向条件对世界贸易体系的重要性〉的决定》[②]<br>• 明确市场导向条件的 8 项标准[③] |
| | 2019 年 | 2019 年 1 月 16 日，美国向世界贸易组织散发一份报告《一个无差别的世界贸易组织——自我指定“发展中国家”地位导致的体制边缘化》（WT/GC/W/757）；2 月 15 日，美国提交提案《强化世界贸易组织谈判职能的程序》（WT/GC/W/764）；7 月 26 日，美国白宫发布《关于改革世界贸易组织中发展中国家地位的总统备忘录》 |

注：

① 2018 年 11 月 1 日，美欧日首次向世界贸易组织提交该提案，数次补充，最近的更新为 2021 年 7 月 15 日美欧日联合其他 12 个世界贸易组织成员，参见 WTO 文件 JOB/GC/204/Rev. 6, JOB/CTG/14/Rev. 6; *U. S. Statement on Transparency Proposal at General Council*, July 28, 2021, https://geneva.usmission.gov/2021/07/29/us-statement-on-transparency-proposal-at-general-council/; *European Union Statements at the General Council Meeting*, July 27-28, 2021, https://eeas.europa.eu/delegations/world-trade-organization-wto/102517/european-union-statements-general-council-meeting-27-28-july-2021_en。

② 2020 年 7 月 21 日和 10 月 2 日，巴西和日本分别联署该文件。

③ 具体见下文分析。

**续表**

| 世界贸易组织成员 | 世界贸易组织改革方案提出时间 | 主要关注点 |
|---|---|---|
| 美国 | 2019 年 | 发展中成员“自我指定”的做法导致世界贸易组织停滞不前，应该对世界贸易组织关于成员分类的两分法进行改革<br>下列成员对于正在进行和未来的谈判，不得享受特殊与差别待遇<br>• 已经加入经济合作与发展组织或正在加入经济合作与发展组织的世界贸易组织成员<br>• 二十国集团成员<br>• 世界银行界定的高收入国家<br>• 在全球货物进出口贸易中占比不低于 0.5%的国家 |
| | 2021 年 5 月 27 日 | 向世界贸易组织提交文件“渔船上使用强迫劳工”（TN/RL/GEN/205）<br>• 要求世贸组织承认渔业补贴与强迫劳动的关联性，同时还要求所有世贸组织成员对渔业补贴和强迫劳动行为进行报备 |
| 加拿大 | 2018 年 9 月 21 日 | 在世界贸易组织散发题为《加强与现代化世贸组织》的讨论文件草稿（JOB/GC/201）<br>• 提高世界贸易组织监督职能的效率和有效性<br>• 维护和加强争端解决机制<br>• 21 世纪贸易规则的现代化 |
| | 2019 年 1 月 25 日 | 2018 年 10 月 24—25 日，在渥太华举行改革世贸组织会议，加拿大等 13 方[①] 发布联合公报，2019 年提交至世界贸易组织（WT/L/1057）<br>• 上诉机构<br>• 谈判职能：渔业谈判、补贴规则、特殊与差别待遇<br>• 提高透明度 |

注：

①包括加拿大、欧盟、日本、瑞士、挪威、澳大利亚、新西兰、新加坡、韩国、巴西、智利、墨西哥与肯尼亚。没有美国、中国、俄罗斯、印度等重要成员。

**续表**

| 世界贸易组织成员 | 世界贸易组织改革方案提出时间 | 主要关注点 |
| --- | --- | --- |
| 中国 | 2018 年 11 月 23 日 | 商务部发布《中国关于世贸组织改革的立场文件》，充分阐明了对世界贸易组织改革的基本原则和主张<br>● 维护多边贸易体制的核心价值<br>● 保障发展中成员的发展利益<br>● 遵循协商一致的决策机制 |
| | 2019 年 5 月 13 日 | 向世界贸易组织提交《中国关于世贸组织改革的建议文件》（WT/GC/W/773）<br>解决危及世贸组织生存的关键和紧迫性问题<br>● 打破上诉机构成员遴选僵局<br>● 加严对滥用国家安全例外的措施的纪律<br>● 加严对不符合世贸组织规则的单边措施的纪律<br>增加世贸组织在全球经济治理中的相关性<br>● 解决农业领域纪律的不公平问题<br>● 完善贸易救济领域的相关规则<br>● 完成渔业补贴议题的谈判<br>● 推进电子商务议题谈判开放、包容开展<br>● 推动新议题的多边讨论<br>提高世贸组织的运行效率<br>● 加强成员通报义务的履行<br>● 改进世贸组织机构的工作<br>增强多边贸易体制的包容性<br>● 尊重发展中成员享受特殊与差别待遇的权利<br>● 坚持贸易和投资的公平竞争原则 |
| 其他发展中成员 | 2019 年 2 月 18 日 | 中国、印度、南非、委内瑞拉四个成员联合向世界贸易组织提交《惠及发展中成员的特殊与差别待遇对促进发展和确保包容的持续相关性》报告①<br>● 目前对世界贸易组织的相关性、合法性和有效性真正产生威 |

注：

①文件于 2019 年 2 月 26 日和 3 月 4 日经过两次补充更新。

**续表**

| 世界贸易组织成员 | 世界贸易组织改革方案提出时间 | 主要关注点 |
| --- | --- | --- |
| 其他发展中成员 | 2019年2月18日 | 胁的是保护主义和扩散的单边主义、上诉机构成员遴选过程的受阻以及多哈回合谈判的僵局，而不是发展中成员的“自我指定”制度<br>• 获得特殊与差别待遇是所有发展中成员的一项基本权利 |
| | 2019年10月9日 | 52个世界贸易组织成员①向总理事会提交的关于“促进发展的特殊与差别待遇声明”②<br>•“发展中国家”在世贸组织规则和谈判中无条件获得特殊与发展的权利必须继续下去<br>• 必须允许发展中经济体对自己的“发展中国家”地位进行评估<br>• 必须维护现有的“特殊与差别待遇”条款<br>• 必须在当前和未来的谈判中提供S&D |
| | 2019年5月27日 | 2019年5月13—14日，印度、中国等23个世界贸易组织发展中成员在新德里举行部长级会议，其中17个成员部长和高官发表《共同努力加强世贸组织以促进发展和包容》（WT/L/1062）<br>• 重申世贸组织在全球贸易规则制定和治理中的优先地位，维护世贸组织的核心价值和基本原则，并确保世贸组织改革进程反映发展中成员的诉求 |
| | 2019年7月11日 | 印度、古巴等9个成员提出向世界贸易组织提交提案“加强世贸组织以促进发展与包容”③<br>• 改革必须以包容性和发展原则为前提：允许不同的经济模式<br>• 世界贸易组织谈判功能：协商一致<br>• 争端解决机制：解决上诉机构问题<br>• 常规机构的运行 |

注：

①包括非洲集团43国、玻利维亚、柬埔寨、中国、古巴、印度、老挝、阿曼、巴基斯坦和委内瑞拉。

②该声明于2019年10月14日补充更新。

③2019年7月22日，阿曼联署；2019年8月5日，非洲集团、贝宁、玻利维亚、古巴、厄瓜多尔、印度和阿曼联署；2020年12月3日，非洲集团、古巴和印度更新提案。

续表

| 世界贸易组织成员 | 世界贸易组织改革方案提出时间 | 主要关注点 |
| --- | --- | --- |
| 其他发展中成员 | 2021 年 7 月 23 日 | 非洲集团向世界贸易组织散发文件“加强世贸组织的多边性”（WT/GC/W/825）<br>• 坚持协商一致<br>• 坚持特殊与差别待遇，承担共同但有区别的责任<br>• 恢复双层争端解决机制<br>• 所有世贸组织成员都应参与其中 |
| 美欧日三方联合声明 | 2017—2020 年 | 美欧日共发布七次贸易部长三方会议联合声明①<br>非市场政策和做法<br>• 制定更强有力的产业补贴规则<br>• 强制性技术转让<br>• 市场化条件<br>• 国有企业<br>世界贸易组织改革<br>• 加强常设委员会<br>• “发展中国家”特殊与差别待遇<br>• 数字贸易和电子商务<br>• 强化通报义务 |

注：

① 具体参见 *Joint Statement of the Trilateral Meeting of the Trade Ministers of Japan, the United States and the European Union*," https://ustr.gov/about-us/policy-offices/press-office/press-releases/2017/december/joint-statement-united-states; https://ustr.gov/about-us/policy-offices/press-office/press-releases/2018/march/joint-readout-meeting-united-states; https://ustr.gov/about-us/policy-offices/press-office/press-releases/2018/march/joint-readout-meeting-united-states; https://ustr.gov/about-us/policy-offices/press-office/press-releases/2018/september/joint-statement-trilateral; https://ustr.gov/about-us/policy-offices/press-office/press-releases/2019/january/joint-statement-trilateral-meeting; https://ustr.gov/about-us/policy-offices/press-office/press-releases/2019/may/joint-statement-trilateral-meeting; https://ustr.gov/about-us/policy-offices/press-office/press-releases/2020/january/joint-statement-trilateral-meeting-trade-ministers-japan-united-states-and-european-union。

续表

| 世界贸易组织成员 | 世界贸易组织改革方案提出时间 | 主要关注点 |
| --- | --- | --- |
| 七国集团贸易部长会 | 2021年3月31日和2021年5月28日两次会议 | “非市场”政策和做法<br>• 导致产能过剩的补贴<br>• 国家在经济中的作用<br>• 国有企业的补贴透明度<br>• 强制性技术转让<br>特殊与差别待遇<br>• 呼吁尤其是自称为发展中成员的需要在目前和未来的世界贸易组织谈判中做出充分承诺<br>强迫劳动<br>推动联合声明倡议的谈判<br>• 电子商务<br>• 服务国内规制 |
| 上诉机构问题 | 2018年 | 2018年11月26日，欧盟、中国、加拿大、印度、挪威、新西兰、瑞士、澳大利亚、韩国、冰岛、新加坡、墨西哥等12个成员提交改革上诉机构的联合提案① （WT/GC/W/752） |
| | 2020年 | 中国、欧盟、澳大利亚、加拿大、巴基斯坦等19个成员建议多方临时上诉仲裁安排（Multiparty Interim Appeal Arbitration Arrangement，MPIA）（JOB/DSB/1/Add. 12）② |

注：

① 哥斯达黎加和黑山联署该文件。

②2020年8月3日，中欧同步宣布世贸组织“多方临时上诉仲裁安排（Multiparty Interim Appeal Arbitration Arrangement，MPIA）”仲裁员库成功组建，参加方扩展到23个成员，仲裁员库由10人组成，其中中国提名的杨国华教授成功当选仲裁员。

说明：未列联合声明倡议的相关提案。

资料来源：根据相关文件整理。

## （二）世界贸易组织改革方案的比较分析

通过比较分析世界贸易组织改革方案，可得出以下结论：成员对世界贸易组织改革的必要性判断一致；发达成员和发展中成员对于世界贸易组织需要改革的原因和优先事项存在分歧；美欧等世界贸易组织改革方案针对中国的立场更加明显且更协调；通过联合盟友聚合推进世界贸易组织改革的政治动力。

### 1. 对于世界贸易组织改革的必要性判断一致

从上述世界贸易组织改革方案来看，世界贸易组织成员对世界贸易组织多边贸易体制的重要性均给予了不同程度的肯定。比如，欧盟认为其经济发展迫切需要可预期和以规则为导向的世界贸易组织系统，认为世界贸易组织不仅保障了全球贸易的发展，也为全球可持续发展做出了贡献，帮助许多发展中经济体融入了世界经济，使数以亿计的人民脱离贫穷和减少国家之间的不平等，认同就应对面临的挑战而言，以世贸组织为核心的稳定贸易环境比以往任何时候都更重要。

美国就其关注的议题不断地在世界贸易组织中提交提案。拜登政府《2021 年总统贸易政策议程》中列明“重新参与世界贸易组织等国际组织的活动并成为引领者，与世界贸易组织新任总干事伊维拉博士合作，对世界贸易组织规则进行必要改革”。[1]

加拿大对世界贸易组织体系予以肯定，认为世贸组织必须进行改革，以便在21世纪保持可信度和相关性。

中国一直坚定支持世界贸易组织为核心的多边贸易体制，认为“国际贸易是促进全球经济增长的重要引擎，以世贸组织为核心的多边贸易体制是经济全球化和自由贸易的基石”。中国“支持对世贸组织进行必要改革”。

发展中成员的方案认为“以共识为基础的多边途径仍然是实现包容性发展成果的最有效手段。成员可能需要探索不同的选择，以平衡的方式应对当代贸易现实的挑战”。

### 2. 发达成员和发展中成员对世贸组织改革原因和优先事项存分歧

从上述世界贸易组织改革的方案和提案可以看出，发达成员和发展中成员虽然一致认为世界贸易组织需要改革，但对于世界贸易组织为何需要改革以及改革的优先事项上存在分歧。

发达成员如美国认为，中国的非市场经济模式是世界贸易组织需要改革的最重要的原因，因此需要优先解决非市场经济成员在适用世界贸易组织规则上带来的先前无法预见的挑战。欧盟在其更新版的世界贸易组织改革文件中明确指出，“造成危机的一个关键因素是，中国加入世贸组织并没有导致其向市场经济的转变”。

---

1 United States Trade Representative, *2021 Trade Policy Agenda and 2020 Annual Report*, March 2021, https://ustr.gov/sites/default/files/files/reports/2021/2021%20Trade%20Agenda/Online%20PDF%202021%20Trade%20Policy%20Agenda%20and%202020%20Annual%20Report.pdf.

发达成员中如加拿大的看法更为客观中立，加拿大在其世界贸易组织提案中明确表明，“多边贸易体制面临的挑战不能归咎于任何一个原因或任何一个国家”，“全球经济的结构转型与技术变革相结合，已经扰乱了国家经济和社会……由此产生的不安全和不平等导致人们越来越担心贸易利益没有得到公平分享，现有规则不再反映权利和义务的公平平衡。这些压力加剧了世界贸易组织成员在需要、能力或愿意承担新承诺方面的现有分歧”。[1]

但发展中成员则普遍认为，现有的世界贸易组织多边贸易体制不公平不公正，且主要为发达成员提供了先天优势，所以世界贸易组织需要改革。世界贸易组织改革需要将发展置于中心地位，认为“特殊与差别待遇条款是发展中成员的权利，必须在当前和未来的世界贸易组织协议中得到保护和加强，优先关注未决的最不发达成员问题”，应确保所有世贸组织成员遵守世贸组织规则，摒弃任何形式的保护主义。

中国认为，“当前单边主义和保护主义做法日益严重，多边主义和自由贸易体制受到冲击”，上诉机构问题、滥用国家安全例外、不符合世界贸易组织规则的单边措施、现有贸易救济措施的误用和滥用等做法，“损害了世贸组织的权威性和有效性，导致世贸组织面临前所未有的生存危机”。[2]

在上诉机构问题上，除美国外，世界贸易组织成员的立场是一致的。如发展中成员认为，“世贸组织现在正面临直接的生存危机：诉诸单边措施和上诉机构（AB）陷入僵局”。[3] “因此，需要所有世界贸易

1　加拿大在世界贸易组织中的提案（JOB/GC/201）。

2　中国关于世贸组织改革的建议文件（WT/GC/W/773）。

3　印度、古巴等发展中成员的世界贸易组织提案（WT/GC/W/778）。

组织成员建设性地参与应对这一挑战，毫不拖延地填补上诉机构的空缺”。[1] 而发达成员如加拿大也认为，“下一步是确定行动的优先顺序。就近期而言，需要采取紧急行动恢复争端解决功能并改善监测功能，以恢复对基于规则的贸易的信心，并为制定新规则创造动力”。[2]

### 3. 美欧等世界贸易组织改革方案针对中国的立场更明显、更协调

美国一直以来就在不同场合指责中国不遵守世界贸易组织规则，宣称中国利用世界贸易组织推行“非市场”政策，指责中国的经济模式“有破坏性”，“国家资本主义”导致市场扭曲，包括美国一直推动的重新评估各成员取得“发展中国家”地位的资格标准，目标也是直指中国不应再享受“特殊与差别待遇”。而欧盟和其他发达成员的世界贸易组织改革方案一开始相对中立，措辞也较温和。

但拜登政府上任后，无论是官方还是学界，美欧等西方国家就世界贸易组织改革给出的具体推进方案中，均有加强“对中国采取更密切、更协调的方式，以及加强贸易和安全关系方面的合作”。[3]

欧盟 2018 年世界贸易组织改革方案中认为，“世界未变，而世界贸易组织已变”，其 2021 年更新版的世界贸易组织改革文件不仅认为中国的非市场经济是世界贸易组织危机的关键因素，还宣称“中国开放市

---

1　2019 年 5 月，在印度举办的发展中成员小型部长级会议成果文件《共同努力加强世贸组织推动发展和包容》（WT/L/1062）。

2　加拿大提案（WT/L/1061）。

3　2021 年 8 月 18 日，德国外交关系理事会发布研究报告，给德国和欧盟提供的政策建议。Claudia Schmucker, “Germany Must Support Open Global Trade,” August 18, 2021, https://dgap.org/en/research/publications/geo-economics-and-trade。

场的程度与其在全球经济中的分量不相称，中国政府继续对中国的经济环境施加决定性影响，从而导致竞争扭曲，而现行世贸组织规则无法充分解决这一问题”。欧盟给出的方案强调，“世贸组织任何改革的首要焦点都应是使竞争中立规则现代化，包括处理补贴、国有企业、强制技术转让和国内监管等问题”。欧盟拟加强美欧日三方合作，以便就如何制定世贸组织规则以更好地解决国家干预造成的竞争扭曲问题提出联合倡议。

2021 年 3 月，欧洲知名智库德国经济研究院（IW）发表其专家尤尔根·马特斯（Jürgen Matthes）撰写的政策评论《如何化解世界贸易组织困境以及中国为什么掌握解困钥匙》，将世界贸易组织危机归结为中国的国家资本主义与补贴政策的外溢效应，认为美国阻挠世界贸易组织上诉机构成员遴选的深层原因与中国的国家资本主义密切相关，改善全球贸易的最佳解决方案是中国改变国内政策，从根本上限制扭曲竞争的做法。[1]

还有美国一直力推的“发展中国家”待遇问题，欧盟的立场也由相对中立转而靠向美国立场。欧盟在其 2021 年更新版的世界贸易组织改革文件中直指中国，认为中国不应再享受特殊与差别待遇。

2021 年，七国集团召开的贸易部长会不仅是历史上首次召开且连开两次，[2] 而且提出“贸易路线”倡议并专门发表主席声明，阐述七国集团将在贸易和世界贸易组织改革上加强协调及一些初步设想。其部长

1 Jürgen Matthes, “How to Unlock the WTO Blockage and Why China Holds the Key,” March 2, 2021, https://www.iwkoeln.de/fileadmin/user_upload/CESifo-Forum-2021-2-matthes-wto-march.pdf.

2 七国集团此前历年虽然也在贸易问题上发声，但专门召开贸易部长级会议在七国集团历史（2015 年以来）以及此前的八国集团历史上（2006—2015 年）为首次。2021 年 3 月 31 日和 5 月 28 日，七国集团召开贸易部长级会议。

声明中，聚焦中国的“非市场”政策和做法、特殊与差别待遇、强迫劳动等美国一直推动的问题。

### 4. 通过联合盟友聚合推进世界贸易组织改革的政治动力

2021年以前，世界贸易组织成员多是独立提案，或重要议题上的共同利益的成员联合提案，如上诉机构问题上，欧盟等发达成员和中国等发展中成员的共同提案（JOB/DSB/1/Add. 12）；“发展中国家”地位问题上，发展中成员之间的共同提案（WT/GC/W/765，WT/GC/W/770和WT/GC/202）。

即使美欧日有三方联合声明，但在如上诉机构问题、“发展中国家”特殊与差别待遇问题上，立场差异很大。但随着世界贸易组织改革一直未有实质进展，加上拜登政府上台后回归多边的举动，世界贸易组织成员认识到实现改革需要建立联盟，避免两极分化。

欧盟2021年2月更新的世界贸易组织改革文件认为，“世贸组织改革的一个基本组成部分是美国和欧盟之间改革议程的高度一致性。纵观历史，欧美合作一直是关贸总协定/世贸组织谈判取得进展的主要推动力……致力于多边机构的美国新总统当选，是就世贸组织包括争端解决机制在内的各方面改革进行密切的跨大西洋合作的机会”。3月10日美国外交关系委员会研究人员撰文认为欧盟在上诉机构改革问题上的立场正在向美国靠拢，[1] 美国应该抓住此机会，回应欧盟提议双方在世贸组织第12届部长级会议（MC12）召开前“可以加强对世贸组织各方面

1 欧盟文件中有“美国对上诉机构的某些裁决方式以及某些案件的具体裁决提出了一些合理的担忧”的内容。

改革的参与，以求在各自立场上达成最大限度的一致，包括提出可能的联合提案”。[1]

欧盟和美国在2021年6月的峰会上明确承诺改革世界贸易组织，使其适应2020年及以后的现实，6月15日欧盟发布文件《欧盟与美国在世界贸易组织改革方面的合作》，加强欧美在世界贸易组织改革上的合作。[2]

2021年3月31日，七国集团举行贸易部长级会议，[3] 启动了七国集团贸易路线（G7 Trade Track）倡议，以加强七国集团在贸易方面尤其是世界贸易组织改革上的协调。[4] 5月28日，七国集团再次召开贸易部长级会议并发表声明，细化其世界贸易组织改革设想，逐步调整和统一七国集团在世界贸易组织改革上的立场，并通过呼吁开展谈判、推动开展必要的技术工作以具体落实推进他们的世界贸易组织改革设想。[5]

美国一直敦促更多先进的发展中经济体或者新兴经济体放弃利用特殊与差别待遇条款。巴西、新加坡、韩国已经承诺放弃此类待遇。[6] 在此问题上，不仅欧日等发达成员立场转向美国，巴西、新加坡、韩国等

---

1　WTO快讯：《美研究人员认为应抓住欧盟为WTO改革带来的机会》，中国商务部，http://chinawto.mofcom.gov.cn/article/ap/tansuosikao/202105/20210503065548.shtml，访问日期：2021年8月26日。

2　EU, “EU-US Cooperation on Reforming the World Trade Organization,” 2021, https://trade.ec.europa.eu/doclib/docs/2021/june/tradoc_159643.pdf.

3　七国集团包括原来的八国集团此前从未专门召开贸易部长级会议。此次，七国集团还提出“贸易路线”倡议并专门发表主席声明，阐述七国集团将在贸易和世界贸易组织改革上加强协调及一些初步设想。

4　G7, *G7 Trade Ministers' Meeting-Chair's Statement*, March 31, 2021, https://www.mofa.go.jp/mofaj/files/100169848.pdf.

5　G7, *G7 Trade Ministers' Communiqué*, May 28, 2021, http://www.g7.utoronto.ca/trade/210528-communique.html.

6　2019年3月9日，巴西表态放弃在世界贸易组织谈判中的特殊与差别待遇；7月27日，新加坡承诺在《贸易便利化协定》生效后立即实施而不寻求过渡期；10月24日韩国宣布放弃在世贸组织中的“发展中国家”地位。。

原发展中成员必然也将向美国看齐。

欧盟也注重与发展中成员之间的对话和合作，其世界贸易组织改革新提案表示将“优先考虑与非洲国家就世贸组织改革议程进行对话”，“继续与中国和印度就世贸组织改革议程的不同方面进行讨论”。

## 二、世界贸易组织改革中有关贸易规则现代化的议题[1]

世界贸易组织成员提出的改革提案中，对于世贸组织规则需要与21世纪的经济贸易现实保持一致，需要更新贸易规则以确保世界贸易组织的相关性，基本是高度一致的。[2] 尤其是新冠肺炎疫情加强了世界贸易组织在电子商务、国内服务监管、投资促进发展以及中小微企业（MSME）方面采取举措的必要性，世贸组织需要证明其可以应对危机和21世纪的问题。

在此议题下，世界贸易组织成员选择的优先事项是关于电子商务、投资便利化、服务国内规制等内容的讨论，[3] 美国等发达成员已经就补贴规则现代化和“市场导向”问题的讨论。

关于电子商务、投资便利化、服务国内规制等议题的讨论因未得到多边授权，同时考虑到这些议题的紧迫性与重要性，讨论都是在部分成员的诸边小组中以开放式会议进行的，即联合声明倡议（Joint Statement

1　世界贸易组织改革方案中涉及的争端解决机制问题、“发展中国家”身份和特殊与差别待遇问题、世界贸易组织的运行效率等议题，请参见张蕴岭、张丽娟主编的《国际贸易治理与变革》，世界知识出版社，2020。关于渔业补贴议题，是目前在世界贸易组织中唯一多边授权的议题，有望在世界贸易组织第12届部长级会议上达成一致，本文不做专门讨论。

2　印度和南非更倾向于先解决多哈传统议题，尤其是农业议题优先于其他议题。

3　在七国集团贸易部长声明中未提交投资便利化议题。

Initiative，JSI），相关讨论向所有成员开放。2020 年，联合声明倡议[1]继续引起越来越多世界贸易组织成员的兴趣，其进程保持透明和包容性，会议公开，所有提案和报告都提供给所有成员。

除了各自的世界贸易组织改革方案，美国、欧盟、日本等主要发达成员还通过三方联合声明、七国集团贸易部长声明等方式明确表达了强化产业补贴规则的立场。美国、日本、巴西还联署了“非市场导向”的提案。

## （一）电子商务联合声明倡议

世界贸易组织一直在关注如何帮助成员抓住数字贸易的新机会及应对新挑战。世界贸易组织有关电子商务的讨论一直在推进，各主要成员的观点各有侧重：美国希望推动“数据自由流动”，欧盟重视个人信息保护，中国则重视电子商务的“边境壁垒”。

1　2021 年 2 月 18 日，印度和南非向世界贸易组织总理事会共同提交《联合声明倡议及其谈判结果的法律地位》的提案，质疑联合声明倡议及其谈判结果的法律地位。在 2021 年 3 月 2 日的世界贸易组织总理事会上，美国和欧盟代表对印度和南非的提案表示反对。如世界贸易组织新任总干事奥孔乔博士称，在下一次部长会议上引入诸边谈判方式的时机已经成熟，只有这样才能取得谈判成果，这需要各成员在政治上的推动。世界贸易组织前总干事阿泽维多曾表示，诸边谈判可以使世界贸易组织更加灵活，以便迅速应对新的贸易问题。这一灵活性将给世界贸易组织注入新的活力，而且不会脱离多边主义的轨道。WTO 文件 WT/GC/W/819，“India and South Africa Plurilaterals Legally Inconsistent WTO Rules,” February 18, 2021, https://insidetrade.com/daily-news/india-south-africa-plurilaterals-%E2%80%98legally-inconsistent%E2%80%99-wto-rules，“US and EU Defend Plurilaterals after Criticism from India,” March 2, 2021, https://insidetrade.com/daily-news/us-eu-others-defend-plurilaterals-after-criticism-india。

### 1. 世界贸易组织有关电子商务的讨论一直在推进

1998 年，世界贸易组织通过《电子商务工作计划》，要求服务贸易理事会、货物贸易理事会、知识产权理事会以及贸易与发展理事会探讨世界贸易组织协定与电子商务之间的关系。之后，世界贸易组织部长级会议多次审议了电子商务议题，如，同意保持对电子传输免征关税的做法，并一再呼吁继续和重振电子商务工作计划，要求总理事会进行定期审查。

2015 年，世界贸易组织第 10 届部长级会议以来，世界贸易组织成员对电子商务进行深入讨论的兴趣不断增大，并提交了多份提案。[1] 一些成员也在考虑是否改进多边贸易规则以适应与数字技术带来的贸易性质变化有关的挑战。

2017 年，世界贸易组织第 11 届部长级会议最后的筹备期间，15 个世贸组织成员创建了“电子商务发展之友”的非正式小组，以提高对电子商务可以成为发展载体的认识。部长级会议期间，成员同意继续开展电子商务工作计划下的相关工作。

2019 年 1 月 25 日，在瑞士达沃斯举行的电子商务非正式部长级会议上，中国和澳大利亚、日本、新加坡、美国、欧盟、俄罗斯、巴西、尼日利亚、缅甸等 76 个成员签署《关于电子商务的联合声明》，表示将共同致力于推进世贸组织电子商务工作，启动与贸易相关的电子商务谈判。该声明是各方立场的高度浓缩与妥协，内容既有美国要求的

---

1　电子商务提案内容包括电子商务的定义、关税对货物的适用性、透明度、监管框架和弥补参与电子商务的基础设施差距。

“实现高水平成果”，也有中国、欧盟坚持的“争取尽可能多的成员参与”和“以现有世贸组织规则为基础”等原则。声明强调谈判进程应是开放、透明、包容和非歧视的，并“考虑发展中成员面临的机遇与挑战”。

2020年12月14日，世界贸易组织电子商务诸边谈判合并案文出台。期望在未来举行的世界贸易组织第12届部长级会议上取得成果。

### 2. 主要成员观点

由于电子商务联合声明倡议（JSI）的参与者同意进入谈判阶段，相关成员再次提交提案，呼吁在谈判中就与电子商务相关的服务市场开放问题展开讨论。成员对谈判具体范围提出不同建议，小到仅包括电信和计算机服务等关键电子商务基础设施，大到包括多数服务的跨境提供（模式一），以及通过电子方式实现的所有模式的服务贸易。这主要考虑到商业存在（模式三）和自然人存在（模式四）也在电子商务中发挥作用。成员提议在电子商务的背景下开展服务市场开放承诺谈判的原因之一，是因为各方认为很多成员需要在1995年承诺基础上做出改进，以使其服务减让表更适应现代技术和商业现实的需要。

（1）美国希望推动“数据自由流动”

美国是全球数字贸易发展的最积极的推动者和倡导者。数字驱动的服务产业及数字产品已成为美国经济发展的关键引擎，力推数字产品的自由化，为脸书（Facebook）[1]，亚马逊（Amazon）、谷歌（Google）、

---

1　脸书（Facebook）已于2021年10月28日宣布将公司名称更改为元宇宙（Meta）。——作者注

微软（Microsoft）和苹果公司（Apple）拓展海外利益。

2019年4月，美国提交了关于电子商务谈判的建议（文件号INFECOM 23）。美国的提案内容与《全面与进步跨太平洋伙伴关系协定》（CPTPP）的内容基本一致。美国关注在电子商务规则中的“数字属性”，重点解决电子商务的“边境后壁垒”，特别是数据自由流动、互联网开放、禁止实施设施本地化要求等。美国的目标是达成一项高水平和高标准的电子商务协议。

尤其是与市场准入相关的核心条款，美国主张基于“否定列表”的方式做出开放承诺，即对列入否定列表以外的数字产品的贸易都进行承诺。

以美国提案为代表的负面清单路径，其主要要求是：①确定数字产品定义和范围；②遵守数字产品的非歧视待遇，除了例外和负面清单，所有的数字产品都要给予非歧视待遇（包括市场准入和国民待遇）；③依靠投资、服务和金融的负面清单予以保留。

（2）欧盟重视个人信息保护

欧盟本土缺少具有全球竞争力的数字企业，对于美国关注的跨境数据流动并无迫切经济诉求。源于欧洲保护隐私的传统，以及欧盟在保护个人隐私上有严格和完善的立法，欧盟在个人信息的保护问题上有独特的立场，寻求相关例外条款。但随着欧盟《通用数据保护条例》的出台，《欧日自贸协定》中也开始纳入数据流动的内容。

2019年4月，欧盟提交了关于电子商务谈判的建议（文件号INFECOM22）。欧盟是基于多边《服务贸易总协定》的规则，加强世界贸易组织的纪律和承诺，改善市场准入条件，并将其纳入各成员的减让表，并强调了谈判公开、透明和包容性。

以欧盟提案为代表的正面清单路径，其主要要求是：①基于《服务贸易总协定》服务分类和定义的与电子商务相关的“核心”和“附属”服务的自由化；②加强《服务贸易总协定》相关纪律（电信附件、第16条和第17条）；③世界贸易组织成员服务贸易减让表（正面清单），改进模式一至四的承诺水平。

（3）中国重视电子商务的“边境壁垒”

中国的电子商务市场规模日益扩大，国际竞争力也显著增强。中国在与电商相关的云计算、大数据等领域发展迅速。跨境电商成为中国对外贸易新的增长点，包括阿里巴巴、腾讯在内的电商企业也积极布局海外，通过设立或并购企业、建设“电子商务试验区”“电子自由贸易区”等方式，不仅扩大海外市场，也增大了中国电商新业态、新模式的“溢出效应”。

因此，中国在电子商务谈判中的主要诉求是解决电子商务面临的传统“边境壁垒”，以便通过互联网实现货物贸易的增长。中国的诉求是非常务实的，也符合发展中成员的利益，有利于吸引更多发展中成员参与电子商务议题谈判。

但随着中国在大数据、云计算、人工智能等领域的竞争力迅速增强，未来在“通过互联网实现的服务贸易”领域的利益诉求必然进一步扩大。

## （二）服务贸易国内规制谈判联合声明倡议

世界贸易组织《服务贸易总协定》第19条规定，“各成员应不迟于《马拉喀什建立世界贸易组织协定》生效之日（1995年1月1日）

起5年开始并在此后定期进行连续回合谈判，以期逐步实现更高的自由化水平”。因此，从2002年1月起，世界贸易组织成员就开始推动新的服务贸易的谈判。多哈回合陷入僵局后，就市场开放的讨论进展有限。仅2019年，智利、墨西哥、新西兰、巴拿马就旅游服务的市场准入提交了提案。

为释放服务贸易潜力，世界贸易组织在市场开放谈判同时重点推进国内监管措施的国际合作。《服务贸易总协定》第6.4条要求成员在服务贸易国内规制领域开展谈判，并成立国内规制工作组。最终形成了重要的谈判文本，如2009年和2011年的主席案文，但因无法获得普遍共识终被搁置。

2017年10月，澳大利亚、欧盟等50个成员联合提交了新的国内规制提案。[1] 2017年的世界贸易组织第11届部长级会议（MC11）期间，包括欧盟、中国、日本等主要成员在内的59个世界贸易组织成员的部长发表“服务国内规制联合声明倡议”[2]，宣布重启国内规制谈判，并提交谈判提案[3]，内容主要涉及“透明度”“法律确定性和可预见性”以及“规制的质量和便利性”。2019年，这些成员再次发表部长声明，[4]

---

1　提案文本以此前部分成员在世界贸易组织之外推动的《服务贸易协定》（*Trade in Services Agreement*，TISA）成果为基础。虽雄心水平有限，但避开了敏感的自然人有关的议题，基本反映发达成员共识，且得到部分发展中成员的支持。

2　WTO, *Joint Ministerial Statement on Services Domestic Regulation*, December 13, 2017, https://docs.wto.org/dol2fe/Pages/FE_Search/FE_S_S009-DP.aspx?language=E&CatalogueIdList=2 40 862, 240867, 240868, 240870, 240871, 240899, 240875, 240874, 240878, 240877&Current CatalogueIdIndex=5&FullTextHash=371857150&HasEnglishRecord=True&HasFrenchRecord=False&Has SpanishRecord=False.

3　参见WTO文件WT/MIN(17)/7/Rev. 2, WT/GC/190/Rev. 2。

4　WTO, *Joint Statement on Services Domestic Regulation*, May 23, 2019, https://docs.wto.org/dol2fe/Pages/FE_Search/FE_S_S009-DP.aspx?language=E&CatalogueIdList=254425, 254414, 254405, 254435, 254436, 254437, 254426, 254434&CurrentCatalogueIdIndex=7&FullTextHash=371857150&HasEnglishRecord=True&HasFrenchRecord=False&HasSpanishRecord=False.

承诺将于世贸组织第12届部长级会议前完成谈判，并根据《服务贸易总协定》第18条，将新的规则以“额外承诺”的方式纳入其服务贸易减让表，并按照“最惠国待遇”原则对所有世界贸易组织成员适用。

2021年7月20日，美国宣布加入正在进行的世界贸易组织服务国内规制诸边谈判，[1] 并支持该谈判于年底的世界贸易组织第12届部长级会议前结束。[2] 美国作为世界第一服务贸易大国，加入服务国内规制诸边谈判，将使该谈判成功的可能性加大。世界贸易组织发文表示欢迎，认为美国加入对在世贸组织第12届部长级会议前结束该谈判释放了积极信号。[3]

服务贸易的国内规制谈判主要是以澳大利亚、欧盟等联合提交的案文。其主要内容包括7个方面。（1）总则，明确了协定的适用范围、相关术语的定义；（2）措施实施，一站式审批、合理设置申请时限、接收电子申请、简化申请受理和生效程序等；（3）监管独立性，要求主管部门独立做出行政决定；（4）透明度，要求公开立法信息、设立公共咨询点；（5）技术标准，要求尽可能以公开透明的程序制定涉及服务贸易的标准并参考相关国际标准；（6）措施制定，要求成员在制定服务贸易措施时保持客观、透明，确保程序公平，并确保性别平等，

---

1 “United States Announces Intention to Join WTO Initiative on Services Domestic Regulation, Support Conclusion of Negotiations by MC12,” July 20, 2021, https://ustr.gov/about-us/policy-offices/press-office/press-releases/2021/july/united-states-announces-intention-join-wto-initiative-services-domestic-regulation-support.

2 虽然美国没有签署该倡议，但作为观察员，参与了所有谈判会议并提交了提案，在必要性测试、特殊与差别待遇、纪律适用范围等问题上发挥了重要影响力。

3 “US Joins Services Domestic Regulation Talks, Participants Move Closer to MC12 Outcome,” July 20, 2021, https://www.wto.org/english/news_e/news21_e/jssdr_20jul21_e.htm.

适用“必要性测试”[1] 等；（7）发展，给予发展中成员过渡期、豁免最不发达成员集团成员义务等。

中美均为服务贸易国内规制谈判的参加方，在服务国内规制谈判领域并无实质性分歧，这将成为中美良好互动的平台。中国所提交的减让表也是高水准的，承诺在所有已做出承诺的服务部门中承担国内规制参考文件主体纪律部分的义务，且不需要任何过渡期。这也表明，中国坚持自身发展中成员地位的同时，自愿在具体贸易议题上做出力所能及的贡献。

2021 年初，谈判各方已经就几乎绝大部分问题达成一致，还有金融服务过渡期、性别平等、最不发达经济体适用以及其他成员的加入等 4 个问题尚未达成一致，但有望在第 12 届部长级会议上取得成果。

## （三）投资便利化联合声明倡议

与电子商务和服务贸易国内规制谈判不同，关于投资，一直未形成多边规则。而国际投资体制也以双边投资协定为载体。[2] 国际投资规则碎片化，给投资者也营商环境带来很大的不确定性。再加上单边主义、保护主义和新冠肺炎疫情对于投资带来的严峻挑战，迫切需要在多边层面探讨投资规则。

中国作为东道国和投资国的双重身份，对于多边投资规则的制定态

---

1 该条款最终因成员反对而放弃，但在案文的前言部分强调国内规制是根据《服务贸易总协定》第 6.4 条的授权而非制定，并加脚注，明确成员在未来可以据此授权制定“进一步纪律”。为以后推动“必要性测试”谈判留下空间。

2 截至 2020 年底，签署且生效的双边投资协定共有 2646 项。联合国贸易和发展会议：《世界投资报告 2021：为可持续复苏投资》，2021 年 9 月 23 日，https://unctad.org/system/files/official-document/wir2021_overview_ch.pdf，访问日期：2021 年 9 月 30 日。

度积极。中国作为轮值主席国在2016年二十国集团领导人杭州峰会上推动达成《二十国集团全球投资指导原则》。[1] 2017年上海金砖国家贸易部长会议上达成了《金砖国家投资便利化合作纲要》。[2]

在世界贸易组织框架内推动投资便利化的讨论，是中国首次签头发起的议题，表明中国从跟随者，转向议题的设置和引领者。从2017年初，在日内瓦倡议成立"投资便利化之友"（Friends of Investment Facilitation for Development），发起投资便利化议题的非正式讨论，到2021年2月4日世界贸易组织投资便利化诸边谈判的非正式合并案文出台，参与方已达100多个。短短4年，完成了从无到有的过程，中国引领议题设置和谈判的初次历程无疑是成功的。

2017年5月10日，中国代表巴西、阿根廷等发展中成员组成的"投资便利化之友"提议将"贸易与投资便利化"纳入世界贸易组织总理事会议程，启动关于投资便利化的开放性、非正式讨论。[3]

2017年12月在布宜诺斯艾利斯举行的世界贸易组织第11届部长级会议上，包括中国、欧盟等在内的70多个世界贸易组织成员发布了《关于促进发展投资便利化的联合声明》。[4] 投资便利化与电子商务、服务贸易国内规制一起，作为以联合声明倡议方式推进的议题。

2018年，投资便利化进入结构化讨论，通过对投资便利化要素的

---

1　二十国集团：《二十国集团全球投资指导原则》，2016年9月14日，http://www.g20chn.org/hywj/dncgwj/201609/t20160914_3459.html，访问日期：2021年7月3日。

2　冯其予、曹曼庭：《金砖投资合作将提升至全新水平》，《经济日报》2017年8月22日，http://chinawto.mofcom.gov.cn/article/e/r/201708/20170802631986.shtml，访问日期：2021年7月3日。

3　JOB/GC/122和JOB/GC/122/ADD.1。虽然该提议遭到了印度和南非的反对，但最终达成和解，双方同意在对投资便利化议题表明不同立场的前提下恢复会议。具体见2017年5月理事会会议纪录：WT/GC/M167。

4　参见WTO文件WT/MIN（17）/59。

充分讨论，提出未来多边规则框架可能涵盖的有关措施，形成了一份包括 81 项要素的汇总文件。2019 年，投资便利化进入基于案文的讨论阶段。讨论协调人汇总了一份可作为文本磋商基础的“工作文件”（INF/IFD/RD/39）。2020 年 6 月，投资便利化的参加方已经有 102 个，该议题的讨论也成为联合声明倡议中分歧相对较小、参与成员较多的新议题。[1]

投资议题之所以无法在世界贸易组织多边讨论，主要是发达成员和发展中成员的利益诉求不同，谈判立场严重对立。发达成员是资本输出为主，发展中成员则是资本输入为主，双方立场天然对立。中国在探索该议题时，创造性地将投资、贸易和发展融合在一起，以投资便利化为核心，强调议题讨论并不涉及市场准入、争端解决和投资保护等敏感领域，目标是提高投资过程中的行政效率、改善投资环境。这样的谈判目标既符合发展中成员吸引外资的需求，又符合发达成员的投资利益。能够提出对发达成员和发展中成员均有利益和吸引力的议题目标，主要是基于中国既是资本输入大国又是资本输入大国的复合身份，也是基于中国自身改善投资环境和“走出去”战略的实施经验。

作为发起者、引领者和推动者，中国就投资便利化议题这一新议题，通过对话会、研讨会加大与发展中成员的对话、沟通和解释，使发展中成员理解投资便利化的内容和意义。“投资便利化之友”作为由发展中成员组成的议题推动方的核心小组也发挥了重要作用。很多问题如议题的推进方式、需要组织的活动、需要的文件等都是在小组内部先磨合并达成一致，再推向更大范围的讨论。

1　中国常驻世贸组织代表团：《艰难时刻：世贸组织与中国 2018—2019》，上海人民出版社，2021。

投资便利化议题得到了欧盟、加拿大、日本、澳大利亚等发达成员的支持。但如何发挥发达成员的积极性，使其投入更多的资源，作为引领者的中国花费了大量的精力去做说服工作。

## （四）世界贸易组织改革中的补贴规则

世界贸易组织多哈回合中，世界贸易组织成员就《补贴和反补贴措施协议》（“SCM 协议”）的修订提交了一系列相关提案，以推动补贴规则的进一步完善。从相关提案看，以美国为首的发达成员倾向于收紧补贴规则，提高反补贴的有效性；而发展中成员则希望争取国内产业政策空间，反对不公平的反补贴。

现在世界贸易组织改革正在推进中，美国、欧盟、日本等主要发达成员已经明确表达了强化产业补贴规则的立场，尤其体现在美欧日发布的7次三方声明中。相较于此前多哈回合中世界贸易组织成员所提出的广泛补贴规则，当前世界贸易组织成员对于补贴的关注更为聚焦，主要是透明度、公共机构和国有企业、有害补贴等方面。

### 1. 补贴的透明度问题

欧盟的世界贸易组织现代化概念性文件、加拿大的世界贸易组织改革讨论文件、美欧日向世界贸易组织提交的两份透明度和通报提案与美欧日三方贸易部长发布的7次联合声明，均强调了透明度和通报问题。如美欧日三方声明中，提出一些世界贸易组织成员未能通报在其领土内获得或维持的大部分补贴，这阻止了其他成员评估补贴的贸易影响并理解补贴计划的运作，因此建议通过纳入新的有力的激励措施等方式，提高成员履行通报义务的有效性[1]。在美欧日向世界贸易组织货物贸易理事会提交的关于增强透明度和通报义务提案[2]中，则具体提出了应对未能完整履行通报义务的成员设置惩罚措施，并从强化监督和激励方面提出改善世界贸易组织成员遵守通报义务的建议。提案建议在贸易政策审议工作中增加关于成员遵守其通报义务的具体标准和情形，强化反向通报的做法，并提到发展中成员在履行通报义务时可能面临的挑战和一系列涉及可能的援助和能力建设支持的建议；也有增加新的"行政措施"，即对持续不遵守通报义务的成员进行不同方式的处罚（见表2）。

**表2　未能履行完整通报义务的惩罚措施**

| 履行情况 | 惩罚措施 |
| --- | --- |
| 未能履行完整通报义务超过一年 | 从第二年起，成员代表无法获得主持世界贸易组织机构的提名；在贸易政策审议会议上向其他成员提出问题，其他成员无须作答；增加该成员须上缴的世界贸易组织预算经费；该成员将在总理事会上做特别报告。 |
| 未能履行完整通报义务超过两年 | 从第三年起，除上述措施外，该成员将被认定为"非活跃成员"；世界贸易组织正式会议上，在其他成员代表发言后，该成员才能发言；并须在所有观察员面前发言。 |

资料来源：上海世界贸易组织事务咨询中心，http://www.sccwto.org/post/25662?locale=zh-CN，访问日期：2021年6月10日。

1　USTR, *Joint Statement of the Trilateral Meeting of the Trade Ministers of Japan, the United States and the European Union*, https://ustr.gov/about-us/policy-offices/press-office/press-releases/2020/january/joint-statement-trilateral-meeting-trade-ministers-japan-united-states-and-european-union.

2　JOB/GC/204 (JOB/CTG/14), Procedures to Enhance Transparency and Strengthen Notification Requirements under WTO Agreements, Communication from Argentina, Costa Rica, the European Union, Japan and the United States, November 1, 2018. JOB/GC/204/Rev. 1 (JOB/CTG/14/Rev. 1), Procedures to Enhance Transparency and Strengthen Notification Requirements under WTO Agreements, Communication from Argentina, Australia, Canada, Costa Rica, the European Union, Japan, New Zealand, the Separate Customs Territory of Taiwan, Penghu, Kinmen and Matsu, and the United States. April 1, 2019.

非洲集团、古巴和印度向世界贸易组织提交提案，强烈反对任何超越现有纪律的通报和透明度义务，反对美欧日提出的“行政措施”和反向通报。[1] 加拿大的方案中则强调了透明度对于多边贸易体制运行的重要性，同时要求应对通报义务进行全面审查，以确保它们不会过于复杂和繁重。[2]

## 2. 公共机构和国有企业

美欧日三方贸易部长在发布的多份联合声明中提出要更好地处理“公共机构”和国有企业的问题，包括构成“公共机构”的标准及其与国有企业的关系，如何处理非公共机构实体的市场扭曲行为；以及如何加强公共机构和国有企业的通报和透明度义务。在其第三次三方联合声明中，美欧日列举了所谓“市场导向条件”，将其作为判断包括“公共机构”和国有企业在内的企业实体是否“市场化运营”的重要参考。

2020 年 1 月 14 日，美欧日三方贸易部长第七次联合声明中提议重新界定《补贴和反补贴措施协定》关于“公共机构”的认定标准，认为没有必要将某一实体“拥有、行使或者被赋予公共职能”作为认定“公共机构”的要件，以克服现行《补贴和反补贴措施协定》下认定国

1 JOB/GC/218/Rev. 1 ( JOB/CTG/15/Rev. 1, JOB/SERV/292/Rev. 1, JOB/IP/33/Rev. 1, JOB/DEV/58/Rev. 1, JOB/AG/158/Rev. 1) , *An Inclusive Approach to Transparency and Notification Requirements in the WTO, Communication from African Group, Cuba and India (Revision)*, July 11, 2019.

2 JOB/GC/201, *General Council-Strengthening and Modernizing the WTO: Discussion Paper-Communication from Canada*, September 24, 2018.

有企业实施补贴的困难。[1] 美欧日试图将国有企业与“公共机构”等同，将国有企业的行为简单地归于国家行为。美欧日妄图通过曲解和泛化公共机构概念来规制国有企业，这超出了反补贴制度的设计初衷，有可能将其适用于不可归于国家的国有企业行为。

### 3. 加强有害补贴规则，扩大禁止性补贴的范围

美欧日三方提议加强工业补贴相关规则，[2] 通过扩大禁止补贴的清单、确定某些有害补贴类型并设置举证责任倒置、将补贴扭曲产能情形纳入严重损害另一成员利益等方式，旨在解决其认为的当前世贸组织体制下大量存在的国有企业扭曲市场的行为和某些特别有害的补贴措施。[3]

新增的禁止性补贴包括：政府隐性担保、政府或政府控制的投资基金在非商业条件下的股本投资、非商业性债转股、双重定价、在没有可靠重组计划的情况下向“患病”企业提供补贴、补贴导致的产能过剩、无限担保、对资不抵债或困难企业提供的补贴、对产能过剩的部门无独

---

1 USTR, *Joint Statement of the Trilateral Meeting of the Trade Ministers of Japan, the United States and the European Union*, https://ustr.gov/about-us/policy-offices/press-office/press-releases/2020/january/joint-statement-trilateral-meeting-trade-ministers-japan-united-states-and-european-union.

2 美欧日计划就此在向世贸组织提交改革草案，且准备争取其他成员的支持，并准备在原定于 2020 年 6 月 8—11 日在哈萨克斯坦努尔苏丹举行的世贸组织第 12 届部长级会议（MC12）上宣布进展。世贸组织第 12 届部长级会议因为新冠肺炎疫情再次推迟。参见 Dylan Gerstel and Jack Caporal，“Trade Trilateral Targets China's Industrial Subsidies，” CSIS，https：//www.csis.org/analysis/trade-trilateral-targets-chinas-industrial-subsidies.

3 USTR, *Joint Statement of the Trilateral Meeting of the Trade Ministers of Japan, the United States and the European Union*, https://ustr.gov/about-us/policy-offices/press-office/press-releases/2020/january/joint-statement-trilateral-meeting-trade-ministers-japan-united-states-and-european-union.

立商业来源融资或投资企业的补贴；以及某些直接债务免除等。

## （五）“非市场导向”的讨论

特朗普执政后，意图将中国仍是“非市场经济国家”作为要求世贸组织体制必须朝着市场导向进行变革的重要抓手，联合盟友向世贸组织施加压力。市场导向之争由此成为本轮世贸组织改革的焦点议题。

### 1. 世界贸易组织改革中的“非市场导向”之争

特朗普上任后，对世贸组织采取了前所未有的抵制和敌视态度，携手盟友频繁主张世贸组织应该基于特定的市场导向条件进行重大改革，以约束不符合标准的成员，并迫使他们做出根本性转变。

2018 年 7 月 16 日，美国向世界贸易组织散发文件，对中国的经济模式进行指责。[1] 美国认为中国的“非市场导向模式、非市场的资源分配、中国经济模式给其他世界贸易组织成员造成负担”。

美国指出，建立世贸组织的目标是所有成员朝着更加开放的市场和更自由的市场竞争的方向发展。[2] 这一期望清晰地体现在 1994 年 4 月 15 日通过的《马拉喀什宣言》中。世贸组织成员将“基于开放的、市场导向的政策以及乌拉圭回合协定和决定确定的承诺”参与国际贸易体系。据此，美国敦促世贸组织每个成员都要奉行开放的、市场导向的

---

1 *China's Trade-disruptive Economic Model-Communication from the United States*, WT/GC/W/745.

2 U. S. Mission to International Organization in Geneva, *Statements by Ambassador Dennis Shea at the March 3, 2020 General Council Meeting*, https://geneva. usmisson. gov/2020/03/03/statements-by-ambassador-dennis-shea-at-the-march-3-2020-general-council-meeting/#_ftn6.

政策，并将此作为世贸组织建立的基础。

截至2020年3月，美欧日围绕世贸组织改革问题已发表了七次联合声明，并在2018年5月31日的第三次联合声明中指出，非市场导向的政策和做法使工人和企业面临不公平的竞争环境，阻碍创新技术的开发和应用，破坏国际贸易的正常运转。同时声明还提出关于市场导向条件的认定标准。[1] 附件3关于市场导向条件的声明中提出确认企业和行业是否符合市场导向的7项标准为：（1）企业根据市场信号自由做出价格、成本、投入、采购、销售等方面的决定；（2）企业根据市场信号自由做出投资决策；（3）资本价格、劳工、技术及其他要素由市场决定；（4）企业根据市场信号自由做出资本配置决策或影响企业资本配置的决策；（5）企业实行国际公认的会计准则，包括独立核算；（6）企业遵守公司法、破产法和私有财产法；（7）企业上述商业决策不受政府的严重干预。这7项标准突出强调企业商业运营须依据市场信号自由做出决策，不受来自政府的干预，体现了美欧日在市场导向条件标准方面的统一立场。

2020年2月20日，美国提交世贸组织的文件《总理事会关于〈市场导向条件对世界贸易体系的重要性〉的决定》，重申了世贸组织的建立是为了促进成员参与“基于开放的、市场导向的政策以及乌拉圭回合协定和决定确定的承诺”的世界贸易体系，强调以市场为导向的条件对于建立自由、公平和互利的世界贸易体系至关重要，确保工人和企

---

1 USTR, *Joint Statement on Trilateral Meeting of the Trade Ministers of the United States, Japan, European Union*, https://ustr.gov/about-us/policy-offices/press-office/press-releases/2018/may/joint-statement-trilateral-meeting.

业的公平竞争环境。[1] 同年7月21日和10月2日，巴西和日本分别联署该文件。

文件进一步明确美方认定“市场导向”条件的8项标准。这8项标准中，完全保留了前述美欧日三方联合声明中的第1条至第5条和第7条标准。文件将第6条标准修正为“企业遵守市场导向的、有效的公司法、破产法、竞争法和私有财产法，并可通过公正的法律程序来行使其权利，例如独立的司法制度”。修正之后的标准对相关法律做出具体要求，须能体现出“市场导向”，且对法律效力和可执行性做出明确规定。此外，美国方案还增加一条“企业能够自由获取相关信息，并以此作为商业决策的基础”，对信息公开和透明度提出了要求。需要注意的是，这是美国首次在改革相关文件中提出信息自由，但目前尚未对“信息”的内涵和外延做出任何界定，也未说明信息自由的具体标准。未来美国及其盟友可能会在此基础上衍生出相关规则。

2021年3月和5月，七国集团召开贸易部长级会议，会后发表的声明中关注中国的“非市场”政策和做法，认为“这些行为扭曲了竞争，降低了系统的公平性和信任度”，“是对基本规则的多边贸易体制的完整性和可持续性的威胁”。[2] 美国贸易代表戴琪与七国集团其他贸易部长会谈时讨论了“全球贸易体系因非市场经济力量的挑战以及共同努

---

1 WTO, “The Importance of Market-Oriented Conditions to the World Trading System,” https://docs.wto.org/dol2fe/Pages/SS/directdoc.aspx?filename=q:/WT/GC/2796.pdf.

2 G7, *G7 Trade Ministers’ Communiqué*, May 28, 2021, http://www.g7.utoronto.ca/trade/210528-communique.html.

力促进自由和公平贸易的需要”[1]。这说明七国集团在此问题上的立场是相近的。

## 2. “非市场导向”之争的发展前景

虽然从世界贸易组织迄今收到的提案情况来看，绝大多数成员没有对此问题表明立场，但至少美欧日和巴西在此问题上的立场已经达成一致。中国的世界贸易组织改革方案并未对此问题进行直接回应，但也表达了对所谓“市场导向条件”的担忧，认为该关注容易被异化为针对个别国家和“国有”类型企业的过分约束，从而形成一种反向歧视，造成对此类企业的不公平对待，从而扭曲交易。

美国的这一提案在世界贸易组织中获得通过并形成多边规则的可能性几乎为零。2018 年 7 月 26 日，美国驻世贸组织大使谢伊（Dennis Shea）在世贸组织总理事会上围绕这一问题与时任中国驻世贸组织大使张向晨交换意见时表示，最好的解决办法是由中国自己采取主动，实行开放的、以市场为导向的政策，并直言不讳地指出当前世贸组织并没有提供实现这一变革所需的工具。[2] 2020 年 3 月，美国贸易代表办公室在最新发布的《2019 年中国世界贸易组织合规报告》中再次指出，世贸组织采取任何新规则都需要包括中国在内的所有成员达成共识。因此，

---

1 USTR, *Statement from USTR Spokesman Adam Hodge on Ambassador Katherine Tai's Participation in the First G7 Trade Ministers Meeting*, March 31, 2021, https://ustr.gov/about-us/policy-offices/press-office/press-releases/2021/march/statement-ustr-spokesman-adam-hodge-ambassador-katherine-tais-participation-first-g7-trade-ministers.

2 U.S. Mission to International Organizations in Geneva, "Ambassador Shea: China's Trade-Disruptive Economic Model and Implications for the WTO," https://geneva.usmission.gov/2018/07/27/55299/.

指望谈判新规则来让中国放弃非市场经济体制和国家主导的重商主义贸易体制是不现实的。[1]

2021年12月，在中国加入世贸组织20周年之际，世贸组织副总干事张向晨在接受专访时表示：世贸组织建立在市场经济基础上，但世界上的市场经济并不只有一种模式。中国实行的是社会主义市场经济，其特点是在发挥市场对资源配置的决定性作用的同时，更好地发挥政府作用。世贸组织应当充分展示包容性，使不同经济模式的成员都能在多边规则框架下公平竞争、共同发展。

## 三、世界贸易组织多边贸易体制改革面临的挑战与应对

自1947年多边贸易体制（《关税与贸易总协定》/世界贸易组织）建立以来，世界贸易扩大了300倍，目前占全球国内生产总值的60%以上，支持了世界各地的就业、增长和投资。[2] 世界贸易组织多边贸易体制不仅在贸易关系方面，而且在全球经贸治理方面也扮演着主要的角色。所有的世界贸易组织成员都认识到世界贸易组织多边贸易体制的重要作用，尤其是在新冠肺炎疫情蔓延、地缘政治和民族诉求抬头、全球非可持续发展危及地球生态环境、整个世界出现全球化和多极化并存、经贸发展失衡加大、世界政治和经贸关系紧张等背景下，推动世界贸易组织多边贸易治理体制进行改革，并尽快取得实质性进展，已经成为全

1 USTR, *2019 Report to Congress on China's WTO Compliance*, March 2020, https://ustr.gov/sites/default/files/2019_Report_on_China's_WTO_Compliance.pdf.

2 欧委会于2021年2月18日发布的《贸易政策审议——开放、可持续和进取的贸易政策》的附件《改革世贸组织：建立可持续和有效的多边贸易体制》。

体世界贸易组织成员的诉求。

## （一）世界贸易组织多边贸易体制改革面临的挑战

世界贸易组织多边贸易体制改革面临的挑战有：世界贸易组织成员之间分歧巨大，缺乏互信；世界贸易组织改革的领导力缺位；世界贸易组织改革受政治化因素影响；等等。

### 1. 世界贸易组织成员之间分歧巨大互信缺乏

从世界贸易组织成员提交的改革方案看，发达成员和发展中成员在世界贸易组织出现危机的原因和世界贸易组织改革的优先事项上存在巨大分歧。

美欧等发达成员认为世界贸易组织多边贸易体制效率不足，世界贸易组织多边贸易规则不足规范中国等新兴发展中成员，世界贸易组织多边贸易规则未反映21世纪的经贸发展、未体现全球经济转型和技术变革。因此世界贸易组织改革应该解决特殊与差别待遇问题，将发展中成员分类，不能让已经发展起来的成员享受特殊与差别待遇。世界贸易组织改革还应加强透明度和通报纪律，如引入对未履行者的惩罚措施。世界贸易组织改革必须制定新规则以解决“非市场经济”带来的不公平竞争，如制定补贴新规则、对国有企业制定规则、竞争中立规则等。

发展中成员则认为世贸组织不平衡，对待他们不公平。不平等和不公平的贸易规则使得发达成员获得先天优势。因此世界贸易组织改革应该解决不对称和不平衡的世界贸易组织规则，改革必须以包容性和发展原则为前提。包括加强特殊与差别待遇问题和实施问题。同时，发展中成员认为世贸组织现在正面临直接的生存危机：诉诸单边措施和上诉机构陷入僵局。解决上诉机构问题是最为紧迫的优先事项，因为在缺乏执行规则的功能性、有效和独立机制的情况下，在任何领域谈判新规则都是没有意义的。

可以看到发达成员和发展中成员的根本性分歧很难弥合。如果无法找到双方都关切的改革领域，世界贸易组织改革很难取得成功。除了存在分歧，世界贸易组织成员之间也缺乏互信。任何一个议题在提出的同时几乎都伴随反对的声音。世界贸易组织多边贸易体制之所以能够建立并取得成功，成员数量也由建立时的 128 个增加到 164 个，基本前提是世界贸易组织多边体制可以使所有成员都受益。然而，现在这一前提因美国的单边主义措施，使得世界贸易组织成员突然觉得似乎所有成员都“吃亏”了。

因此，世界贸易组织改革想要成功，需要成员重建互信，找到弥合成员间分歧的关注领域。

## 2. 世界贸易组织改革的领导力缺位

此轮世界贸易组织多边贸易体制改革主要是为了应对外部压力，这主要是指作为支持经济全球化、支持贸易自由化、支持以规则为主的多边贸易体制的传统主导力量的美国，突然转向了。

特朗普政府曾公开表明了对世界贸易组织的不满，质疑世界贸易组织上诉机构的有效性以及对美国存在的不公平裁决。因此阻止了上诉机构的成员遴选，使争端解决机制陷入瘫痪，并开始对贸易伙伴和盟国

（如欧盟）施加经济和政治压力，诱使他们向美国产品开放市场。特朗普还与中国打贸易战，使得中美双边贸易关系基本上是在世界贸易组织规则之外进行管理。美国的做法使世贸组织的公信力受到破坏。尽管拜登政府有回归多边主义的迹象，但世贸组织的许多问题在可预见的未来都不会得到解决。[1]

作为世界贸易组织多边贸易体制传统领导者之一的欧盟，历史上与美国合作推动关贸总协定/世贸组织谈判取得进展和成功。但在美国极端的做法下，很难找到欧美合作的基点。虽然拜登政府上台后积极恢复与盟友的关系，欧美都有意加强合作，尤其是在世界贸易组织改革领域，但双方在一些紧迫议题上仍存在分歧，如上诉机构问题，如果美国不调整立场，很难达成一致。

作为已经成长为世界贸易组织核心成员的中国，各方都对中国抱有期待，但有些期待是不合实际的。中国一直坚定支持世界贸易组织多边贸易体制，也支持世界贸易组织改革，但在世界贸易组织改革的优先事项上，与美国等成员有着根本的分歧。中国愿意贡献领导力，引领部分议题，如投资便利化议题，但中国尚不具备领导所有议题的实力。

世界贸易组织需要所有成员的参与，但世界贸易组织改革的成功也需要中美欧三方加强沟通与合作，找到可以合作的领域，起到领导和推动的作用。

---

1 2021 年 8 月 18 日，德国外交关系理事会发布研究报告，认为支持开放、基于规则的全球贸易符合各国战略利益，呼吁成员推动世界贸易组织改革，恢复世界贸易组织的信誉和多边主义的积极作用。参见 Claudia Schmucker, “Germany Must Support Open Global Trade,” August 1, 2021, https://dgap.org/en/research/publications/geo-economics-and-trade。

### 3. 世界贸易组织改革受政治化因素影响

世界贸易组织改革的目标应该是加强和维护多边贸易体制，使世界贸易组织多边贸易体制更加高效地运转。但是，美国及其盟友有意抹黑中国，凸显中国与其他主要国家的体制性差异，认为中国“非市场经济”危及世界贸易组织及其成员，将政治和贸易问题掺和在一起，进一步加剧了今后世界贸易组织改革的复杂性和中外体制上的冲突。美国和其盟友在“非市场导向”、产业补贴、发展中国家地位等议题上的立场逐渐靠近，还将为国有企业、强制性转让、强迫劳工、竞争中立等制定新规则。

如果美国的世界贸易组织改革方案主要是针对改革中国，试图为中国“量身定制”一套规则，世界贸易组织改革则不可能取得成功。政治仍然居于国际关系的中心，全球化也有政治，受到各国政治的导向。单边主义、保护主义给世界的发展带来严峻挑战。面对这样的趋势，需要把捍卫世界的开放与合作发展大势作为共同的责任。

## （二）应对

“世贸组织改革是——而且应该继续是——一个适应经济状况和回应成员关切的持续过程。”[1]

从世界贸易组织成员的改革方案看，虽然立场无法统一，但均承认

---

1　世界贸易组织总干事阿泽维多在2020年1月24日的瑞士非正式贸易部长会议上的发言内容。

世界贸易组织在协调全球贸易政策方面所发挥的独一无二的作用，尤其是在新冠肺炎疫情大流行的背景下。在拜登回归多边，世界贸易组织第十二届部长级会议前夕，用创新、灵活的方式找到推动世界贸易组织改革的方式方法，符合所有世界贸易组织成员的利益。

## 1. 重建信任和共同目标感

绝大多数成员仍然笃信多边主义的理念，充分认识到以规则为基础的全球贸易和发展体系的好处。过去几年的不稳定、气候和环境危机、单边措施使用的增加以及现在的新冠肺炎疫情使人们清楚地认识到，世界贸易组织是健康的全球经济治理的重要组成部分，但改革是必要的。

随着全球挑战的激增，世贸组织成员应能够围绕着解决最紧迫问题的目标进行合作：经济复苏和发展，促进环境和社会可持续性。解决这些问题符合联合国可持续发展目标，对这一目标所有世贸组织成员都做出了承诺。聚焦这一点可以提供世贸组织近几十年来缺乏的共同目标感，并重建成员之间的信任。[1]

世界贸易组织现在面临的生存危机主要是上诉机构问题。如何恢复上诉机构，恢复争端解决机制的全面运作，这是世界贸易组织改革的最紧迫的任务。这一问题的解决也有助于恢复成员对世界贸易组织的信心，重塑世界贸易组织的权威性。

---

1 欧盟 2021 年世界贸易组织改革新文件。

## 2. 加强世界贸易组织相关性

证明世贸组织与 21 世纪扩大贸易和投资的主要驱动因素的相关性，以及促进发展中经济体融入全球价值链至关重要。如果这些问题不是只能在双边协议或世界贸易组织框架之外的诸边协议中解决，将避免全球贸易体系的分裂。

世界贸易组织成员无法对规则进行更新，这给世界贸易组织争端解决机制带来了压力，从而导致了失衡和分歧。世界经济在发展，世界贸易组织主要成员的国内政策也在不断演变，相应地需要重新平衡规则，以确保现行政策遵循以减少贸易和竞争扭曲为目的而制定的多边规则。

新的商业领域需要新规则，也应允许部分成员，也许可从志同道合的成员开始进行探索，但要充分听取和考虑广大发展中成员的意见和需求，最终形成多边规则。在电子商务、服务的国内规制、投资便利化、中小微企业等领域，正在以联合声明倡议的形式推动相关谈判，大多已经获得多数成员的支持并取得积极进展，有望在第十二届部长级会议上取得早期收获或取得突破性进展。

还有一些正在讨论和酝酿的新诸边谈判，包括“环境产品谈判”（EGA），推动医疗产品和服务自由化和便利化的谈判，以及涉及一次性塑料袋的“塑料污染与环境可持续塑料贸易”议题等。

## 3. 循序渐进地推动世界贸易组织改革

世界贸易组织改革将是一个长期且复杂的过程，因此，改革需要有优先顺序，循序渐进，不能好高骛远。虽然当前世界贸易组织成员对于改革优先顺序的判断并不一致，但通过近两年的博弈，对于世界贸易组织改革的优先事项也初见端倪。如除美国外的几乎其他所有世界贸易组织成员均希望尽快恢复世界贸易组织争端解决机制的正常运转，而在欧盟出台更新的改革文件后美国的立场似乎有所缓和，世界贸易组织成员可加快推动与美国就上诉机构问题的沟通。

虽然发达成员和发展中成员之间就世界贸易组织受困的原因存在分歧，但在世界贸易组织第 12 届贸易部长级会议上就渔业补贴、电子商务、服务的国内规制、中小微企业、投资便利化等具体议题达成具体成果，至少是所有世界贸易组织成员的共同期待。

### 4. 发挥主要成员的领导力，聚合成员政治合力

落实世贸组织改革将需要大量成员的参与和支持。尤其是当前大变局正在加速演进，新冠肺炎疫情依然在蔓延，世界正处于动荡变革期，不稳定性、不确定性显著上升。世界贸易组织多边贸易体制改革的紧迫性增强，需要凝聚政治合力。

历史上，《关税与贸易总协定》/世界贸易组织多边贸易体制是靠美欧等主要成员的领导力来推进的。当前的世界贸易组织改革缺的就是领导力。因此美国、欧盟、中国等主要成员需要加强沟通合作，只有主要的世界贸易组织成员之间协调努力，将更多的软实力投入支持世界贸易组织优先考虑的倡议中，支持和推动世界贸易组织改革，世界贸易组织改革才能真正实现。

在缺乏具有领导能力、意愿或信誉的单一或少数世贸组织成员的情

况下，对多边贸易体制有共同承诺的成员联盟，可以发挥重要作用，避免两极分化，就如何加强多边贸易体制达成更广泛的共识。

建立联盟可以扩展具体提案的支持圈。一成员可以就某个特殊主题与有限数量的成员进行联盟，从而联署提案，并根据实际发展吸收志同道合者加入。目前的实际情况也是如此，如发达成员之间美欧日通过贸易部长会议沟通并就共同关注形成合力；没有中美的渥太华集团积极推进世界贸易组织改革；发展中成员之间的联盟，如就“发展中国家”地位问题非洲集团、印度、中国等联署提案；发达成员与发展中成员之间也形成联盟，如欧盟、加拿大、中国、印度等成员就争端解决机制联署提案。

又如，2020 年 11 月，二十国集团领导人在利雅得发表的声明中承载着迄今为止最高政治层对改革最坚定的承诺。[1] 二十国集团是世界主要经济体的代表，经济总量占全球 GDP 的 86%，人口占世界的 65%。12 年前，二十国集团领导人峰会机制为应对全球金融危机而生。12 年后的今天，国际社会再次面临共同挑战，亟须二十国集团继续发挥引领作用，加强国际合作，共同战胜疫情，推动经济发展。

## 5. 促进利益攸关方的参与

早在 1996 年，世贸组织成员就已经认识到“非政府组织在提升公众对世贸组织活动的认知方面可以发挥的作用”，同意“提高透明度并加强与非政府组织的沟通”，要求世贸组织秘书处与社会民众增进直接

---

1　2020 年 11 月 21—22 日，二十国集团利雅得峰会领导人宣言。

接触。自2016年以来，工商界代表就参与了专题讨论以及贸易对话系列活动，世贸组织网站还设有专门页面收集符合工商界兴趣的信息。[1]

此次世界贸易组织改革，学术界和工商界也积极参与其中。欧洲的智库于2018年率先提出了完整的世界贸易组织改革方案，德国贝塔斯曼基金会“全球贸易治理未来”高级别专家委员会发布《重振世界贸易组织多边贸易治理》的报告。[2]

国际商会（ICC）秘书长约翰·丹顿（John W. H. Denton）表示，“多边贸易体制的健康——以及世贸组织本身——无疑是国际商会和全球商界的头等大事”。[3] 2019年，国际商会认识到世界贸易组织正面临前所未有的挑战、批评和压力，提供了一种基于结果的方法改革国际贸易，让贸易为人类和地球服务。国际商会发布改革世界贸易组织的建议“改革基于多边规则的贸易体系：我们希望为人类和地球带来的结果”。[4] 国际商会称其建议是代表4500万家公司提出的，其确定的5个改革优先领域——加强世贸组织治理和问责制、审查和更新现有的世贸组织规则手册、加快制定新规则、建立健全且值得信赖的争端解决机制、促进制度一致性——更具有客观性。

未来要继续推动世界贸易组织改革，为全球经贸发展新业态制定新的规则，需要充分与工商界、学术界和非政府组织沟通，以期在新规则

---

1 欧盟委员会2021年2月18日的更新文件《改革世贸组织：建立可持续和有效的多边贸易体制》。

2 参见贝塔斯曼基金会官网，www. bertelsmann-stiftung. de。

3 International Chamber of Commerce, “ICC World Trade Organization Director-General, Okonjo-Iweala Briefs ICC Global Network,” June 4, 2021, https: //iccwbo. org/media-wall/news-speeches/icc-briefing-marks-first-major-business-engagement-for-new-wto-director-general/.

4 International Chamber of Commerce, “ICC Issues Recommendations to Reform Global Trade,” October 9, 2019, https: //iccwbo. org/media-wall/news-speeches/icc-publishes-recommendations-on-reforming-the-multilateral-rule-based-trading-system-at-wto-public-forum/.

中反映他们的关注。世界贸易组织秘书处可以下设相关的机构，专门用于与其他利益攸关方的沟通，确保他们对世界贸易组织改革的参与度。

### 6. 加强世界贸易组织机构的运作效率

虽然相较于其他国际组织，世贸组织机构设置已经是规模小、人员少但效率高。但是世贸组织总干事、秘书处、理事会、委员会等的日常工作的潜能和作用尚未充分发挥。尤其在例会上，很多议题长期是议而不决的状态，运行效率有较大的提升和改进空间。

世界贸易组织成员可以在推进改革的过程中探索提升世贸组织机构效率的方式方法，同时反过来也会促进世界贸易组织改革。根据机构的实际情况，可以增减会议频率，提高会议成效。可以增强秘书处工作人员的代表性，相应增加发展中成员的职员占比，鼓励秘书处加强对重要经贸议题的研究，加强与其他国际组织、非政府组织的合作。加强世界贸易组织总干事的协调促进作用，鼓励总干事为推动世界贸易组织改革加强与世界贸易组织主要成员的沟通，鼓励总干事为世界贸易组织改革提供解决方案。

# 中国与全球贸易治理体系改革

程大为*

全球贸易治理体系改革面临着诸多挑战。作为全球最大的发展中经济体，中国在构建全球经济秩序中具有举足轻重的作用。中国正在努力推动高水平开放，积极参与全球经济治理体系改革，推动构建更加公正合理的全球贸易治理体系。

## 一、中国融入全球贸易治理体系的阶段性特征

中国是《关税与贸易总协定》（GATT）23 个创始缔约国之一。1948 年 4 月 21 日，当时的中国政府签署了《临时适用议定书》，同年 5 月 21 日，中国成为关贸总协定缔约方。在未得到中国唯一合法政府——中华人民共和国授权的情况下，台湾当局擅自于 1950 年 3 月通知联合国秘书长，决定退出关贸总协定。显然，这一退出决定是无效的。但由于受当时国内外政治、经济环境的制约，我国未能及时提出恢复关贸总

* 程大为，中国人民大学经济学院教授。

协定缔约国地位的申请。[1]

随着我国1978年实行改革开放政策取得巨大经济成就，我国经济与世界经济联系日益紧密。从加快实行改革开放政策、进一步发展国民经济的需要出发，中央于1986年做出了申请恢复我国关贸总协定缔约国地位的决定。1986年7月11日我国正式提出恢复缔约方地位，1987年3月关贸总协定成立了“中国工作组”，开始中国的“复关”谈判。1995年1月，世界贸易组织（WTO）成立，从当年7月起我国的“复关”谈判转为加入世界贸易组织谈判。2001年，我国成功加入世界贸易组织（WTO），与全球贸易体系的制度接轨，成为全球贸易治理的参与者。

自加入世界贸易组织以来，我国在全球贸易体系中发展迅速，成为第一大货物贸易国和第二大经济体，在全球贸易治理中发挥着建设性作用，为推动全球可持续发展和全球贸易治理做出了重要贡献。在经济全球化曲折发展，单边主义和贸易保护主义暗流涌动，世界处于百年未有之大变局中，我国回应了全球贸易治理体系的新问题，积极推动全球治理的创新性探索，提出了新时代全球贸易治理的理念。习近平主席提出“倡导构建人类命运共同体，促进全球治理体系变革”“秉持共商共建共享的全球治理观”“继续发挥负责任大国作用，积极参与全球治理体系改革和建设，不断贡献中国智慧和力量”。

我国参与全球贸易治理的核心线索是统筹国内、国际规则，统筹国家治理和全球治理。自1979年至今，我国融入全球贸易治理体系经历

---

1 《中国与GATT/WTO的关系》，中国商务部官网，2002年7月16日，http://www.mofcom.gov.cn/article/bg/200207/20020700032315.shtml。

了国内改革、制度融入、发展壮大和理论创新四个阶段。第一阶段，通过国内经济改革促进对外开放，为统筹国内、国际规则做了经济上的准备；第二阶段，通过加入国际机制的谈判，完成了国内规则的梳理，为统筹国内、国际规则做了制度上的准备；第三阶段，以开放促改革，在国际规则国内化方面取得了显著的成就，但参与国际规则制定相对滞后；第四阶段，参与全球贸易治理的能力显著提高，具备了理论创新的能力，我国全球贸易治理理论日趋完善。

## （一）第一阶段：1979—1986 年国内改革

与单一公有制相符合，中华人民共和国成立初期，我国的对外贸易体制呈现如下特征。（1）高度集中的指令性计划，表现在由外贸部统一领导、统一管理，外贸各专业公司统一经营，实行指令性计划。（2）以行政管理为主，所有外贸公司的经营活动都受到行政管理机构的干预，政企不分。（3）国家统筹盈亏。国有外贸公司的盈亏上报外贸部统一核算和综合平衡后，再上报中央财政，盈利一律上缴财政部，亏损也由财政部负责解决，外贸公司不自负盈亏。这种高度集中的外贸体制有利于集中调度资源，保证重点，应对我国在国际竞争中的各种挑战，但这一时期我国很少有全球贸易治理话语权。

1978 年，经济改革从农村起步，强调建设以“计划经济为主，市场调节为辅”的经济模式；进入 1984 年后，改革扩展到城市，强调建设“有计划的商品经济”。作为经济改革的一部分，在外贸体制方面，国家推出了以下措施。

第一，调整国家外贸管理机构。1980 年，经国务院批准，把对外贸易部直属的海关管理局改为中华人民共和国海关总署。1982 年，由原对外贸易部、对外经济联络部、国家进出口管理委员会、国家外国投资管理委员会合并成立对外经济贸易部，健全了政府部门对外贸的管理机构。

第二，下放外贸经营权。逐步下放外贸进出口总公司的经营权，扩大地方的外贸经营权，调动地方和生产企业发展外贸的积极性，对广东、福建实行特殊政策、灵活措施，进行试点。

第三，成立海外贸易机构。1982 年，对外经济贸易部在美国纽约、阿联酋迪拜分别设立了中国贸易中心和迪拜长城贸易中心。1984 年在联邦德国设立了西欧中国贸易中心。

第四，建立了进出口商会。1988 年，经贸部先后成立了食品土畜、纺织服装、轻工工艺、五矿化工、机电、医药保健品进出口商会及若干商品分会，以加强外贸企业之间的协调服务工作。

第五，建立了工贸联合公司。1982 年 2 月成立的中国丝绸公司，它把工商贸、产供销紧密结合起来，将全国的麻、生丝和纺织品的收购、生产、内外销业务都由该公司经营和管理，解决了工贸分离、产销脱节造成的一系列问题。[1]

## （二）第二阶段：1986—2001 年制度建设

这一阶段，分为努力恢复《关税与贸易总协定》缔约方地位和加入世界贸易组织谈判两个时期。

---

1 中国外贸体制改革的进程、效果与国际比较课题组：《中国外贸体制改革的进程、效果与国际比较》，对外经贸大学出版社，2007。

1986年3月第六届全国人大四次会议通过的《政府工作报告》明确指出："中国支持联合国组织根据宪章精神进行的各项工作，积极参加联合国及其专门机构开展的有利于世界和平与发展的活动，广泛参加各种国际组织，开展积极的多边外交活动，增进与各国在各领域的合作。"[1] 这说明中国对待国际机制的态度从疏离转向寻求参与。

1986年7月10日，中国政府向《关税与贸易总协定》提交了关于恢复其缔约方地位的请求（文件号L/6017），这是我国希望加入全球贸易体系的重要举措，希望从全球贸易体系的"局外者"成为"局内者"。从1986年中国提出恢复《关税与贸易总协定》缔约国地位到1992年2月《关税与贸易总协定》中国工作组第10次会议结束，这是中国加入《关税与贸易总协定》谈判的第一个阶段。该阶段的核心任务是向《关税与贸易总协定》解释中国的贸易制度，并在国内加快改革，以满足《关税与贸易总协定》的资格考察。

1988—1990年，外贸体制改革的重点是建立出口承包经营责任制，这是一种由传统外贸体制向自负盈亏为特征的市场经济体制转轨时期的过渡性体制。1990年12月，国务院做出了《关于进一步改革和完善对外贸易体制若干问题的决定》，要求从实行外贸企业自负盈亏入手，使外贸逐步走上统一政策、平等竞争、自主经营、自负盈亏、工贸结合、推行代理制的良性发展轨道。

1993年5月，中国向《关税与贸易总协定》递交了《中国对外贸易制度备忘录（修订本）》，这是中国复关第一阶段制度性谈判结束的标志。

---

1 肖佳灵、唐贤兴主编《大国外交——理论·决策·挑战》，时事出版社，2003，第512页。

1986—1993年，在申请加入《关税与贸易总协定》时期，中国主要经贸改革举措如下。

第一，调节关税水平和结构。配合复关谈判，我国多次调整关税，把关税逐步调到发展中国家的平均水平。1992年先后三次调低了进口关税，第一次降低了225种进口商品关税，第二次降低了3371种进口商品关税，关税总水平下调了7.3%，第三次又降低了2898个税号商品的进口关税，降税幅度为8.8%。

第二，改组国有外贸企业，建立现代企业制度。根据《关于建立社会主义市场经济体制若干问题的决定》的精神，认真贯彻《全民所有制工业企业法》《全民所有制工业企业转换经营机制条例》，建立适应市场经济要求，产权清晰、权责明确、政企分开、管理科学的现代外贸企业制度。

第三，外贸经营机制改革。外贸企业由国家计划的执行者转变为商品进出口的经营者，企业由过度依靠少数市场向市场多元化转变，积极营销，寻找全球市场机会，由单一经营逐步向一业为主、多种经营方向发展，由比较单一的贸易方式向灵活多样的贸易方式转变。

第四，深化进口管理体制。逐步取消某些商品的进口补贴，截至1992年，我国仍保留对木浆、化肥、粮食等8种产品的进口补贴，根据《关税与贸易总协定》的要求，逐步取消了对这些种类进口商品的补贴；取消全部进口替代商品清单；缩小进口许可证管理商品范围，减少实行进口许可证管理的商品品种；逐步改变对进口商品的行政审批办法，改用汇率和关税等经济手段进行管理。

第五，改革出口承包经营制、加大市场调节。各省、自治区、直辖市、计划单列市人民政府，各外贸专业总公司和各工贸总公司三个渠道分别向中央承包出口收汇、上缴外汇额度和经济效益指标，承包指标三年不变。各外贸专业总公司和部分工贸总公司的地方分支机构与总公司财务脱钩，同时与地方财政挂钩，把承包落实到外贸经营企业和出口生产企业，盈亏由各承包单位自负。对于少数关系国计民生的、大宗的、资源性的重要出口商品，实行指令性计划，由国家指定的一家或几家外贸公司统一经营；对于少数国市场竞争激烈的、比较重要的出口商品，实行指导性计划，由具有该类商品经营权的各类外贸公司分散经营；其他绝大部分出口商品，实行市场调节，由各类外贸公司放开经营。无论哪一类出口商品，凡实行出口配额和许可证管理的，均按出口配额和出口许可证管理制度执行。同时，进一步加强工贸结合，推行出口代理制。

以上改革为我国加入世界贸易体系奠定了制度基础。经过改革，企业走上了自主做外贸的轨道，成为自负盈亏的主体，提高了经营管理能力，破除了长期依靠国家扶持的思想。经过改革，国家改变了外贸的计划管理方式，逐步过渡到依赖法律、政策和经济等手段进行管理。

1994 年 7 月 1 日，《中华人民共和国对外贸易法》开始实施，这是中华人民共和国成立 40 多年后，第一次出台对外贸易的基本大法。1994 年，我国加大了改革力度，对外汇体制进行根本性改革，取消了汇率双轨制，实行以市场为基础的有管理的浮动汇率制度，人民币逐步成为可兑换货币。同年，按照“产权清晰、权责明确、政企分开、管理科学”的原则，我国推动国有企业建立现代企业制度，国有企业逐步走上自主经营、自负盈亏的轨道。全国统一开放的市场体系初步形成，以间接手段为主的完善的宏观调控体系初步建立，市场在经济管理和资源配置中的基础性作用显著增强。

1995 年世界贸易组织成立。1995 年 12 月 7 日，中国政府申请根据《马拉喀什建立世界贸易组织协定》(《WTO 协定》) 第 12 条申请加入协定。世界贸易组织总理事会决定，中国原《关税与贸易总协定》1947 缔约方地位工作组自 1995 年 12 月 7 日起转为中国加入世界贸易组织工作组。

2001 年 11 月中国在多哈部长级会议上被吸收成为世界贸易组织新成员，时任世界贸易组织总干事迈克·穆尔评价说，中国入世这一天将会被铭记为“21 世纪对中国、对世界贸易组织、对全世界最重要的事件之一”。

1994—2001 年，这一阶段是我国对外贸易法律建设取得重大进步的阶段，是中国完成加入世界贸易组织谈判的关键阶段，是社会主义市场经济逐步健全并快速发展的阶段。加入世界贸易组织是我国全面融入全球治理体系的标志，也是深度参与全球贸易治理的起点。成为世界贸易组织的一员，使得我国有机会直接参与国际贸易规则制定，在全球经济治理中扮演建设者和贡献者角色。[1]

## （三）第三阶段：2002—2011 年融入全球体系

这一阶段，我国认真履行入世承诺，加大对外贸易体制改革力度，以加快实现国际国内规则的接轨。

第一，修订国内法律。入世后的第一个工作是修改与贸易相关的法律法规，使其和世界贸易组织的规则一致。同时，中国还履行通报义

1　刘宏松：《中国参与全球治理 70 年：迈向新形势下的再引领》，《国际观察》2019 年第 5 期。

务。定期向各个委员会通报国内法律法规的修订、农业补贴、各项贸易规则全国统一实施情况。

第二，降低货物贸易进口关税。截至 2010 年，中国货物降税承诺全部履行完毕，关税总水平由 2001 年的 15.3%降至 9.8%。其中，工业品平均税率由 14.8% 降至 8.9%；农产品平均税率由 23.2% 降至 15.2%，约为世界农产品平均关税水平的四分之一，远低于发展中成员 56%和发达成员 39%的平均关税水平。农产品的最高约束关税为 65%，而美国、欧盟、日本分别为 440%、408%、1706%。[1]

第三，调整相关关税。在协定税率方面，依据与有关国家或地区签署的协议，2015 年中国对《亚太贸易协定》成员[2]、东盟十国、智利、巴基斯坦、新西兰、新加坡、秘鲁、哥斯达黎加、瑞士、冰岛、中国香港、中国澳门和中国台湾等国家和地区的有关进口商品实施协定税率；对于原产于中国香港和中国澳门已制定优惠原产地标准的商品实施零关税；根据海峡两岸经济合作框架协议规定，2015 年实施该协定税率的税目数为 622 个，平均税率为 0。

特惠税率方面，我国对原产于孟加拉国和老挝的部分商品实施亚太贸易协定项下特惠税率；对原产于埃塞俄比亚等 24 个国家的部分商品实施 97%税目零关税待遇；对原产于安哥拉等 14 个国家的部分商品实施 95%税目零关税特惠税率；对原产于毛里塔尼亚和孟加拉国的部分商品实施 60%税目零关税特惠税率。

第四，开放服务贸易。我国认真履行承诺，为国外服务商提供了包

---

1 国务院新闻办公室：《〈中国与世界贸易组织〉白皮书》，2018 年 6 月，http://www.gov.cn/zhengce/2018-06/28/content_5301884.htm，访问日期：2021 年 11 月 20 日。

2 《亚太贸易协定》成员包括孟加拉国、中国、印度、老挝、韩国、斯里兰卡。

括金融、电信、建筑、分销、物流、旅游、教育等在内的广泛的市场准入机会。在世界贸易组织服务贸易分类的160个分部门中，我国开放了100多个，开放范围已经接近发达经济体平均水平。

第五，加大知识产权保护方面。为履行知识产权保护的世界贸易组织义务，我国进行了一系列的立法调整，对《专利法》《商标法》《著作权法》等主要知识产权法进行了修订，并颁布、施行了《计算机软件保护条例》《集成电路布图设计保护条例》和《植物新品种保护条例》。通过上述立法工作，我国已建立起一套与世界贸易组织规则基本一致的知识产权保护法律制度。

第六，加快与贸易有关的投资措施协定的国内转化。我国在加入世界贸易组织时做出了取消技术转让等超过世界贸易组织义务的承诺。这一承诺的内容在2001年修订的《进出口管理条例》中就已实施。为贯彻非歧视性待遇原则，我国于2007年修订了《企业所得税法》，对外商投资企业和国内企业征收同等税率的企业所得税。

第七，全面放开外贸经营权。自2004年7月起，中国对企业的外贸经营权由审批制改为备案登记制，极大地释放了民营企业的外贸活力，民营企业进出口发展迅速，份额持续扩大，成为对外贸易的重要经营主体。

2002—2011年这段时间，我国成功地融入全球贸易体系、积极参与全球化，成为全球第一大贸易国，对全球贸易体系产生了巨大的影响。与此同时，“中国威胁论”“中国责任论”等在西方舆论界开始盛行，为了应对这样的舆论，我国需要提出具有中国特色的全球治理理念。2005年4月，胡锦涛在亚非峰会上首次提出“和谐世界”；同年7月，“和谐世界”写进《中俄关于21世纪国际秩序的联合声明》，首次成为国家间共识；同年9月，“和谐世界”在联合国成立60周年首脑会议上得到详细阐述；2007年10月，“和谐世界”写入党的十七大报告。

## （四）第四阶段：2012年至今参与全球治理

2012年后，经济全球化曲折发展，单边主义和贸易保护主义暗流涌动、世界处于百年未有之大变局中。但中国始终坚定支持多边贸易体制，全面参与世贸组织各项工作，推动世贸组织更加重视发展中成员的关切，反对单边主义和保护主义，维护多边贸易体制的权威性和有效性，与各成员共同推动世贸组织在经济全球化进程中发挥更大作用。

中国全面参与多哈回合各项议题谈判，推动贸易便利化、农业出口竞争等多项议题达成协议，推动多边贸易体制不断完善。2015年，中国成为接受《贸易便利化协定》议定书的第16个世贸组织成员。2016年中国担任二十国集团主席国期间，推动多国完成《贸易便利化协定》的国内批准程序，为协定早日生效做出了积极贡献。与此同时，中国积极维护争端解决机制有效运转，积极参与改进争端解决程序的谈判，支持世贸组织上诉机构独立公正开展上诉审议工作。作为世界上最大的发展中国家，中国对发展中成员在参与全球价值链分工、参与国际经贸治理等方面面临的困难表示关切，努力推动贸易为实现2030年可持续发展议程做出积极贡献。

2017年，党的十九大报告对“共商共建共享”全球贸易治理做出新的解释和强调，指出：“中国应秉持共商共建共享的全球治理观，倡导国际关系民主化，坚持国家不分大小、强弱、贫富一律平等，支持联合国发挥积极作用，支持扩大发展中国家在国际事务中的代表性和发言权。中国将继续发挥负责任大国作用，积极参与全球治理体系改革和建设，不断贡献中国智慧和力量。”

综上所述，2012年至今，我国不断加快融入全球贸易治理体系的步伐，并提出共建“一带一路”倡议、推动构建新型国际关系和人类命运共同体等一系列全球治理新思想、新理念，参与组建亚洲基础设施投资银行、金砖国家新开发银行，积极参与二十国集团峰会，参与世界贸易组织改革。截至2021年1月底，我国与171个国家和国际组织，签署了205份共建“一带一路”合作文件。

## 二、中国参与全球贸易治理

二战之后，在世界范围内建立起一系列多边贸易体制、区域或双边贸易安排等制度和组织，并逐步形成全球贸易治理体系。我国在全球治理的角色定位决定于自身的硬实力和软实力。硬实力指一国在全球体系中的经济地位；软实力是一种能力（capacity），指一国在全球治理体系中的治理能力，通常通过参与程度、倡导能力等指标体现。

加入世界贸易组织10年后，我国的经济总量增长了近10倍，在世界经济中所占的比重从4%增长为17%，成为全球的第二大经济体。我国的货物贸易总额增长了8倍，进口、出口在全球所占的份额从3.8%和4.3%，分别增长为11.5%和14.7%，我国成为全球第一大出口国和第二大进口国。外商对华直接投资的规模年均增长6.1%，连续29年居发展中经济体的首位。我国为推动全球的可持续发展做了重要的贡献，对全球经济增长的年均贡献率接近 30%。[1] 与此同时，我国积极参与全球贸易治理改革，主要包括以下方面。

## （一）积极推动多边贸易谈判

我国全面参与多哈回合各项议题谈判，提出和联署谈判建议百份以上。作为发展中成员，我国积极参与诸边自由化倡议，并为谈判做出了重要贡献。我国参加了《信息技术协定》的扩围谈判，推动各方就取消 201 项信息技术产品的关税达成协议。我国是《环境产品协定》谈判的发起方之一，以积极建设性态度参与磋商，在二十国集团领导人杭州峰会期间推动谈判达成重要共识。我国于 2007 年启动加入《政府采购协定》谈判，为加入该协定做出了积极努力。2015 年，我国成为接受《贸易便利化协定》议定书的第 16 个世贸组织成员。2016 年中国担任二十国集团主席国期间，推动多国完成《贸易便利化协定》的国内批准程序，为协定早日生效做出了积极贡献。

我国积极参加世界贸易组织新议题讨论，发起成立"投资便利化之友"，和 70 多个成员达成《关于投资便利化的部长联合声明》；加入"中小微企业之友"，推介中国在世贸组织相关提案中关于支持中小微企业的内容。世界贸易组织的电子商务谈判已经经历了 20 多年的讨论，为了促使谈判启动，我国与 75 个世贸组织成员发表了《关于电子商务的联合声明》，确认有意在世贸组织现有协定和框架基础上，启动与贸易有关的电子商务议题谈判。

---

1 易小准：《加入 WTO 二十年，中国改变了什么？》，中欧北京论坛演讲，2021 年。

## （二）深度参与贸易政策审议

根据《中国加入世贸组织议定书》第 18 条，在中国加入后前 10 年，世界贸易组织将对中国进行过渡性贸易政策审议，其中前 8 年每年一次，第 10 年进行最后一次审议。为了监督世界贸易组织成员履行义务，世界贸易组织审议机制每 2 年对发达成员的贸易政策进行审议一次，每 4 年对发展中成员的贸易政策进行一次审议。

按照第 18 条，我国认真完成了入世前 10 年的一年一次过渡期审议。审议期间，我国以开放坦诚的姿态，介绍国内宏观经济和贸易投资政策发展情况，听取其他成员对中国贸易政策的意见和建议。世界贸易组织成员赞赏中国参与审议的态度，认为中国履约、合规、开放的良好形象为发挥审议机制作用树立了典范。政策审议保障了中国这一最大发展中经济体顺利融入世界体系。与此同时，我国积极参与对其他成员的审议。加入世界贸易组织以来，我国向被审议成员提交书面问题和贸易关注数千项，敦促其他成员遵守世贸组织规则和有关承诺，为维护和强化审议机制功能发挥了积极作用。

## （三）促进世贸组织新议题讨论

中国推动世贸组织积极回应投资便利化、中小微企业、电子商务等世贸组织成员普遍关注的新议题并开展相关讨论。中国发起成立“投资便利化之友”，推动达成《关于投资便利化的部长联合声明》。加入“中小微企业之友”，推介中国在世贸组织相关提案中关于支持中小微企业的内容。加入“电子商务发展之友”，积极推动世贸组织电子商务议题多边讨论，分享经验做法，帮助发展中成员从发展电子商务中受益。此外，中国积极推动实施《贸易便利化协定》。中国组建了国家贸易便利化委员会，各有关部门通力协作，提高贸易便利化水平。截至2017年，各省（自治区、直辖市）已经建立了贸易便利化工作联席会议制度，积极做好本地区贸易便利化相关工作。在履行该协定方面，中国的A类措施（协定生效后立即实施）所占比重达到94.5%，目前仅保留4项B类措施（协定生效后经过一定过渡期后实施）。中国将严格履行承诺，在3年过渡期后如期实施B类措施。[1]

## （四）维护发展中成员的利益

长期以来，国际规则的演变并未反映发展中成员的利益需求。虽然国际组织强调全球经济治理中的发展目标，从实践效果看，发展问题并没有得到真正解决。在《关税与贸易总协定》贸易谈判的历史上，主要谈判一直是围绕着发达成员的利益展开的。在《关税与贸易总协定》第一轮谈判中，发展中成员拥有最大利益的服装纺织品和农业一直被排挤在《关税与贸易总协定》的谈判桌外。20世纪80年代，发展中成员积极参与了乌拉圭回合谈判，但乌拉圭协定运行的效果与贸易谈判主旨相违背，世界上许多国家变得更贫困了。2001年启动的多哈发展回合谈判定久拖不决，反映了世界贸易组织对发展的忽视。

---

1　国务院新闻办公室：《〈中国与世界贸易组织〉白皮书（全文）》，2018年6月28日，http://www.scio.gov.cn/zfbps/32832/Document/1632334/1632334.htm，访问日期：2021年11月20日。

从经济发展的结果看，发展赤字在扩大。在生产领域上，很多发展中经济体尚没有实现工业化，没有参与到全球价值链分工中；在贸易上，发达经济体在世界贸易市场中经常出现垄断情况，通过价格歧视、渠道等影响国际市场；在技术上，众多发展中经济体在技术研发能力不足，与发达经济体相比有差距，特别是在步入第四次工业革命之际，发展中经济体和发达经济体的技术鸿沟正在拉大。

发展是世贸组织工作的核心，世贸组织各项协定规定了特殊与差别待遇条款，但相关条款以“最佳努力”义务为主，执行情况并不令人满意。目前，个别成员没有考虑发展中成员与发达成员之间的全方位差距，质疑发展中成员享受特殊与差别待遇的权利，甚至要求一些发展中成员承担与发达成员相同的义务。

中国已经与多个世贸组织成员提交了关于特殊与差别待遇的联合提案，要求继续维护发展中成员享受特殊与差别待遇的权利。我国主张增加技术援助的针对性，确保其有助于发展中成员融入多边贸易体制和全球价值链，坚持发展中成员积极承担与其发展水平和经济能力相符的义务。

## （五）参与世界贸易组织争端解决机构

自 1955 年世界贸易组织争端解决机制开始运作以来，受理的大量案件得到有效的解决，说明该机制在解决成员间贸易争端中发挥了重要作用。2006 年，在改善《争端解决谅解》（DSU）谈判过程中，美国首次正式提出了咨询意见问题。2018 年和 2019 年，美国在其《贸易政策议程》文件中抨击争端解决机制的上诉机构，认为上诉机构报告自动通过机制（“反向协商一致”规则）导致上诉机构权力过大、上诉机构裁决具有极强的约束力，并认为世界贸易组织争端解决机制限制了美国的行动自由或自由裁量空间。美国还持续阻扰启动上诉机构成员遴选程序，最终使上诉机构正式停摆，影响了世界贸易组织争端解决机制乃至多边贸易体制的正常运行。

我国对世界贸易组织争端解决机制中的发展条款给予了高度关注，积极参与改进争端解决程序的谈判，支持世贸组织上诉机构独立公正开展上诉审议工作。中国主张，世贸组织改革应优先处理危及世贸组织生存的关键问题。目前，个别成员阻挠启动上诉机构成员遴选程序，滥用国家安全例外条款采取征税措施，并以国内法为由采取单边主义措施，冲击多边贸易体制的规则基础。中方认为，改革应尽快解决上诉机构成员遴选问题，并将违反世贸组织规则的单边主义和保护主义做法关进制度的笼子，确保世贸组织各项功能的正常运转。[1]

### （六）提供全球贸易治理的公共产品

在全球化出现逆流，很多国家走向保护主义老路的时候，我国提出“一带一路”倡议，明确表示对自由贸易的坚守，这是对现有多边贸易体系的尊重，并提供了全球贸易治理改革的公共产品。不但如此，“一带一路”注意到了发展中经济体的本质需求，提出共同发展目标，超越了传统贸易体系的贸易自由化目标，将全球贸易治理的首要任务回归到经济发展，回归给更多数的国家。

1　商务部：《中国关于世贸组织改革的立场文件》，2018 年 12 月 17 日，http://www.mofcom.gov.cn/article/jiguanzx/201812/20181202817611.shtml，访问日期：2021 年 12 月 1 日。

习近平总书记强调，中国提出“一带一路”倡议，就是要实践人类命运共同体理念；在全球治理的经济目标方面，提出了“共同发展”，破解了全球经贸治理的困境，注意到了发展中国家的本质需求；在全球治理过程论中，中国首次提出了“对接”（connectivity），强调了全球治理主要基于协调；在全球治理的内容方面，提出了“五通”，五通形象说明了政策顶层设计、基层支持及经贸合作具体领域之间的联系。

在“一带一路”倡议推进中，最为常见的政策术语之一是“对接”，对接反映了中国全球治理公共产品的特色。对接并不是一个全球经贸治理的传统用语，几乎没有国家在国际经贸事务上使用这一用语，它是由中国首次提出的。中国用对接这一术语表达自由贸易区的对接，“一带一路”倡议和欧亚经济联盟对接，或者与国际组织的对接，如联合国敦促各国为“一带一路”建设加强发展政策对接。对接是建立在各国经济发展具有契合点的基础上的协调，这一中国式贸易治理术语孕育着全球治理新要素的幼芽。从内容上看，对接的范畴远远大于国际贸易，表现为贸易、投资规则和产业政策的整合，是全球贸易治理规则从注重边境规则向边境内规则的扩展。从行为方式上看，对接就共同关心的领域达成共识，体现了量力而行、从能够合作的领域开始的特点，这种行为方式达成协议快、成本低，解决了当前全球贸易治理失灵的问题。

## 三、中国推动世界贸易组织改革

世界贸易组织在推动国际经贸活动和全球贸易治理方面做出了巨大贡献，成就有目共睹。当前，世界经济面临百年未有之大变局，新的科技变革正在上演，全球产业链不断升级改革，数字时代已经来临，但世界贸易组织规则不但未能与时俱进制定出新规则，而且其权威性也备受挑战。多哈发展回合谈判进行近 20 年之久，除《贸易便利化协定》等少数几项新协定外，在货物贸易、服务贸易、反倾销、反补贴以及贸易新议题等核心领域毫无建树，为了维护世贸组织的权威性和有效性，进行世界贸易组织的现代化改革极其必要。在全球化面临逆潮、全球经贸治理出现倒退之时，只有改革世界贸易组织，才能使多边体系维持运行。

应当看到，虽然世界贸易组织规则和机制设计落后于全球贸易体系的变化，存在诸多问题和缺陷，但世界贸易组织多边治理体系在促进世界经济和贸易发展方面发挥了不可替代的作用。因此，我国坚定支持多边贸易体系，积极推动世界贸易组织改革。

我国政府向世界贸易组织递交了世界贸易组织改革方案，认为改革应坚持三项基本原则：第一，维护非歧视、开放等多边贸易体制的核心价值，为国际贸易创造稳定和可预见的竞争环境；第二，保障发展中成员的发展利益，纠正世贸组织规则中的“发展赤字”，解决发展中成员在融入经济全球化方面的困难，帮助实现联合国 2030 年可持续发展目标；第三，遵循协商一致的决策机制，在相互尊重、平等对话、普遍参与的基础上，共同确定改革的具体议题、工作时间表和最终结果。

世界贸易组织改革要解决全球治理中的主要问题，处理好穷国和富国的公平关系，保证贸易为发展服务。因此，中国的世界贸易组织改革方案应重点关注以下基本问题。

## （一）改革须关注发展问题

《马拉喀什建立世界贸易组织协定》开篇就强调了发展问题，指出各参加方“在处理他们在贸易和经济领域的关系时，应以提高生活水平、保障充分就业、保证实际收入和有效需求的大幅稳定增长”为目的，“应依据可持续发展的目标，考虑到世界资源的最佳利用，寻求既保护和维护环境，又依据各自不同经济发展水平的需要和关注相一致的方式”采取行动。

联合国对发展的基础性地位及其合理性和正当性做了系统、全面的阐述。1986 年 12 月，联合国大会通过了《发展权利宣言》。1993 年，在第二届联合国世界人权会议上，发展权又被《维也纳宣言和行动纲领》确认为“一项普遍的、不可分割的权利以及基本人权的一个组成部分”。

《发展权利宣言》明确了实现发展的两类义务主体：一类是个人，另一类是国家，将发展权从基本人权扩展到国家主权。《发展权利宣言》第 1 条第 1 款规定：“发展权是一项不可剥夺的人权，由于这种权利，每个人和所有各国人民均有权参与、促进并享有经济、社会、文化和政治发展，在这种发展中，所有人权和基本自由都能获得充分实现。”该条表明发展是一项“不可剥夺”的人权。第 1 条第 2 款规定了发展的主权权利，即“人的发展权利意味着充分实现民族自决权，包括在关于人权的两项国际盟约有关规定的限制下对他们的所有自然资源和财富行使不可剥夺的完全主权”。经济不平等是一种社会不平等，这是一种反启蒙，也是对人类美好生活图景的反叛。[1]

《发展权利宣言》第 3 条和第 4 条进一步规定了国家在国际上的主要责任。第 3 条第 1 款规定：“各国对创造有利于实现发展权利的国家和国际条件负有主要责任。”第 4 条第 1 款具体强调了国家应采取有利于发展的全球治理措施，指出“各国有义务单独地和集体地采取步骤，制定国际发展政策，以期促成充分实现发展权利”。

根据《发展权利宣言》和《马拉喀什建立世界贸易组织协定》，作为治理目标的“发展”可以界定为以下几个方面。第一，发展的义务主体包括个人和国家，发展是一项不可剥夺的人权，也是一国的完全主权。各国应参与国际发展政策的制定，国际组织可以看作是派生的承担发展义务的主体。第二，发展是作为个体的人的发展，根据《马拉喀什建立世界贸易组织协定》，个体的人有享受生活水平提高、充分就业、实际收入和有效需求的大幅稳定的权利。除此之外，人享受发展进程结果的权利，也包括参与这一进程的权利。第三，发展是作为国家的发展，国家有自由地参与和增进经济、社会、文化和政治的全面发展并享受发展利益的一种资格或权能。促进发展是国家的责任。第四，发展权已超越国际人权法的特定范围，成为指导包括世界贸易组织在内的国际关系各领域的一般国际法原则。第五，发展应是全面发展和协调发展。《马拉喀什建立世界贸易组织协定》强调了可持续发展。

1　高礼杰：《人权叙事中的社会发展与个人权利——纪念〈发展权利宣言〉通过 30 周年》，《广州大学学报（社会科学版）》2017 年第 11 期。

我国强调发展是人类社会永恒的主题。习近平主席在评价联合国《发展权利宣言》时强调："中国坚持把人权的普遍性原则同本国实际相结合，坚持生存权和发展权是首要的基本人权……中国积极参与全球治理，着力推进包容性发展，努力为各国特别是发展中国家人民共享发展成果创造条件和机会。"

2018 年 6 月，我国发布《中国与世界贸易组织》白皮书，白皮书阐述了中国致力于人的发展、全球共同发展的价值趋向。白皮书写道："中国将以更大力度、更高水平的对外开放促进全球共同发展，为各国分享中国红利创造更多机会。中国愿与全球贸易伙伴一道，推动经济全球化朝着更加开放、包容、普惠、平衡、共赢的方向发展，让不同国家、不同阶层、不同人群共享经济全球化的好处。"[1]

## （二）将共赢作为价值共识

所谓价值共识，具体指对问题或意见的一致性。这种价值共识的达成需要世界贸易组织成员间通过平等交往、对话来实现。世界贸易组织规则的制定、革新和发展过程，实际上就是不断形成价值共识的过程。这个过程是一个持续不断的论证、试验和纠偏过程。世界贸易组织体系已经处于比较危险的时刻，主要原因之一是现行世界贸易组织体系缺乏价值共识，需要重塑价值。

所谓共赢，就是作为一种利益关系的体系能够保持和谐、减少冲突，是各种利益关系的平衡，是一种利益分配的价值共识。共赢不是建

1 国务院新闻办公室：《中国与世界贸易组织》白皮书，2018 年 6 月 28 日，http://www.scio.gov.cn/zfbps/32832/Document/1632334/1632334. htm。

立在强权基础上的。历史上，类似威尔逊主义这种以霸权的形式来推广全球价值观的方式颇为常见。

在全球贸易治理体系中，国际贸易中的利益分配日益成为全球治理的核心问题。在此情况下，我国多次提出共赢的价值取向，并得到越来越多国家的认可，互利共赢成为贸易利益分配的基本价值共识。共赢的前提条件是要清楚各成员的利益关系。《关税与贸易总协定》乌拉圭回合的谈判结果达到了法律上的平衡，但由于发展中成员特别是非洲国家服务业和科技产业的落后，并不清楚自己在这些领域的利益是什么，所以乌拉圭回合协议的经济利益分配并不平衡。共赢是各种利益关系的平衡，它需要在包容的基础上识别问题、认识差距，最后走向平衡。

此外，取得共赢的价值共识需要集体行动。在世界贸易组织谈判中，各方追求自我利益最大化是合理的。但是，正是这种完全基于自我视野的立场会造成体系失灵，每个国家都因此会蒙受损失。发展中成员应采取集体合作的策略，而发达成员更应该采取相对协调的态度，只有这样，世界贸易组织改革才能推进。

### （三）维护发展中国家的“特殊与差别待遇”

特殊与差别待遇（SDT）条款是世界贸易组织的一个特殊条款，该条款赋予“发展中国家”特殊的权利，要求发达国家在对待它们时使用比其他成员更为优惠的政策。根据世界贸易组织秘书处的分类，特殊与差别待遇条款有六种类型：(1) 旨在增加发展中成员贸易机会的规定；(2) 要求所有世界贸易组织成员保障发展中成员利益的规定；(3) 承诺、行动的灵活性以及政策工具的应用；(4) 过渡期；(5) 技术援助；

（6）有关最不发达国家的规定。

实践中，特殊与差别待遇条款包括对发展中国家进行资金上的帮助，使它们能够承担参与世界贸易组织活动时有支付费用的能力，协助发展中国家及时抓住贸易契机。另外，发展中国家在执行世界贸易组织协定时有特殊的过渡期，甚至可以选择是否遵照协议要求进行制度改革。条款还规定发达国家必须为发展中国家提供优惠的市场准入、允许发展中国家采取产业补贴政策，在关税降低水平上，发展中国家也有一定的自主权。

在乌拉圭回合谈判中，许多发展中国家曾表示不签署协议的损失要小于签订一个对自身不利的协议。发展中国家的这一担忧后来变成现实，并导致1999年在西雅图世界贸易组织部长级会议上发展中国家拒绝发起新一轮谈判。

2001年世界贸易组织多哈部长级会议被定位为是一个发展回合，《多哈宣言》第44条体现了特殊与差别待遇原则："对于发展中国家特殊与差别待遇的条款应该作为世界贸易组织所签订协议的一部分。"

多哈回合启动后的2003年世界贸易组织坎昆部长级会议却以失败告终，发展中国家变得谨慎起来，提出多哈谈判必须以给予发展中国家特殊与差别待遇为前提，并要求特殊与差别待遇条款更具体。坎昆部长级会议失败后，时任欧盟贸易委员会委员帕斯卡尔·拉米曾提议在农产品以及工业品领域对最不发达国家以及其他一些极易受到损害的发展中国家不对等开放市场，发达国家为发展中国家提供更多的市场准入。

经济学家约瑟夫·斯蒂格利茨曾在坎昆会议后提出一个市场准入建议，他强调所有国家都必须参与到一个强制实行优惠政策的贸易体系中，并根据各自的经济情况分担义务，在所有的产品领域为所有比自己弱小和贫穷的发展中国家提供自由市场准入。他举例说，“发展中国家可以预期自由进入具有以下两个特点的市场，一是国内生产总值（GDP）较高，二是人均国内生产总值较高……埃及可以获得类似美国这样国家的自由市场准入，同样埃及必须向乌干达提供自由市场准入”。这一提案要求发达国家实行最大限度的自由化，而经济发展水平最低的国家自由化程度的要求最低。斯蒂格利茨的提案有一定参考价值，提案动员了所有国家参与，注意到了所有国家的差别，并提供合理的差别优惠。这一方案针对当前对发展中国家内部发展水平不一致的争论，它要求发达国家和经济体量大的发展中国家做出更多的自由化承诺。世界贸易组织改革应在尊重发展中国家特殊与差别待遇的基础上推进。

### （四）重视非市场经济地位问题

中国加入世贸组织议定书第 15 条规定，世界贸易组织成员对中国企业进行反倾销调查确定相关产品价格和成本时可有两种选择：一种是采用中国的成本和价格，另一种是不使用中国成本和价格。如被调查中国企业能证明其所处行业符合市场经济条件，世界贸易组织进口成员就应用中国的成本和价格；如果中国企业不能证明所处行业具备市场经济条件，进口成员就可以不用中国的成本和价格。同时，第 15 条的规定，该条款在反倾销方面的适用期是 15 年，即 2016 年 12 月 11 日应自动失效。

加入世界贸易组织后，中国主动发起市场经济地位谈判，至今，全球 80 多个国家已承认中国为市场经济国家，包括一些发达国家如瑞士、新西兰、澳大利亚等。但美国、欧盟等主要贸易伙伴和发达经济体却一直未承认中国的“市场经济地位”。2016 年 12 月 11 日第 15 条自动失效后，美国和欧盟等仍继续使用“非市场经济地位”条款约束中国。2017 年 11 月，美国政府向世界贸易组织提交了一份长达 40 页的法律申请，反对中国自动获得市场经济地位。可以预测，在世界贸易组织改革的谈判中，非市场经济问题将是焦点议题。

世界贸易组织在促进全球贸易增长和全球贸易治理方面发挥了不可替代的作用。展望未来，世界贸易组织改革仍困难重重，预计世界贸易组织成员将在一些议题上继续僵持，例如特殊与差别待遇、非市场经济等议题暂且看不到协调的可能。中国应积极参与谈判，在捍卫经济主权利益的同时促进全球贸易治理走向更加公正、合理。

# 中国与国际金融治理体系改革

刘翔峰*

世界正在经历新一轮大变革、大调整，国际力量对比发生重大变化，[1] 经济金融全球化既深入发展又面临挑战，国际金融治理体系面临着深刻变革。国际金融治理主要针对货币和金融危机及金融新领域进行监管，治理主体遵循着统一的规则规范和组织决策程序，[2] 旨在维持全球金融秩序稳定。国际金融治理重点在20世纪初到90年代体现为国际货币体系治理，随着全球经济发展不平衡、金融全球化以及金融危机频现而逐渐转向国际金融危机治理，目前各国央行加快联合研究法定数字货币跨境流动又赋予了数字经济时代的国际金融治理监管新的含义。以2008年金融危机为分界，[3] 发达经济体主导制度性规则的局面有所改变，发展中经济体拥有了部分话语权，人民币国际化标志着中国开始参与国际金融治理，数字货币跨境流动探索说明，中国正积极参与全球金融治理体系改革新规则制定，并积极提升国际金融治理能力，希望实现

* 刘翔峰，中国宏观经济研究院研究员。

1 张蕴岭：《在大变局中把握发展趋势》，《理论导报》2019年第3期。

2 张发林：《全球金融治理体系的政治经济学分析》，《国际政治研究》2016年第4期。

3 Ramesh Thakur & Luk Van Langenhove, "Enhancing Global Governance Through Regional Integration," *Global Governance* 12, no. 3 (2006): 293.

国际金融体系和秩序的合作性变革，推动世界向新发展范式转变。[1]

## 一、中国与国际货币金融体系的历史沿革

国际金融治理核心内容由国际货币体系治理逐渐转向后金融危机时代的全球传统金融机构职能与运行机制的改革，以 2008 年金融危机为界，中国从国际金融治理规则的被动接受者逐渐成为规则改革的参与者和主动执行者，逐渐进入国际金融治理机制的核心，并成为改革的积极推动者和重要贡献者。

### （一）2008 年前中国逐渐接受国际金融治理体系规则

这一阶段，是以发达经济体为主导的国际金融秩序建立完善阶段。首先，塑造国际金融秩序。美国二战后凭借实力建立起美元与黄金挂钩的布雷顿森林体系，并在全球经济治理中起主导作用，该体系运行下的国际货币基金组织（IMF）、世界银行（WB）、《关税与贸易总协定》（GATT）等三大机制，分别进行全球货币治理、全球发展融资治理以及全球贸易治理，塑造着战后国际经济秩序，以美国为首的多边国际金融治理机制也逐渐成形。其次，货币体系的不稳定性先天存在。从历史看，布雷顿森林会议确立了以美元为中心的国际货币制度，美国承诺以 35 美元/盎司的价格兑换黄金，各国货币与美元挂钩，实行固定汇率

1　张蕴岭：《战略机遇期需要良好国际环境》，《前线》2021 年第 3 期。

制，但20世纪60年代和70年代美元大贬值并变为汇率浮动货币，其他货币也跟随变为浮动货币，[1] 美元具备了完全可兑换性，1976年《牙买加协定》认可了浮动汇率制度的合法性，形成了以美元为主导、多种储备货币并存的货币体系，但这种以一国货币为支柱的国际货币体系是不可能保持长期稳定的，美元作为国际储备货币面临“特里芬困境”，美元周期性带来全球性流动性过剩或短缺，带来了对全球金融不稳定潜在危机治理要求。[2] 各国作为治理主体要共同面对解决国际金融运行风险，一致性利益需求成为国家合作协调的基础，[3] 经过利益博弈演变，治理规则体系形成，美元流动性导致的金融不稳定风险成为治理核心内容。再次，发达经济体掌控国际金融的治理话语权。美国等发达经济体作为主导者建立的国际金融治理机制，掌控着国际货币基金组织、世界银行等金融机构的关键份额、投票权、规则和议题设定等制度性内容的话语权。1976年，美、德、日、英、法、意、加组成七国集团（G7），形成了就共同关心的重大问题进行磋商会晤的机制，而因拉美债务危机、亚洲金融危机等此起彼伏。1997年，七国集团邀请俄罗斯组成八国集团（G8），但俄经济实力与西方七国相差悬殊，被排除在讨论全球经济及金融汇率等核心问题之外。[4] 这种以发达经济体利益为考量的金融治理机制，存在着治理主体、治理法制碎片化和国际金融组

---

1　Junji Nakagawa, "Multilateralism and Regionalism in Global Economic Governance," in Junji Nakagawa, *Multilateralism and Regionalism in Global Economic Governance: Finance, Trade, and Investment* (New York: Routledge, 2011), p. 6.

2　Junji Nakagawa, "Multilateralism and Regionalism in Global Economic Governance," 2011, p. 5.

3　冯永琦、于欣晔：《后疫情时代全球金融治理体系建构与中国策略选择》，《东北亚论坛》2020年第29期。

4　美国金融霸权的国际制度基础经历了布雷顿森林体系和七国集团的两个时代变迁。参见李巍：《制度之战：战略竞争时代的中美关系》，社会科学文献出版社，2017，第106页。

织权责机制对发展中经济体不公平、不合理等各种弊端。最后，中国于1980—2008年主动参与全球经济治理，恢复了自身在世界银行和国际货币基金组织的合法席位，并于2001年加入世界贸易组织（WTO），在这一时期中国是国际金融治理体系的规则接受者。

## （二）2008年后中国主动参与国际金融治理机制改革

国际金融秩序重塑取决于各国经济发展和大国竞争的结果，2008年全球金融危机爆发，世界经济格局发生了深刻变化，可持续包容发展目标的实现受阻，传统国际金融组织改革成为焦点，中国等发展中经济体开始参与推动国际金融治理体系改革，提升发展中经济体的制度性话语权，提高国际金融治理效率。

### 1. 参与治理规则，提供治理理念

发达经济体主导着国际金融体系议题改革。国际金融体系由布雷顿森林体系所建立的国际货币基金组织和世界银行集团、一战后建立的国际清算银行（BIS）、七国集团，以及各区域性开发银行（如欧洲复兴开发银行、亚洲开发银行、非洲开发银行、泛美开发银行等）等共同构成，发达经济体则一直主导国际金融体系的话语权。[1] 而发展中经济体群体性崛起，提升了在国际金融体系的代表性，加上美国和欧洲相继爆发金融危机打破了以发达经济体为主导的金融体系治理神话，几类动因

1 盛斌、马斌：《全球金融治理改革与中国的角色》，《社会科学》2018年第8期。

相互作用推动国际金融治理体系持续改革。这一时期，对国际金融发展趋势及规律认知的治理理念发生重要变化，世界权力部分转移，以中国为首的发展中经济体开始参与多边主义的国际金融治理，以扩大发展中经济体的发言权和代表性为核心、以防止发生重大金融危机为根本目标的国际金融治理改革持续推进。[1]

国际金融治理重心转向维护全球金融市场稳定合作监管。金融监管标准制定类的金融组织主要包括国际清算银行（BIS）和金融稳定委员会（FSB）。国际清算银行致力于扩大各国货币当局和金融监管部门合作，制定全球银行监管标准、监测金融市场稳定、监测支付和市场基础设施发展、检查金融市场运行与制定外汇市场行为准则、应对货币和金融稳定、提高货币当局治理水平等问题，发达经济体依然是优势方，把控了国际清算银行的议题与规则设定权。金融稳定委员会成立于2009年二十国集团伦敦峰会，受二十国峰会官方委托为全球金融系统提供观察报告和政策建议，由国际清算银行（BIS）赞助，但与BIS不存在汇报关系，FSB对全球金融系统具有重要影响，其职能是评估全球金融体系脆弱性，监管监控市场发展，与国际货币基金组织合作提供国际财务困境预警，处理对跨境大型金融机构监管，协调国际标准制定机构的工作。[2] 二十国集团领导人会议由二十国集团部长和财长会议升级而来，二十国集团峰会成为宏观经济政策协调的重要平台，形成了多层次的国际金融监管组织体系。在国际清算银行和金融稳定委员会主导下，全球

1　宋国友：《国际金融治理的当前困境、改革取向与中国政策》，《天津社会科学》2019年第3期。

2　为应对1997年亚洲金融危机，七国集团1999年成立金融稳定论坛，旨在增加国家和国际监管机构与全球金融制度之间的协调，2009年二十国集团伦敦峰会上金融稳定论坛升级为金融稳定委员会（FSB）。有学者认为金融稳定委员会是同“国际货币基金组织、世界银行、世界贸易组织”相并列的全球经济治理“第四大支柱”。

的金融监管范围扩大、监管工具完善、金融监管新标准和规则制定等改革取得明显突破，[1] 国际货币基金组织被要求在解决全球金融体系结构性缺陷上发挥更关键作用，[2] 各国监管机构对具有系统重要性的金融机构开始更多关注，紧密合作维护金融稳定和防范系统性风险。

中国提出构建平等的国际金融新秩序。由于发展中经济体实力增强，监管治理权力转移，发展中经济体与国际金融制度之间发生了一系列转变。2008 年也成为新一轮国际金融治理改革的起点，中国此后几乎参与了所有国际金融组织或多边框架规则改革，积极引导金融发展议程，创新全球金融治理理念。中国在二十国集团杭州峰会上明确指出，“全球经济治理应该以平等为基础，更好反映世界经济格局新现实，增加发展中经济体代表性和发言权，确保各国在国际经济合作中权利平等、机会平等、规则平等”，这为构建公平公正和包容有序的国际金融新秩序指明了新的方向。中国在此峰会上还发起绿色金融研究小组，把绿色金融首次列入二十国集团议题，提交的《二十国集团数字普惠金融高级原则》等重要文件成为世界普惠金融发展的指引性文件，中国智慧开始融入全球金融治理的各项工作。

## 2. 参与存量改革，提升发展中经济体话语权

存量改革是国际金融治理改革的逻辑起点和现实。在以美元为中心的国际货币体系中，国际货币基金组织提供短期资金借贷以保障国际货

1 盛斌、马斌：《全球金融治理改革与中国的角色》，《社会科学》2018 年第 8 期。

2 Fariborz Moshirian, “Global Governance and Financial Stability,” *Journal of Banking & Finance* 55 (2015): 55.

币体系稳定，世界银行提供中长期信贷以促进成员经济复苏，现有国际金融治理改革主要围绕上述体系框架进行，由于传统金融机构的资本实力仍是压倒性的，世界银行现有资本约 4058.98 亿美元，[1] 国际货币基金组织现有资本约 1.3 万亿美元，[2] 美国和欧洲还主导着各类多边开放性金融机构，治理改革必须务实前行。这类国际组织份额改革是在原有治理架构内实施，是一种“体系之内”而非体系之外的改革，在巩固原有金融治理体系的基础上，切实提升发展中经济体的投票权，积极推动其他中等收入国家发挥建设性作用。二十国集团所倡议的国际金融治理方向是推动传统国际金融机构实施改革，客观上巩固了上述机构的地位，世界银行、国际货币基金组织等的份额改革是国际金融治理结构改革的核心，也是发展中经济体和发达经济体的矛盾焦点，关系到国际金融组织治理的合法性和代表性，也体现着发展中经济体的话语权提升。

国际货币基金组织份额改革继续增强发展中经济体的代表性和发言权。国际货币基金组织职能是维护国际金融稳定，预防因国际收支问题引发金融危机，为成员提供危机救助，鉴于此，国际货币基金组织需要充足的资金来源和救助能力，合理的份额缴纳决定着投票权分配、宏观经济和金融稳定性的监控管理能力，以及提供种类不同的贷款工具满足成员多样性需求。[3] 份额改革是国际货币基金组织各项改革的难点，份额缴纳是成员的义务，决定着各国在国际货币基金组织决议的投票权大小和特别提款权分配，还与最大限度获得国际货币基金组织救助贷款额度相关联。2016 年国际货币基金组织的份额改革方案正式生效，美国

1 The World Bank, “Management’s Discussion & Analysis and Financial Statements,” *The World Bank Annual Report*, 2017.

2 IMF, *Financial Statements for the Quarters Ended,* January 31, 2018 and 2017.

3 高海红：《国际货币基金组织份额改革评析》，《中国金融》2019 年第 6 期。

占总份额的 17.4%，居于第一；日本占 6.5%，位居第二；中国拥有 6.4%的份额，位居第三；德国、法国、英国、意大利、印度、俄罗斯和巴西分别以 5.6%、4.2%、4.2%、3.2%、2.8%、2.7% 和 2.3%的份额名列前 10 位。国际货币基金组织向新兴国家转移超过 6%的份额，其份额从 38.4%增至 39.5%，投票权从 42.1%增至 44.7%。[1] 国际货币基金组织份额改革反映出中国等发展中经济体在全球经济中的影响力，其代表性和发言权显著增强，扩大了国际货币基金组织帮助成员应对危机和提供援助的能力，美国主导国际货币基金组织的现实并未实质改变。根据国际货币基金组织规定，国际货币基金组织重大事项调整至少要获得 85%投票权的支持，美国的投票权虽由 16.75%降至 16.5%，仍然手握重大决策一票否决权。不过，中国因经济实力上升和持续开放，已成为基金组织份额的重要贡献者，参与推动基金组织的治理构架持续改革，推动国际货币基金组织继续发挥全球金融稳定的重要保障功能。

世界银行份额改革实质性提高了发展中经济体的发言权和代表性。世界银行 2010 年通过了对份额、投票权、份额计算公式、理事会席位的改革方案，这次改革使中国在世界银行的投票权从 2.77% 提高到 4.42%，成为世界银行第三大股东国，仅次于美国和日本。发达经济体向发展中经济体转移了 3.13 个百分点的投票权，发展中经济体整体投票权从 44.06%提高到 47.19%；美国在世界银行的投票权占 16.4%，但其在执行董事会中的权力达 20.2%。[2] 世界银行的投票权改革方案体现了迈向发达经济体和发展中经济体平等分享投票权的重要步骤，并决定

1 高海红：《IMF 份额改革评析》，《中国金融》2019 年第 6 期。

2 Dennis Leech & Robert Leech, "Voting Power in the Bretton Woods Institutions," Warwick Economic Research Papers, No. 718, 2008, http://www2.warwick.ac.uk/fac/soc/economics/research/workingpapers/2008/twerp718.pdf.

了继续提高世界银行支持发展中经济体减贫发展的财务能力。2015 年 9 月，世界银行下属的发展委员会提出了关于份额、投票权和执行董事会改革的一系列建议，建议新的份额公式以在全球经济中的份额和对世界银行的贡献为基础，建议对份额进行 5 年定期检查，以实现投票权的平衡，并保护小国和穷国的投票权。

### 3. 提升金融治理能力，促进发展中经济体可持续发展

新型金融治理机制为满足区域和新兴国家的发展融资需要而产生。世界银行及多边开发银行的贷款和赠款多用于减贫，基础设施领域投入甚少，在解决全球平衡可持续发展上仍面临严峻挑战：一是全球发展鸿沟导致贫富差距扩大，最富有 1% 人口拥有全球财富的 82%，约 2 亿年轻人每天生活标准低于 2 美元，8 亿人极端贫困；二是全球发展援助机制不完善，发展问题集中于发展中经济体，但发达经济体是全球发展援助主要提供者，援助比例曾高达 90%，拥有绝对的话语主导权和规则制定权，但发达经济体经济长期不景气，国际发展融资资金大规模减少。为增强世界银行等机构弥补公共产品供给不足，提高应对国际金融危机能力，发展中经济体创设新型发展融资机制弥补现有体系缺陷，成为发展中经济体走出现有国际发展融资困境的重大举措，逐渐在国际发展融资体系中占有一席之地。[1]

新型金融机构以平等共治和互利共赢为治理原则。目前的全球发展融资体系以世界银行和各区域银行为主导，以发展中经济体新型金融机

---

1　刘翔峰：《亚投行在国际发展融资体系中将成为重要支柱》，《全球化》2016 年第 7 期。

制为补充，形成了多元有重叠但不冲突的协调各层次金融开发机制的全球发展融资网络体系。与传统金融组织的大国主导治理结构、以市场为导向的治理理念等不同，发展中经济体的理念是以平等参与和联合共治为治理结构、以发展导向为治理理念、以互利共赢为治理原则、采用多元和灵活的治理方式，致力于消除全球发展不平衡，为全球金融治理改革提供了新的方向。金砖银行和亚投行都体现了坚持平等合作、互利共赢、包容与互补的原则。金砖国家峰会是巴西、俄罗斯、印度、南非和中国五个国家召开的会议，五国被称为“金砖国家”（BRICS），2014年建立新开发银行和签订应急储备安排协定，就是汲取亚洲金融危机和全球金融危机的教训而采取的自救举措。[1] 中国2013年提出“一带一路”倡议，为沿线很多发展中经济体基础设施建设的资金困难提供了投融资支持。中国2014年出资400亿美元成立丝路基金，2015年成立亚洲基础设施投资银行（AIIB），目标都是解决发展中经济体的发展融资困境，切实增强全球金融政策协调有效性，促进全球经济可持续性发展。

## 二、人民币国际化与国际金融治理改革

人民币国际化是中国在国际金融治理的制度性话语权的关键指标，[2] 成为中国参与国际货币体系改革的客观体现，也是推动国际储备货币多元化改革目标的重要力量。

---

1　何亚非：《选择：中国与全球治理》，中国人民大学出版社，2015，第99页。

2　张礼卿：《全球金融治理面临的八个问题》，《中国外汇》2021年第4期。

## （一）美元本位制对当代国际货币体系的不利影响

国际金融治理实质是保障货币安全性和金融机构正常运营，缓解美元流动性带来的短期和长期金融风险。美元本位制对当代国际金融体系有两方面的不利影响。一是美元发行不受约束，国际货币流动性与清偿力的“特里芬难题”依然困扰国际经济秩序，美国货币政策优先考虑国内经济稳定需要，并非以全球经济稳定作为出发点，美国经济在历次危机中不仅不是最糟的，其全球经济主导地位反而提升，外部失衡有效改善，因此，现行国际货币体系格局下的美元不受约束地发行才是周期性的国际金融危机的深层次根源。二是美国货币政策负面外溢缺乏约束，美元储备货币优势使美国在金融危机时实施量化宽松货币政策，引发国际资金大规模流动，导致发展中经济体外债规模大幅攀升，其退出量宽政策则可能使发展中经济体陷入偿债危机。从 2008 年全球金融危机到 2020 年新冠肺炎疫情，美国的量化宽松的财政与货币政策对全球金融稳定构成严峻的挑战，主要发达经济体实行零利率甚至负利率政策，大规模财政刺激推高政府债务规模。2020 年 5 月后近一半国际货币基金组织成员表达了获得流动性支持的期望，很多低收入国家已深陷外债偿付困境，再次反映出美元本位制导致国际金融体系出现的功能性危机。

从趋势看，美国货币政策可能导致未来发展中经济体汇率危机。发展中经济体货币大部分是盯住美元的汇率安排，未来美元升值趋势中的发展中经济体汇率在未来三至五年会呈现贬值态势。可见美元本位制对各国汇率尤其是发展中经济体汇率存在潜在危机，随时会遭遇汇率危机，以及金融市场的大幅震荡，都会使其财富被美国掌控的金融市场部分吞噬。[1]

从现实看，以美元为核心储备货币的国际货币体系仍在发展。一是美元本位制是现代国际货币体系的支柱，目前没有替代者，美元不仅绑定了全球战略性商品交易的计价和结算权，还拥有资本流动绝对优势。二是美元霸权在未来五到十年很难遇到实质性挑战，国际储备货币份额不会有太大改变。虽然对单一主权货币依赖过大易带来国际金融体系脆弱性，但引入超主权货币，无论是特别提款权还是新设纸黄金都是基于信用本位，涉及货币主权甚至财政主权让渡的操作很困难，其他国际货币对美元虽有一定替代性，但美元本位制与货币储备多元化并存的现实仍将长期存在。三是发展中经济体为规避风险会增加黄金储备，美元过度供给带来全球流动性膨胀，为挽救经济推出的量化宽松政策给新兴国家经济带来严重打击，部分发展中经济体正不断减少美元储备，增加更为保值的黄金储备以对冲风险。

## （二）人民币国际化推动国际货币体系改革

人民币国际化由跨境结算走向国际储备资产展现了中国参与国际金融治理的进程，人民币已经成为全球第五大支付货币和第五大储备货币，实质性地推动了国际储备货币体系多元化并促进世界经济稳定发展。

1　刘翔峰：《中国参与国际货币体系重塑的思考》，《中国发展观察》2014 年第 12 期。

### 1. 扩大人民币跨境使用，减弱美国货币政策负面溢出效应

美元意味着全球流动性，美元贬值带来外汇储备巨大贬值风险，中国为寻求与经济实力相匹配的货币地位，人民币国际化应运而生并快速发展。一是推进人民币跨境贸易投资结算。人民币国际化指人民币跨境流通并成为普遍认可的国际结算、投资、计价及储备货币。[1] 2009 年开启跨境结算试点，人民币跨境贸易结算从 2010 年 5063 亿元上升到 2020 年 6.77 万亿元，人民币跨境直接投资结算从 2010 年 280 亿元到 2020 年创下 3.81 万亿元新高。[2] 环球银行金融电信协会数据显示，2011 年末人民币在国际跨境结算中份额仅占 0.29%，2015 年 8 月达 2.79%，排名第 4。二是推出各类人民币产品。人民币存贷款、人民币债券等金融产品和“沪港通”“深港通”“沪伦通”等金融基础设施不断推出，积极与他国开展本币互换、建立人民币清算行等金融合作，满足国际市场对人民币的融资和避险需求，这些扩大人民币在贸易、投资、金融交易的措施有助于打破美元“一家独大”局面，对美元形成一定牵制，削弱了其货币政策对广大发展中经济体的负面溢出。[3]

---

1　国际储备货币是一国政府持有可直接用于国际支付的国际通用的货币资金，为一国政府为维持本国货币汇率稳定而能够随时动用的对外作为国际储备货币的黄金或干预外汇市场的一部分国际清偿能力。

2　张明：《新周期下推进人民币国际化的策略与思路》，和讯网，2021 年 7 月 21 日，http://news.hexun.com/2021-07-21/203999863.html，访问日期：2021 年 7 月 17 日。

3　程贵：《人民币国际化赋能全球金融治理改革的思考》，《兰州大学学报》2019 年第 6 期。

### 2. 完善人民币回流机制，推动人民币国际化可持续发展

离岸人民币市场发展加快强化了人民币投资功能。中国香港是全球最重要的人民币离岸中心，新加坡、伦敦等人民币离岸中心也在加快发展。根据万方数据（WIND），2009年末，香港人民币存款627.18亿元，2014年突破1万亿元；人民币贷款从2011年末308亿元增长至2016年9月3074亿元；开展人民币业务的金融机构从2009年60家增加至2015年7月的147家。海外新发人民币债券从2009年的164.47亿元，到2020年已累计发行超过2万亿元。从国际经验来看，储备功能是在结算、计价、投资基础上自然发展起来的，人民币回流机制完善利于其计价、投资、储备功能真正发展。目前人民币回流渠道还不完善，人民币资产从境内流向境外进行投融资可通过离岸市场，但境外人民币缺乏回流渠道成为投资资产，因利率和汇率市场化改革尚未完成，境内外人民币存在利率和汇率差异使得在岸和离岸市场容易滋生投机套利。2015年前我国推动了人民币以跨境贸易形式向离岸市场转移，但如果汇率预期变化和套利消失，这种推动人民币国际化的动力会大为削弱。投机需求驱动人民币国际化动能已经出现瓶颈，只有完善人民币回流机制，形成境外的真正市场需求，才能推动人民币国际化可持续发展。

加快国内金融市场开放和不断推出人民币计价产品。金融市场向纵深发展才能为境外投资者提供更丰富和更有流动性的人民币计价金融产品。一是近年金融市场开放不断推出各项举措。例如，放宽取消境外投资中国金融产品的额度限制；2019年9月取消合格境外机构投资者（QFII）和人民币合格境外机构投资者（RQFII）额度限制；加快境内

境外股票市场和债券市场互联互通，推进资产价格指数国际化，2017年以来加快沪港通、深港通、债券通等机制，2018年A股和债市相继被纳入MSCI中国指数、彭博巴克莱全球综合债券指数，提升了国际市场认可度；放宽外资金融机构的准入限制。2020年提前取消了证券、基金等金融机构外资持股比例限制，自贸港正成为人民币国际化和金融开放的前沿试点。二是不断推出中国大宗商品期货人民币计价产品来逐步打破国际大宗商品美元计价体系。2018年3月上海期货交易所子公司上海国际能源交易中心推出以人民币计价的原油期货并对境外投资者开放，[1] 2018年5月以人民币计价铁矿石商品期货引入了境外投资者，2021年6月原油期权在上海国际能源交易中心正式挂牌交易，天然气期货人民币产品等也已陆续推出。如果大宗商品期货人民币计价、石油人民币计价机制与"一带一路"能源产品人民币计价相结合，实现化优势互补，丰富创新人民币计价金融产品，离岸与在岸金融市场良好互动，就能大大拓展海外投资者尤其是发展中经济体投资境内人民币的渠道。

### 3. 提升储备功能和完善金融基础设施，凸显货币锚定效应

人民币被纳入特别提款权（SDR）货币篮子，成为继美元、欧元、日元、英镑之后的第五大国际货币。一是使得人民币成为各国外汇储备。据中国人民银行统计，已有70多个央行或货币当局将人民币纳入外汇储备。国际货币基金组织发布的"官方外汇储备货币构成"

1　上海原油期货交易所已成为全球仅次于布伦特原油（BRENT）和西德克萨斯中油之后的第三大原油期货交易所。

（COFER）也清晰地显示了人民币已经成为国际储备货币，截至 2020 年第四季度末，全球储备显示美元占 59.02%、欧元占 21.24%、日元占 6.03%、英镑占 4.69%、人民币占 2.25%，加元占 2.07%，澳元占 1.82%，人民币事实上已成为中国周边国家特别是一些东亚国家事实上的锚货币。环球银行金融电信协会（SWIFT）数据显示，人民币在全球支付份额从 2020 年 10 月的 1.66%上升到 12 月的 1.88%，全球支付份额排名第五，预示着人民币在国际储备货币和支付货币不断上升的趋势变化。二是服务于人民币的金融基础设施建设不断完善，逐渐形成以人民币跨境支付体系为基础，以人民币清算行为枢纽，以银行等金融分支机构为依托的清算网络。其中，跨境人民币结算系统（CIPS）一期和二期分别于 2015 年和 2018 年上线，覆盖 160 多个国家和地区，人民币清算系统覆盖 25 个国家和地区，中资银行的海外分支机构注重在离岸金融中心、"一带一路"、《区域全面经济伙伴关系协定》等重点区域的布局。三是加入特别提款权货币篮子。现行国际货币体系是以美元为主要储备货币，以欧元、英镑、日元、黄金、特别提款权等作为补充，发达经济体实施浮动汇率制或主要盯住美元的汇率制度安排。其中，特别提款权亦称"纸黄金"，1969 年国际货币基金组织发行，根据会员国认缴的份额予以分配，可偿还国际货币基金组织债务、弥补会员国政府之间国际收支逆差的一种账面资产，其价值由美元、欧元、英镑等一篮子储备货币决定。如会员国发生国际收支逆差，可用它向国际货币基金组织指定的会员国换取外汇，以偿付国际收支逆差或偿还国际货币基金组织的贷款，还可与黄金、自由兑换货币一样充当国际储备。[1] 因此，特

1 最初发行时每一单位等于 0.888671 克黄金，与当时的美元等值，旨在补充黄金及可自由兑换货币以保持外汇市场稳定。

别提款权作为复合储备资产，可在美元危机时提供一种国际储备资产以缓解美元国际流动性不足。1986 年国际货币基金组织将特别提款权货币篮子由 16 种货币减少为 5 种，包括马克、法郎、英镑、日元和美元。1999 年后因欧元成立，特别提款权货币篮子变为美元、欧元、日元和英镑，2011—2015 年货币权重变为美元为 41. 9%、欧元为 37. 4%、英镑为 11. 3%、日元为 9. 4%。[1] 2011 年二十国集团戛纳峰会提出“特别提款权组成应体现各种货币在全球交易和金融体系中所扮演的角色”的改革宗旨。[2] 2016 年 10 月人民币正式加入特别提款权货币篮子，权重变化为美元 41. 74%、欧元 30. 93%、人民币 10. 92%、日元 8. 33%和英镑 8. 06%。国际货币基金组织 189 个成员的联合份额从约 2385 亿特别提款权（约合 3340 亿美元）增至 4770 亿特别提款权（约合 6680 亿美元）。[3] 虽然实践中的特别提款权发行规模仅占全球储备的 4%，还难以真正发挥国际储备资产的作用，[4] 但是特别提款权构成变化反映出人民币开始成为国际储备货币。

## 4. 促进货币互换合作，提高人民币国际化水平

美联储扩大货币互换网络向国际金融市场注入美元流动性。美联储

---

1 G20 Research Group, “Cannes Summit Final Declaration-Building our Common Future: Renewed collective Action for the Benefit,” November 4, 2011, http: //www. g20. utoronto. ca/2011/2011-cannes-declaration-111104-en.html.

2 徐洪才：《变革的时代：中国与全球经济治理》，机械工业出版社，2014，第 125 页。

3 IMF Quotas: International Fund Factsheet, April 21, 2017, https: //www. imf. org/About/Factsheets/Sheets/2016/07/14/12/21/IMF-Quotas?pdf = 1.

4 Renu Kohli, “The International Monetary System: Mitigating Risks Form Dominance of the Dollar and the India’s Stance, ”in Parthasarathi Shome, *The G20 Development Agenda: An Indian Perspective* ( Delhi, India: Cambridge University Press, 2015) , p.204.

与全球主要中央银行不断扩大的货币互换网络，将自身政策干预范围由国内拓展到全球金融市场。[1] 在2008—2009年全球金融危机期间，美联储曾利用与多个中央银行的货币互换向国际金融市场注入美元流动性以帮助解决当时国际金融市场美元荒问题。2010年5月美元荒出现，美联储又重新与欧洲中央银行、瑞士中央银行、英格兰银行、日本银行、加拿大中央银行进行货币互换。2013年10月美联储宣布与五大中央银行的货币互换转为常备性互换安排，任何当事央行都可在自己司法辖区内以另外国家货币中的任何一种提供流动性，且没有限额、没有具体使用限制，中央银行货币互换提供临时性补充流动性的性质发生了根本性变化，意味着主要发达经济体之间的一个长期、多边货币、无限的超级储备货币网络成形。[2] 2020年3月美国又与韩国、澳大利亚、巴西、墨西哥、新加坡、瑞典、丹麦、挪威、新西兰等9国央行签署互换协议，临时性货币互换网络不断扩大。不过，美联储在货币互换选择上排斥发展中经济体，如秘鲁、土耳其、印度尼西亚和印度都曾想与美国签署货币互换而被拒绝。货币互换作为一种非正式的双边政策工具，当国家银行系统面临来自外国市场流动性风险挑战，可为决策者提供额外的金融安全保障，实际上是事前应急的危机管理机制，这种机制既能提供货币流动性，又能降低对储备货币的需求。美元主导的货币互换体系客观上使国际货币基金组织作为多边机构对国际货币体系的指导监督和“最后贷款人”角色的效力有所降低，它与国际货币基金组织一起为各国及金融市场提供缓冲，但并没有克服现存国际货币体系缺陷，本质上仍

---

1　夏乐：《央行间货币互换比较》，《中国金融》2020年第9期。

2　Renu Kohli, “The International Monetary System: Mitigating Risks Form Dominance of the Dollar and the India’s Stance, ”in Parthasarathi Shome, *The G20 Development Agenda: An Indian Perspective* ( Delhi, India: Cambridge University Press, 2015) , p.204.

在维持以美元为核心的国际货币体系。

货币互换合作是人民币国际化的重要举措。在新兴经济体被迫建立自己的货币互换和多边发展金融机构以寻求流动性补充渠道的背景下，中国货币互换的意义就在于提高人民币国际化水平和国际可接受程度，并且能平抑汇率波动风险以扩大双边贸易出口。[1] 2008 年 12 月中国人民银行与韩国中央银行签订了人民币互换协议，至今已与 39 个国家和地区的央行或货币当局签署了本币互换协议，金额超过 3.7 万亿元人民币，覆盖主要发达经济体和新兴经济体、主要离岸人民币市场所在地。[2] 双边货币互换协议能促贸易增长，帮助进口商获得人民币用以支付对中国出口的货款，中国通过货币互换还可以向离岸人民币中心注入人民币流动性，避免市场波动，这对于稳定中国经济发展、实现国内国际双循环有着重要意义。[3] 人民币货币互换还可作为外汇储备补充，帮助一些国家渡过难关，客观上会增加人民币的国际使用。当人民币在跨境贸易和金融交易中成为计价和交易媒介后，其他央行及货币当局持有人民币的意愿会增强。

## 5. 人民币国际化进入新发展周期，提升国际化制度建设

《中共中央关于制定十四五规划与 2035 远景目标的建议》提出，

---

1 中国与他国进行贸易和投资需先把交易价格折算成美元再交易，汇率波动风险推高了交易成本，尤其美国为首多次推出量化宽松的货币政策，世界市场运行不确定性加强，以美元计价的国际贸易汇率波动风险提高，双边货币互换协议可以稳定汇率、促进出口贸易增长。见夏乐：《央行间货币互换比较》，《中国金融》2020 年第 9 期。

2 中国人民银行：《2020 年人民国际化报告》，http://www.gov.cn/xinwen/2020-08/14/5534896/files/efc3e33de4124221bb56825649a0e4d0.pdf。

3 刘竹青、张俊美、张宏斌：《双边货币互换协议与中国出口贸易增长——基于汇率波动风险的视角》，《亚太经济》2021 年第 2 期。

“稳慎推进人民币国际化，坚持市场驱动和企业自主选择，营造以人民币自由使用为基础的新型互利合作关系”，人民币国际化要注重以市场为导向、以培育真实需求为基础的发展原则，推动人民币周边区域化到国际化的发展路径，提升人民币国际地位，结合对外开放战略布局，培育境外主体对人民币的市场需求，使人民币成为国际贸易投资中的重要货币选择。历史实践证明，一国货币金融地位崛起需要制度建设，就如布雷顿森林体系之于美元，欧元区货币制度安排之于欧元，美元在布雷顿森林体系解体后仍可依托国际货币基金组织和世界银行的相应制度而拥有垄断地位，人民币国际化的制度建设尤为重要。例如，国际货币制度的存量改革是改制，推动合理配置国际货币基金组织和世界银行投票权改革，推动二十国集团和国际金融稳定委员会成为国际金融协调治理核心平台；而增量改革则是建制，通过建立金砖银行、亚洲基础设施投资银行（AIIB）、“一带一路”投融资机制，推动其为区域提供人民币发展融资，为维护发展中经济体金融自主权发挥作用，人民币国际化制度建设与国际金融治理改革内涵是一致和统一的。

## 三、数字货币与数字化金融治理

人类社会步入数字化时代，数字货币已经开启了货币历史新阶段，[1] 作为货币信用形态提升的必然产物，以区块链为技术基础、降低

1 徐晨辰：《戴维法定数字货币对移动支付体系及市场的影响研究》，《中国集体经济》2021年第22期。

发行运营成本、易于数据溯源监管和更好服务实体经济的数字货币，[1]其本质与传统货币一脉相承。根据是否由国家（央行）发行，数字货币可分为私人数字货币与法定数字货币，[2] 多国央行对法定数字货币的研发无疑为国际金融治理增加了新的治理内容和治理路径。

## （一）数字货币的兴起

随着互联网技术日益成熟，人工智能、大数据、云计算、区块链等领域的金融产业化迅速发展，互联网和金融产业融合有了成熟的应用模式，区块链技术将数据区块以时间顺序依次相连，组合成分布式的链式数据结构，以加密方式保证数据不可篡改和不可伪造，与金融信息安全、交易数据溯源等要求高度契合，成为数字货币的金融科技基础。

### 1. 私人数字货币

私人数字货币的构想是成为超主权数字货币，并可能形成全球性货币。央行数字货币（Central Bank Digital Currency，CBDC）通常由各国央行发行，私人数字货币是不依赖于国家主权由私人（市场化）发行的数字货币。[3] 2008 年中本聪发布《比特币：一种点对点的电子现金系统》，私人数字货币市场已形成以比特币为主导，支付型代币、ICO 代

1 孟刚：《法定数字货币与人民币国际化》，《中国金融》2019 年第 12 期。

2 柯达：《人民币国际化背景下区块链数字货币跨境支付的机制构建》，《国际经济法学刊》2021 年第 3 期。

3 黄国平、丁一、李婉溶：《数字人民币的发展态势、影响冲击及政策建议》，《财经研究》2021 年第 6 期。

币以及稳定币多币种共存的格局，私营部门推出各种所谓加密货币已达1万余种，总市值超过1.3万亿美元。[1] 全球最大网络社交平台脸书（Facebook）则拥有27亿用户，2019年6月发行用于跨境支付的“天秤币”（Libra）成为最有影响力的数字货币项目，[2] 其白皮书声称，“Libra的使命是建立一套简单的、无国界的货币和为数十亿人服务的金融基础设施”。[3] 这种全球性私人数字货币的构想是成为超主权数字货币，已具备交易媒介、价值储藏等货币功能，将进入储蓄、投融资、保险等领域，其覆盖全球的金融基础设施会冲击现有金融体系。数字货币以区块链技术为基础，具有去中介和去中心化特征，不同于传统货币制度建立在中介化、中心化基础之上，数字货币的国际地位不断提升可能形成新的全球性货币并重塑全球货币格局，其拥有的世界性金融基础设施类似于全世界银行间金融电信学会（环球银行金融电信协会），各国可能不得不接受这个“大而不能倒”的世界性金融基础设施存在的合理性，基于现代技术体系的Libra有可能实现货币的去国家化与去主权化，从底层颠覆现有的货币金融体系。[4] 面对数字货币对货币发行权的挑战以及系统性风险隐患，七国集团和二十国集团强调，数字货币面临的法律确定性、反洗钱、支付系统网络安全等一系列重大风险都需要解决。[5]

---

1 中国人民银行：《2021年〈中国数字人民币研发进展〉白皮书》，第5页，中国人民银行网站，http://www.pbc.gov.cn/goutongjiaoliu/113456/113469/4122054/index.html。

2 柯达：《人民币国际化背景下区块链数字货币跨境支付的机制构建》，《国际经济法学刊》2021年第3期。

3 *Libra White Paper*, 2019, https://libra.org/en-us/white-paper/# the-libra-currency-and reserve.

4 张中元：《金融体系中的机制复合体与国际金融治理》，《当代亚太》2020年第3期。

5 Investigating the impact of global stable coins, CPMI Papers, No. 187, October 18, 2019, https://www.bis.org/cpmi/publ/d187.htm.

## 2. 央行数字货币时代

发达经济体发行法定数字货币的目的是维护其储备货币地位。为避免私人数字货币发行影响全球金融体系，各国央行纷纷开展法定数字货币试验。少数国家已开始试营央行数字货币，一些国家正积极论证央行数字货币可行性。按支付类型看，目前进入试点运营的央行数字货币均为零售型，采取双层运营、不计息的方式，批发型央行数字货币处于研发或可行性论证阶段。瑞典央行 2020 年 2 月开始电子克朗试点。欧央行和日本央行 2016 年提出 Stella 项目，开始联合研发批发型央行数字货币，对经济体内银行间结算、券款对付结算、同步交收结算、平衡保密性与可审核性等方面分别实施测试并取得预期目标。2019 年 12 月，欧央行的报告介绍了正在开展研发的零售型央行数字货币方案，定位为现金替代，采取双层运营模式，遵循有限匿名。2020 年 7 月，日本央行发布探讨央行数字货币普及性和运营弹性的技术报告，表示将通过实证试验探索央行数字货币的可行性。[1] 据国际清算银行（BIS）调查，65 个国家或经济体的 86% 的中央银行已进行数字货币研发，2020 年有 60% 的央行进入研究试验与试行阶段。[2] 国际清算银行与加拿大银行、日本央行、瑞典银行、瑞士国家银行、英格兰银行、美联储、欧洲中央银行等 7 国中央银行联合发表《中央银行数字货币：基本准则与核心特

---

1　中国人民银行：《2020 年〈中国金融稳定报告〉》，中国人民银行网站，http://www.pbc.gov.cn/goutongjiaoliu/113456/113469/4122054/index.html，访问日期：2021 年 6 月 10 日。

2　中国人民银行数字人民币研发工作组：《〈中国数字人民币的研发进展〉白皮书》，2021 年 7 月。

征》报告提出，促进数字货币发展与推进跨国支付。[1] 根据国际美国的数字美元项目（Digital Dollar Project）2020年5月的第一份白皮书，旨在为创建美国央行数字货币提出框架，认为数字美元将支持美元作为世界储备货币地位，其中重点提及的分布式账本技术（DLT）更可能应用于非美国国内用户，表明数字美元在跨境支付场景中使用的概率较大。

发展中经济体发行法定数字货币侧重于支付方便和普惠金融。发行数字货币的共同目标是支付方式多样化竞争、提升金融稳定性，但与发达经济体不同，发展中经济体多侧重普惠金融，提高支付便利和效率。发展中经济体积极部署数字货币测试，例如泰国从2018年开始银行间数字货币内测、零售型央行数字货币；南非与几家央行合作研究央行数字货币的可行性；委内瑞拉2017年12月宣布发行“石油币”，2020年委内瑞拉银行开始接受石油币，并已在全国加油站进行支付适用。

### 3. 法定数字人民币

中国在数字货币布局中走在世界前列。中国人民银行《2020年中国金融稳定报告》提到，央行数字货币于2014年筹备，2020年进入封闭内测，基本完成顶层设计、标准制定、功能研发、联调测试等工作，处于全球领先，并从宏观经济、货币政策、金融稳定等评估数字人民币可能影响，确保不会对现有货币金融体系和货币政策传导产生大的冲

1　卜学民：《论法定数字货币跨境流动的挑战与制度构建》，《太平洋学报》2020年第29卷第6期。

击。[1] 数字人民币定位 M0，属于零售型央行数字货币，不计付利息，采用双层运营体系，坚持中心化管理，央行通过商业银行或其他运营机构将货币兑换给公众。根据人民银行 2021 年《中国数字人民币的研发进展白皮书》，截至 2021 年 6 月 30 日，数字人民币试点场景已超 132 万个，覆盖生活缴费、餐饮服务、交通出行、政务服务等领域，开立个人钱包 2087 万余个、对公钱包 351 万余个，累计交易笔数 7075 万余笔、金额约 345 亿元。[2] 工农中建交邮储在内的六大国有银行已推广数字人民币钱包，为后续大规模推广运用常态化奠定基础。数字货币作为数字经济发展的基石，人民币数字化将是中国数字货币建设的第一步，数字人民币作为零售支付手段以及跨境交易的功能开始显现。

法定数字人民币与人民币法律地位完全相同。法定数字人民币具备了 M0 层次货币法律效力，具有法偿性，兼备 M1 和 M2 货币的普适性和流通性。支付宝、微信的货币属性则归于 M1 和 M2 级别，不是法定的第三方互联网支付端，没有法律强制性，不能广泛运用于各个支付场景。法定数字人民币的交易能通过实现有限匿名来保护商业秘密与个人隐私，中央银行是它的货币信用的背书人，能最大限度地保护用户利益，央行可利用区块链等技术追踪管控数字货币路径，追踪查处偷漏税、洗钱、股市操纵、毒品交易等不法行为，了解金融机构真实状态，优化金融市场结构和金融监管。支付宝、微信运营商、商业银行等都有破产可能，用户可能会无法赎回账户里的钱，而数字人民币由央行发行

1 中国人民银行：《2020 年〈中国金融稳定报告〉》，中国人民银行网站，http://www.pbc.gov.cn/goutongjiaoliu/113456/113469/4122054/index.html。

2 中国人民银行：《2021 年〈中国数字人民币研发进展〉白皮书》，第 18 页，中国人民银行网站，http://www.pbc.gov.cn/goutongjiaoliu/113456/113469/4122054/index.html。

担保，具有法偿性，更大程度保证资金安全。

## （二）数字货币跨境支付问题

人民币要真正成为世界性货币，币值要相对稳定，要有多样化投资与风险规避手段[1]，能够高效安全支付和降低跨境支付各种风险，才能被境外更多企业和个人采用。人民币及其跨境支付所依托的金融基础设施（如人民币跨境支付系统）要在国际上有领先优势，人民币支付货币功能才能不断增强。[2] 目前跨境支付系统性能有待提升，由于代理行模式占主导，企业使用人民币结算的主观意愿不高。[3] 在区块链等新型技术影响下，人民币跨境支付同样受到锚定美元的 Libra 等稳定币的竞争威胁，[4] 研发法定数字货币、跨境支付及有效监管成为人民币国际化的必经之路。

### 1. 环球银行金融电信协会跨境支付清算体系

现行跨境贸易投融资结算采用的是环球银行金融电信协会支付清算体系。国际清算体系包括两部分：一是各国货币跨境清算系统，例如美国美元跨境清算系统（CHIPS）和中国人民币跨境支付系统；二是各国

---

1 周宇等著：《人民币国际化——理论依据、战略规划、营运中心》，上海社会科学院出版社，2014，第 16 页。

2 中国人民银行：《2019 年人民币国际化报告》，第 40 页，中国人民银行网站，http://www.pbc.gov.cn/huobizhengceersi/214481/3871621/3879422/index.html。

3 杨东：《Libra：数字货币型跨境支付清算模式与治理》，《东方法学》2019 年第 6 期。

4 强力、王莹莹：《国际化背景下的人民币结算制度的改革与完善》，《中国政法大学学报》2015 年第 5 期。

共享的国际电讯系统环球银行金融电信协会（SWIFT），环球银行金融电信协会与各国货币跨境清算系统相连才能实现跨境支付。以美国为例，美元的跨境支付结算需要环球银行金融电信协会、票据交换所银行间票据交换付款系统以及美国另一支付系统美元大额支付系统（Fedwire）相连。如果银行是票据交换所银行同业支付系统直接参与者则直接通过票据交换所银行同业支付系统清算，如果银行是间接参与者则环球银行金融电信协会要向直接参与者发送指令，再通过票据交换所银行同业支付系统完成清算，最终美元大额支付系统完成结算。[1] 环球银行金融电信协会是全球金融基础设施核心，在国际支付信息传输市场居垄断地位，有 200 个国家的 11000 家机构在使用，每天超过 2500 万条信息发送。票据交换所银行同业支付系统参与全世界银行同业间 95%的美元清算，是由纽约清算所协会（NYCHA）经营的美元私营支付清算系统，在全球跨境支付体系中同样有垄断优势。环球银行金融电信协会和票据交换所银行同业支付系统的垄断优势得益于美元在国际货币体系中的主导地位，代理行模式和票据交换所银行同业支付系统都是中心化结算和清算机制的产物，代理行模式支持了票据交换所银行同业支付系统垄断地位，环球银行金融电信协会可参与交易环节的支付指令产生、确认、发送以及清算环节的支付指令交换。环球银行金融电信协会作为一个非官方专业组织在特殊情况下具有官方立场，对于伊朗、委内瑞拉等小国，环球银行金融电信协会会因来自特定国家官方压力进行制裁；对于中国这种在环球银行金融电信协会的业务收入比重大的大

---

1　王朝阳、宋爽：《一叶知秋：美元体系的挑战从跨境支付开始》，《国际经济评论》2020 年第 2 期。

国，在制裁中国相关机构时会慎重考虑。[1]

区块链数字货币应用为消除跨境支付系统缺陷提供可能。上述以银行代理为核心的货币跨境流动模式存在安全、效率和成本等缺陷，各国营业时间、支付结算、数据标准等不一致，多重代理行拉长了跨境流动的结算链条和提高了交易成本，货币跨境流动需要数天，银行需要预先跨多币种分配资金或有效进入外汇市场，跨境支付延迟会使银行面临流动性风险，如果涉及多国银行，货币犯罪监管难度会很大。[2] 针对传统代理行问题，许多国家或企业采取“技术升级”或“模式升级”等替代方式应对：在“技术升级”上，环球银行金融电信协会开发应用SWIFT全球支付创新（Global Payment Innovation，GPI）系统以缩短跨境支付到账时间，使跨境支付实现快速、透明和可追踪；[3] 在“模式升级”上，体现为“互联”（interlinking）、“闭环”（closed-loop）以及“点对点”（peer-to-peer），其中，“点对点”旨在消除收付款人之间支付服务中介的模式，如同下文详述的区块链数字货币模式。近年针对美国主导控制的传统代理行模式的替代性安排陆续出现，如以欧元结算的欧洲结算系统（INSTEX）以及俄罗斯开发的货币转账系统——金融信息传输系统（SPFS），但总体上未改变传统代理行主导地位。从跨境支付的逻辑、代理行模式可以发现，现有的跨境支付模式在支付手段、支付流程上存在不同层面的风险，新型市场机制、法律监管等方式可以缓

1 中国人民银行：《2021年〈中国数字人民币研发进展〉白皮书》，第5页，中国人民银行网站，http://www.pbc.gov.cn/goutongjiaoliu/113456/113469/4122054/index.html。

2 中国人民银行：《2021年〈中国数字人民币研发进展〉白皮书》，第5页，中国人民银行网站，http://www.pbc.gov.cn/goutongjiaoliu/113456/113469/4122054/index.html。

3 Ruth Wandhöfer & Barbara Casu, "The Future of Correspondent Banking Cross Border Payments," 2018, Swift Institute, Swift Institute Working Paper, No. 2017-001, https://swiftinstitute.org/wp-content/uploads/2018/10/SIWP-2017-001-The-Future-of-Correspondent-Banking_FINALv2.pdf.

解乃至消除，这给区块链数字货币应用于跨境支付提供了空间。[1]

## 2. 法定数字货币发展跨境支付模式

法定数字货币对改善当下的跨境支付具有重要价值。数字货币可能影响发行国的传统货币系统甚至影响全球货币体系，很多国家为此加强了对数字货币监管，并对法定数字货币及其跨境流动开展研究。虽然各国央行数字货币研发多处于研发测试阶段，但央行数字货币对改善当下的跨境支付具有重要价值，央行数字货币及其跨境流动已近在咫尺。

央行数字货币实现跨境流动优势前需解决两个问题。其一是技术问题，采用区块链技术，保护个人信息实现匿名条件下的货币流转，洗钱风险要通过技术研发和优化监管予以克服。其二是流转问题，是否需要央行和商业银行，是否沿用传统的“央行—商业银行”二元体系，即由央行发行，再由商业银行流向社会，央行授权商业银行对账户管理并监管货币流转。[2]

央行数字货币跨境流动面临三重困境。其一，是否威胁其他国家货币主权，如果一国央行数字货币进入另一个还不具有采用本国央行数字货币技术条件和支付基础设施的国家，也许会冲击其金融市场和货币主权，或替代其货币，严重影响其货币政策独立性和外汇管理政策。其二，是否会冲击美元为核心的国际货币体系，如果更多国家推行央行数

1 柯达：《人民币国际化背景下区块链数字货币跨境支付的机制构建》，《国际经济法学刊》2021 年第 3 期。

2 Ruth Wandhöfer &Barbara Casu, “The Future of Correspondent Banking Cross Border Payments,” 2018; Swift Institute, *Swift Institute Working Paper*, No. 2017 – 001, https://swiftinstitute.org/wp-content/uploads/2018/10/SIWP-2017-001-The-Future-of-Correspondent-Banking_FINALv2.pdf.

字货币，货币兑换不再必需美元这个中间货币，无须票据交换所银行同业支付系统，国际货币加快向多极化发展，美国不愿放弃美元霸权，可能发行数字美元或与天秤币结合而形成新的跨境支付系统和美元数字货币。其三，是否冲击现有银行业机构体系，央行通过央行数字货币直接获取货币流动信息，商业银行的货币管理作用下降，央行如果承担商业银行的传统职责，风险会放大。[1]

## （三）法定数字货币跨国治理框架

法定数字货币跨国治理需要探索数字货币支付试点，研究数字货币国际标准体系，为法定数字货币跨境流动制度构建做充分准备，建设更包容、高效的全球新型跨境支付体系。

### 1. 数字人民币跨境支付机制设计

探索数字人民币跨境支付试点。央行数字货币是未来货币形态，对金融、法律和监管制度提出新要求，应借机发展摆脱美元作为中间货币的国际货币兑换机制。数字人民币定位，不计付利息，数字人民币与银行账户松耦合，基于数字人民币钱包进行资金转移和实现支付即结算。采用双层运营模式，人民银行负责发行、注销、跨机构互联互通和钱包生态管理，同时审慎选择在资本和技术等方面具备一定条件的商业银行

---

1 Ruth Wandhöfer &Barbara Casu, "The Future of Correspondent Banking Cross Border Payments, " 2018, *Swift Institute Working Paper*, No. 2017 - 001, https: //swiftinstitute. org/wp-content/uploads/2018/10/SIWP-2017-001-The-Future-of-Correspondent-Banking_ FINALv2. pdf.

作为指定运营机构，牵头提供兑换服务。人民银行将在充分尊重双方货币主权、依法合规前提下探索跨境支付试点。遵循“无损”“合规”“互通”等原则，要与有关货币当局和央行建立法定数字货币汇兑安排及监管合作机制，坚持双层运营、风险为本的管理要求和模块化设计原则，以满足各国监管及合规要求。[1]

共同构建国际标准体系。中国人民银行积极参与金融稳定理事会、国际清算银行、国际货币基金组织、世界银行等国际组织多边交流，同各司法管辖区货币和财政监督部门、跨国金融机构及世界顶尖院校交流研讨法定数字货币前沿议题，并在国际组织框架下积极参与法定数字货币标准指定，共同构建国际标准体系。

数字人民币模式更接近于本国型央行数字货币模式。[2] 人民币国际化背景下，采用本国型央行数字货币模式更为合理，原因是代理行模式还需依赖于以美国为主导的环球银行金融电信协会电讯系统，不利于人民币国际化，本国型央行数字货币锚定本国货币发行，央行可依法获取所有的货币转移信息，有利于维护货币主权，还能通过分析货币流转信息的特点，有针对性地推进人民币国际化。

制定数字人民币跨境支付机制设计。扩大数字人民币在国际上的接

---

1　中国人民银行：《2021 年〈中国数字人民币研发进展〉白皮书》，第 18 页，中国人民银行网站，http://www.pbc.gov.cn/goutongjiaoliu/113456/113469/4122054/index.html，访问日期：2021 年 6 月 11 日。

2　根据研发成果，应用于跨境支付的法定数字货币发行与流通机制可分为基于传统代理行的法定数字货币模式、国际型法定数字货币模式，以及可视为本国法定货币同时又为境外机构提供运营接口的本国型法定数字货币模式。国际型法定数字货币是指由国际货币基金组织或其他政府国际组织发行、锚定一揽子主流法定货币的数字货币，例如数字特别提款权。本国型法定数字货是由单一国家（央行）发行、与本国法定货币价值相等的数字货币；为了便于收付款人在境外使用本国型央行数字货币，发行国央行会允许境外银行等金融机构作为中间投放机构或结算系统上的运营参与者，或直接在央行开设准备金账户，从而参与本国型法定数字货币的跨境支付业务。

受程度，可将数字人民币在境内意义上的货币法偿性扩大为境内与跨境支付范围内的货币法偿性。推进“中央银行—商业银行”双层运营模式下，有条件地吸收境外金融机构参与结算系统的运营。数字人民币的流转应为传统代理行模式以及跨境金融市场基础设施的实时结算提供互联互通的接口。加快跨境支付领域数字人民币的研发，加强跨境支付领域机制构建，提升全球跨境支付的安全与效率。

### 2. 研究数字货币跨境治理

为法定数字货币跨境流动制度构建做充分准备。各国要树立包容、开放和合作的制度理念，建立支付基础设施和法律、监管制度，为实现央行数字货币跨境流动制定规则，实现其最大价值。达成国家和央行层面的协议，各国央行和商业银行均须做好技术开发以适应业务操作和机构变化，平衡好传统货币和央行数字货币的发行、交易和回笼管理的总体规模比例和国内外规模比例。商业银行要为境内外支行构建基于区块链的跨行交易结算通路，遵循跨境交易结算业务联动规则。

考虑设立央行数字货币国际统一交易平台模式。设立各国共同管理的支持央行数字货币跨境流动的数字货币交易平台，对技术方案、运营架构、数据存储、传输语言、监管方案和争议解决机制等形成共识。这个平台可以克服传统货币跨境支付系统弊端，央行作为平台监管节点，商业银行作为平台验证节点和支付接口提供者，央行数字货币跨境流动由商业银行通过该平台进行。这一平台要能弥补传统跨境流动体系缺陷，利用非对称加密技术和智能合约技术将外汇交易的两种货币嵌入统一算法程序，实现实时对付，降低结算风险和流动性风险，降低货币跨境流通成本和提升流动效率，央行能进行溯源式管理和穿透式监管，提升用户隐私保护。

建设更包容、高效的全球新型跨境支付体系。如果央行数字货币这一分布式跨境支付网络形成，将打破现行高度中心化跨境支付平台的垄断性，打破美元霸权。各国和国际组织应立足于维护货币主权和国际货币体系安全，建立协调一致的技术标准、支付基础设施和法律监管制度，防范和化解央行数字货币跨境流动风险，建立更安全、高效和低成本的央行数字货币跨境流动体系。发展中经济体要注意防止霸权国家利用数字货币干涉本国政治和货币主权，可通过政治、经济、法律和科技手段维护国家主权。

## 四、中国参与国际金融治理能力建设

中国参与国际金融治理能力建设，要从微观、国家、区域、国际等各层面进行能力建设以增强金融治理能力，提高国内经济金融实力和切实维护金融市场稳定运行，有效防范化解金融系统性风险，提高金融业全球竞争能力，参与制定国际金融治理规则，积极营造有利的国际环境，维护国际金融秩序的稳定。

### （一）提升国内金融治理能力以增强国际竞争力

金融是国家重要的核心竞争力，金融制度是经济社会发展中重要的基础性制度，金融治理涵盖金融机构、金融市场、金融监管及金融制度建设等内容，是一个相互衔接、相互支撑的系统。[1] 中国金融业快速发展，目前的银行资产规模、外汇储备规模已居全球第一，股票、债券、保险市场规模居全球第二，金融业发展正在由大转强，完善金融治理将有力提升金融机构市场竞争力。

### 1. 完善金融机构内部治理，夯实金融体系微观基础

金融机构内部治理是全球金融治理的基石，一国的系统重要性金融机构内部治理决定整个金融体系稳健性。因此，应完善金融机构内部治理，优化市场体系和产品体系，助力货币政策传导，支持制造业、中小微企业、民营经济和科创产业发展作为目标；增强风险识别能力和优化风险管理，提高信息披露透明度，完善金融机构内控制度，夯实金融体系平稳有效运行的微观基础；加强对系统重要性金融机构的监管，优化识别系统重要性金融机构的分类方法，遏制金融机构贪求大规模动机，完善处置机制，解决“大而不能倒”问题；完善监管规则，稳步推进实施《巴塞尔协议Ⅲ》，增强金融机构抵御风险能力。

### 2. 融合金融科技，提升智能水平

金融与科技的深度融合深刻改变着金融服务模式和金融发展生态，顺应金融生活化、产业互联网化趋势，完善金融机构内部科技体制机制，将支付、融资、理财、投资等金融服务嵌入教育、医疗、出行、政

---

1 陈四清：《完善金融治理体系　提升金融治理能力》，《中国金融》2020 年第 1 期。

务等高频场景，实现金融服务“无处不在”。深入运用人工智能、区块链、云计算、大数据等技术，打造智慧金融体系，为风险防控、经营决策提升智能水平。

### 3. 深化市场化改革，形成人民币汇率全球市场化定价机制

使人民币汇率在合理均衡区间更具弹性，人民币资产能够成为保值和增值的安全可靠的国际资产。重视人民币期货市场对汇率价格合理形成的作用，研究各类汇率衍生品对汇率形成的作用，在岸、离岸市场价格相互作用，引导境内外各类市场主体的人民币汇率双向波动预期，适时建立人民币汇率期货市场或引导境内相关主体有效利用离岸期货市场规避汇率风险。监测全球人民币流动、资产配置和价格变动，健全人民币汇率风险宏观审慎管理体系。[1] 稳定汇率预期，有效提升人民币汇率政策的规则性、透明度，进一步探索构建以国内大循环为主体、国内国际双循环相互促进的新发展格局下的人民币汇率全球定价形成机制，推动人民币以市场化方式成为国际货币。[2]

### 4. 加快金融市场改革，培育境外人民币市场需求

加强国内金融体制改革，建立多层次资本市场和发达的金融体系，大幅放宽金融业市场准入，深化金融市场建设，以内促外，境外人民币

1 刘翔峰：《掌握人民币汇率定价权》，《中国金融》2013 年第 11 期。

2 雷曜、韩鑫韬：《对人民币汇率全球定价机制的一个动态观察——来自 5 种人民币汇率的证据》，中国人民银行工作论文，2021 年 4 月 6 日。

可投资中国的股票、债券，自由使用人民币优化改进监管能力。加快利率市场化改革，构建完整的收益率曲线，完善利率传导机制，利率实现市场化避免对于人民币的货币投机，培育真正的人民币境外市场需求基础。逐步提高直接融资比例，推进债券市场扩大发行主体和品种，完善推进市场的评级、清算和担保等基础设施建设，着力发展国债市场，加快培育境外人民币多元化投资主体。

### 5. 深化金融开放，提高全球金融资源配置效率

促进金融公平市场环境建设，金融机构更好地利用两个市场、两种资源，加强跨境服务能力建设，优化金融机构全球网络布局。深化境内外业务联动和境外经营模式创新，提升一体化经营能力，做到一点接入、全球响应。发挥好人民币业务优势，综合运用多种金融工具，开放股市、债市的双向投资，境内外向国内外投资者发行人民币债券，要求美国等发达经济体金融对等开放，为金融机构走出去提供公平的国际环境。资本项目开放才能真正体现货币供求关系并促进形成货币的市场价格，资本项目开放要与汇率形成机制改革相互促进，并配套人民币国际化考虑，促进市场主体自主使用人民币。但证券投资与短期外债的大进大出是引发历次金融危机的重要元凶，对其开放要格外谨慎，人民币汇率波动加剧短期资本流动，有效控制短期热钱流动，对跨境资本适时开征金融交易税（托宾税）以有效管控跨境短期资本快速流动带来的金融风险。

## （二）完善区域金融治理以创新国际金融治理机制

完善区域金融治理以创新国际金融治理机制，需要加强东亚金融合作，提高发展中经济体的国际金融治理话语权；探索南南合作新路径，强化区域内货币互换和区域内债券市场建设；联合制定“一带一路”跨国基础设施投融资规则；等等。

### 1. 加强东亚金融合作，提高发展中经济体国际金融治理话语权

强化地区金融救助机制，完善清迈倡议多边化（CMIM）协议、拉美外汇储备基金等合作机制，增强地区的风险抵御与互助能力，弥补现有国别和全球层面金融治理体系的不足。加强区内金融风险识别能力，提高风险防范管理，抵御域外风险冲击，加强对资本流动的管理，降低对区外货币的依赖。中国有能力在东亚金融合作新规则制定中发挥引领作用，积极承担国际责任，从参与配合者转变为领导塑造者，推动东亚金融合作进入更深层次。

### 2. 发展亚投行，有效弥补国际融资体系不足

亚投行是中国倡导建立的开放性多边银行，与全球性、区域性多边开发银行共同构建了更包容的国际发展融资体系，基于南南合作理念，制定发展中经济体的发展融资标准，拓展发展中经济体基础设施建设的融资渠道。要借鉴其他多边发展银行的经验，保持与世界银行、亚洲开

发银行的差异化经营。在此基础上，亚投行应在发展理念、服务模式、融资渠道、项目开发及管理流程等方面通过创新提升竞争力，有效弥补国际融资体系的不足。

### 3. 探索南南合作新路径，强化区域内货币互换和区域内债券市场建设

深化推进金砖合作新金融机制，坚持“对话而不对抗，结伴而不结盟”准则，共同支持多边主义和公平正义，推动“金砖+”合作模式，培育利益共享的价值链和大市场，打造开放、多元的发展伙伴网络，发挥开发银行和应急储备安排作用，有效防范、化解金融风险，促进发展中经济体经济持续增长和稳定运行。深化推进形成上海合作组织新金融合作机制，上合组织于2005年成立的银行联合体已成为农业、能源、基础设施等提供融资的区域平台，大力推动成员双边货币互换逐步多边化，建设区域金融自救机制。各国央行通过货币互换把对方货币融入本国金融体系，用来支付进口商品，有利于作为稳定货币的人民币的国际流通。建立多边框架下的区内贸易投资结算支付体系，尝试建立上合组织区域债券市场，促进区域金融市场合作。

### 4. 联合制定“一带一路”跨国基础设施投融资规则

“一带一路”坚持共商、共建、共享理念，遵循“成本共摊、利益共享、风险共担”投融资合作原则，满足沿线国家基础设施建设巨大的资金需求，打造开放、包容、均衡、普惠的多区域经济合作架构。推

动与东南亚、南亚、中亚、欧洲等经贸合作，以“一带一路”建设为着力点发挥人民币在国际贸易投资的计价、结算、融资与储备职能，丰富国际多边机构开展金融业务的资金选择，提高资金利用效率，不附加任何政治条件满足发展中经济体基础设施、民生项目、贸易投资等融资需求。健全项目评估和遴选机制，提高项目筛选的透明度和合规性，合理引导市场预期，针对不同性质项目分类施策，建立各有侧重的融资保障体系，切实促进区域内发展融资体系建设。

## （三）推动国际金融治理改革促进全球金融监管合作

国际金融治理改革需要落实提高发展中经济体话语权的改革方案，发挥二十国集团金融治理核心作用，推进国际储备货币多元化，构建数字货币一体化跨境支付体系，不断创新金融监管模式，加快构建全球金融安全网。

### 1. 落实改革方案，提升话语权

改革国际货币体系和国际金融组织治理，为全球货币金融活动开展而构建稳定、有韧性的制度框架。促进宏观经济政策协调和优化全球金融资源配置，完善主权债务重组机制，改善资本流动监测应对，引导更多资金投向可持续发展领域。拓展发展中经济体货币互换网络，建设全球货币协调体系。贯彻落实国际货币基金组织治理结构改革方案，提升新兴经济体话语权，打破美国的一票否决制。增强世界银行等多边金融机构促进可持续发展和减贫作用，推动公平、包容、有序的国际金融体系建设，探寻金融发展的制度性话语权配置均衡、全球国际收支均衡与各国国家利益机制之间的均衡，妥善应对贸易战、货币战，形成国际货币体系改革与国际金融治理的协商机制。

### 2. 发挥二十国集团金融治理核心作用，协调金融监管合作

二十国集团是国际货币金融协调的最重要平台，中国应为发展中经济体争取更大发言权，积极参与议题设置、决策制定执行，使二十国集团更充分反映世界经济金融格局新变化。通过二十国集团平台推动国际货币金融体系改革来完善国际金融治理机制，保持国际金融市场稳定、提高全球经济抗风险能力从而巩固全球经济增长基础。及时识别风险，有效处理危机爆发和防范危机扩散，使金融治理更有效地支持实体经济增长，并为世界经济可持续发展奠定坚实基础。

### 3. 促进人民币国际化新发展，推动国际货币体系改革

推动国际货币体系变革，建立相互竞争的多元储备货币体系，通过市场约束维持国际货币体系稳定，国际储备货币体系未来或由美元、欧元和亚洲货币组成，人民币在亚洲货币形成前可发挥更大作用。开辟国际货币体系改革多元路径，包括本位货币制度、汇率制度、储备货币制度、国际金融机构等，构建包括人民币跨境结算、债券市场等人民币区域回流机制，通过切实推进人民币国际化来夯实中国参与国际货币体系改革的重要根基。

### 4. 促进金融科技发展，研究数字货币一体化跨境支付体系

有效应对数字货币技术特征带来的风险，在市场体制中为数字货币营造安全而有弹性的发展空间，未来要加强促进数字货币合作的国际协调和监管。加快信息基础设施建设，将金融科技公司先进成熟的科学技术应用到传统金融服务和金融产品，通过金融科技优化金融市场信息，提高金融市场效率和激发市场和行业发展活力。加强区块链技术与物联网、人工智能、云计算等信息技术的融合创新，通过金融科技融合创新有效促进普惠金融发展，提高金融业服务实体经济的能力。完善人民币跨境支付系统和加快构建数字人民币跨境支付体系，自主实现人民币在国家间银行金融机构资金清算通道。加大数字货币核心技术研发投入，健全完善数字货币监管顶层设计。积极构建以数字货币为中心的集支付、结算、计价、投资、储备等功能于一体的互联网货币金融体系或数字货币国际统一交易平台，积极参与关于全球数字货币的合规、立法和监管进程，主动塑造金融科技监管的制度框架规则，加强对数字空间、数据治理的预研预判和政策储备，提升制度性话语权。[1]

### 5. 创新金融监管模式，构建全球金融安全网

全球金融安全网（Global Financial Safety Net）是一系列金融资源和

---

1　高洪民，李刚：《金融科技、数字货币与全球金融体系重构》，《学术论坛》2020 年第 2 期。

机制安排的组合，[1] 提供资金紧急救助和防止金融危机或在金融危机期间为各国提供金融支持以缓解经济金融风险，[2] 或者通过提供实用工具来克服突然的国际资金流逆转来帮助各国应对金融波动性，确保国际货币体系稳定。一是加强金融安全网四个层面合作：一国外汇储备资产、双边货币互换安排、区域金融安排和国际货币基金组织金融协调，各层次安全网建设以及不同层次安全网协调与合作亟须加强。[3] 二是全球金融监督形成国别、地区、全球范围等层面，国际货币基金组织有助于实现各国有秩序的汇兑安排，在向各成员提供风险预警并进行国际金融监管方面具有明显优势，但在地区层面的监督相对薄弱。三是区域金融机制应以区域监督为重点，做好国别监督与全球监督“连接”机制，织牢全球金融安全网。亚洲和欧洲的区域金融安全网构建存在明显差异。2000 年东盟+中日韩的“10+3”财长共同签署了建立区域性双边货币互换网络协议，即《清迈协议》。2010 年东盟“10+3”财长与央行行长会议共同宣布，“清迈协议多边化协议”正式生效，亚洲区域首个外汇储备库正式成立，总规模为 1200 亿美元，但大部分货币互换资金仍与国际货币基金组织贷款条件挂钩，动用起来并不方便。例如，在 2008 年全球金融危机中也没有启动“清迈协议”下的货币互换协议。清迈协议中的许多国家签订的双边货币互换协定如何进行整合而形成本

---

1 熊爱宗：《如何完善全球金融安全网》，《金融评论》2017 年第 6 期。

2 Adam Hawkins, Jyoti Rahman & Thomas Williamson, “Is the Global Financial Safety Net at A Tipping Point to Fragmentation?” Economic Roundup, The Treasury, Australian Government, No. 1, 2014, pp. 1–20.

3 中国 2016 年担任二十国集团主席国即重启国际金融架构工作组，将国际货币基金组织份额和治理改革、主权债重组、资本流动、全球金融安全网，增强特别提款权作用等列为重点议题。参见曾繁荣：《全球金融安全网的充足性与有效性分析》，《国际金融》2017 年第 2 期。

地区的资产池和金融安全网，是亚洲国家面临的课题。[1] 而欧洲地区的金融安全网的发展与货币一体化进程密不可分，2009 年欧债危机中的欧元区与国际货币基金组织的协调合作形成“三驾马车”（Troika）的“全方位”救助也是样本典范，包括危机救援中的共同贷款出资，项目设计与实施的监督合作，其相关决策由国际货币基金组织和欧洲机构分别做出。东亚区域或可以开展清迈倡议和国际货币基金组织的联合演练，拓宽二者分享信息和经验的渠道。四是互联网金融的扩展需要创新经营性金融机构监管规则来防范治理全球性金融风险，安全网应加强对一国金融体系监督，对国家资产负债表进行压力测试，建立适当机制以抑制主权债务危机发生时造成的系统性、扩散性影响。[2] 加强对跨境资本流动监管，对发展中经济体资本流动给予正确指导，完善国际金融统一监管方式和标准，提升国际金融治理能力，建立并完善全球金融安全网以确保全球金融秩序稳定，维护全球经济可持续发展。

综上，国际金融治理体系的核心已从国际货币体系治理走向对于国际货币体系和国际金融危机的综合性治理，中国的角色也从旁观者逐渐走向规则制定的参与者和规则引导者。金融是国家的核心竞争力，金融制度是经济社会发展中重要的基础性制度，在新发展格局之下的国际竞争新优势形成进程中，中国需要继续深化金融体系改革，增强国内经济金融实力，切实维护金融市场稳定运行和有效防范、化解金融系统性风险，推动人民币国际化和数字人民币跨境体系建设，提高金融业全球竞

---

1　李昌镛、里・萨姆隆、沙恩・瓦鲁、杨盼盼：《全球及区域金融安全网：欧洲和亚洲的经验》，《国际经济评论》2014 年第 1 期。

2　米纳琪・夏菲克、肖诗阳：《修复全球金融安全网：来自央行的教训》，《国际经济评论》2016 年第 1 期。

争能力和提高参与国际金融治理能力。展望未来，中国应继续积极参与制定国际金融治理规则，推动主要多边金融机构深化治理改革，促进国际宏观经济政策沟通协调，加强全球金融监管合作，共同维护金融市场稳定和国际金融秩序稳定，完善覆盖国家、区域的全球金融安全网，提高世界经济抗风险能力，合力促进世界经济持续、稳定增长。

# 中国与亚太区域经济治理

沈陈　沈铭辉*

进入 21 世纪，大国纷纷把推动自贸协定谈判作为区域经济治理的战略重点，双边、诸边自贸协定数量迅速增加。随着域内主要经济体之间纷纷发起或签订自贸协定，亚太区域经济治理实际蕴藏着两种不同的区域经济一体化模式：一是由发达经济体主导的，以高水平、全面自由化为特征的自贸协定谈判；二是包括发达经济体和发展中经济体的、以包容性为特征的自贸协定谈判。“中国因素”既是推动当前区域经济治理调整的关键因素，也是决定未来全球经贸规则走向的核心力量之一。在新的历史时期，中国应通过提供区域性公共产品继续推动亚太区域经济一体化进程，巩固和改善在亚洲经贸合作中的主导地位，在下一阶段亚太区域经济治理中发挥引领作用。

## 一、亚太区域经济治理的多元架构

由于亚洲各国的政治经济制度、社会文化和经济发展水平存在显著

* 沈陈，中国社会科学院世界经济与政治研究所助理研究员；沈铭辉，中国社会科学院亚太与全球战略研究院研究员。

不同，亚太区域经济治理维持一种多元架构：第一层是亚太整体合作，主要框架是亚太经济合作组织（Asia-Pacific Economic Cooperation，APEC）和以此为基础的亚太自由贸易区（The Free Trade Area of the Asia Pacific，FTAAP）愿景；第二层是覆盖亚太部分地区的次区域和跨区域合作，主要包括北美、东南亚、东北亚等地区相关国家签订的自贸区协议，以及《区域全面经济伙伴关系协定》（*Regional Comprehensive Economic Partnership*，RCEP）和《全面与进步跨太平洋伙伴关系协定》（*Comprehensive and Progressive Agreement for Trans-Pacific Partnership*，CPTPP）等跨区域合作；第三层是双边经贸合作，特别是中美贸易谈判造成的外溢性影响。[1] 如果从区域经济治理的角度进行分类，则可对应为开放性地区主义、竞争性地区主义和排他性地区主义。

## （一）开放性地区主义

亚太区域合作的设想起源于20世纪60年代，日本经济学家小岛清（Kiyoshi Kojima）曾建议由美国、日本、澳大利亚、加拿大、新西兰组成“太平洋—亚洲自贸区”。后由小岛清等人发起的“太平洋—亚洲自由贸易与发展”组织成为推广太平洋合作的主要社会力量。[2] 20世纪80年代，部分地区曾兴起了以区域主义为特征的自贸协定热潮，这一热潮被某些学者称为“区域主义的新一波”（The New Wave of Regionalism）。[3]

---

1 张蕴岭：《新形势下的亚太区域经济合作》，《当代世界》2020年第11期，第11-16页。

2 Kiyoshi Kojima, “A Pacific Economic Community and Asian Developing Countries,” *Hitotsubashi Journal of Economics* 7, no. 1 (June 1966): 17-37.

3 Edward D. Mansfield and Helen V. Milner, “The New Wave of Regionalism,” *International Organization* 53, no. 3 (June 1999): 589-627.

亚太经济合作组织在此背景下应运而生。1989 年 11 月，“亚洲太平洋经济合作部长级会议”在澳大利亚首都堪培拉举行。1993 年 6 月，亚太经济部长会议更名为亚太经济合作组织，并于同年 11 月在西雅图举行首次领导人非正式会议。1994 年，亚太经济合作组织制定的“茂物目标”，提出发达成员、发展中成员分别应在 2010 年和 2020 年以前实现贸易和投资自由化。亚太经济合作组织标志着“亚洲—太平洋合作”的构想从社会思潮上升为政府战略。

亚太经济合作组织本质上是一种政府间商讨经济合作的论坛，经过多年实践形成了独特的合作方式和指导原则。一方面，亚太经济合作组织秉承“协调单边主义”的合作方式，成员在自愿参与和协商一致的基础上进行合作，在过程中坚持灵活性，以实现增量的进步。例如，1994 年设置的茂物目标用指导集体行动计划，但允许各成员根据自身情况制订单边行动计划，缺乏明确性和强制力。另一方面，亚太经济合作组织坚持“开放的区域主义”的指导原则，重视区域经济一体化，但同时坚持多边贸易框架，提倡广泛的非歧视，与传统的封闭排他的区域主义形成鲜明对比。实践证明，上述原则的确体现了亚太地区经济合作的多元性，但也因此带来了亚太经济合作组织成员之间向心力不足的问题，进而导致茂物目标和亚太经济合作组织的自由化进程受到强烈制约。

为了加快贸易自由化、投资自由化和地区经济增长，2004 年，亚太经济合作组织工商咨询理事会提出亚太自贸区设想，意图打破亚太经合组织停滞不前的局面。此后围绕亚太自贸区，美国、澳大利亚、加拿大等主张制定高水平规则的激进派国家与中国、印度尼西亚等主张渐进发展的稳重派国家发生分歧，2006—2009 年连续数年的领导人会议宣言均表示“认识到亚太自贸区所能带来的广泛收益”；另外，又强调“建立亚太自贸区面临的挑战”，提出“对其建立的路径、方式进行深入研究”。亚太自贸区在2010年横滨亚太经济合作组织领导人非正式会议上获得突破性进展，会后通过的宣言把亚太自贸区的路径建设文件作为附件。此后，亚太经济合作组织继续发挥亚太自贸区孵化器的作用，启动亚太自贸区相关问题联合研究，以便提供指导和智力支持。

除自贸谈判以外，亚太经济合作组织还将包容性增长、中小微企业、粮食安全、数字经济作为关注的重点议题。《亚太经合组织互联互通蓝图》提出构建全方位、多层次的复合型亚太互联互通网络，在2025年前实现加强硬件、软件和人员交流互联互通的远景目标。具体来说，继续发挥亚太对全球经济的引领作用，扩大务实合作领域，利用互联网经济、城镇化建设、中小企业等合作契机寻找新的经济增长点，提升地区竞争力。随着区域自由贸易安排、亚太互联互通和基础设施建设等领域取得实质性成果，后茂物目标时代的亚太经济合作组织朝着更高、更深层次的方向发展。在推进区域自由贸易安排和亚太互联互通的过程中，亚太经济合作组织坚持非约束性和自愿原则。

## （二）竞争性地区主义

在亚太经济合作组织框架下的自贸谈判停滞不前的同时，以东盟为中心的“东亚路径”合作蓬勃开展。受东南亚金融危机影响，“10+1”“10+3”等东亚区域合作机制迅速发展，东盟通过分别同中国、日本、韩国、印度、澳大利亚和新西兰签订5个“10+1”自由贸易协定，获得了地区合作的“中心地位”。东盟能够成为“东亚路径”的中心，很大程度上是因为其构成了中日主导权竞争的缓冲因素。日本对中国的防范延缓《区域全面经济伙伴关系协定》等东亚经济合作的进程。中日是东亚地区最重要的两个经济体，日本传统上是本地区的“头雁”，中国的经济体量则在21世纪头十年逐步追赶并超越日本。出于对中国日益增长的经济影响的防范，日本积极拉拢澳大利亚、印度以及美国等非东亚国家加入东亚区域合作。2002年，东亚研究小组（EASG）提出由东盟与中日韩三国组成“东亚自由贸易区”（又称“10+3”）的构想。2006年，日本政府提出在“10+3”基础上，邀请澳大利亚、新西兰、印度，建立“东亚全面经济伙伴关系协定”（又称“10+6”）。在“10+3”还是“10+6”问题上争执多年以后，中日两国终于在2011年达成设立货物贸易、服务贸易、投资工作小组的共同提案，为东盟正式推出《区域全面经济伙伴关系协定》奠定基础。《区域全面经济伙伴关系协定》是东亚地区参与成员最多、规模最大的贸易协定谈判，它具有较强的包容性，兼顾了成员不同发展水平、产业结构和经济模式，是对东亚既有成熟自贸区的整合。

伴随着中国崛起以及“10+1”“10+3”等亚太区域合作机制的不断发展，美国担忧东亚地区可能会建立一个类似于欧盟的封闭性集团，从而导致所谓“太平洋界限”的形成。[1] 2001年，美国首次提出“竞争性自由化”（Competitive Liberalism）政策，即美国在全球、地区及双边三个层次推进自贸协定谈判，刺激别国为避免贸易损失，转而积极寻求与美国或其他国家建立新的自由贸易协定。[2] 2008年，作为美国“重

1 Bergsten C. Fred and Jeffery J. Schott, “Submission to the USTR in Support of a Trans-Pacific Partnership Agreement,” Peterson Institute for International Economics, January 25, 2010.

2 Robert. B. Zoellick, “Free Trade and Hemispheric Hope,” Remarks before the Council of the Americas, Washington DC, May 7, 2001.

返亚太战略”的重要组成部分，奥巴马政府宣布发起《跨太平洋伙伴关系协定》谈判，并积极拉拢日本等亚洲国家加入其中。《跨太平洋伙伴关系协定》是一项“高标准的、全面的、面向21世纪的自由贸易协议”，致力于在国际贸易投资规则升级上发挥引领作用。2011年，东盟在印度尼西亚巴厘岛召开了第19次峰会，提出以东盟为中心整合亚太地区已签订的“东盟+1”自贸协定，最终促成一项全面经济协议。2012年，东盟和中国、日本、韩国、澳大利亚、新西兰以及印度领导人通过了一份关于《区域全面经济伙伴关系协定》的联合声明，计划于2013年5月启动《区域全面经济伙伴关系协定》首轮谈判，并在2015年底之前达成协议。

与“竞争性自由化”思路一致，“地区主义的多米诺理论”（Domino Theory of Regionalism）提出，某一地区加强经济一体化的努力必然产生贸易和投资转向，非成员为避免自身经济利益受到损失，或者谋求加入该组织，或者组成新的合作组织，进而导致了一系列区域合作组织的产生。[1] 该理论被用来解释欧盟成立以后，《北美自由贸易协定》（NAFTA）进一步加强和完善的原因。在亚太区域治理中，该理论仍然非常适用：亚洲区域经济合作从“10+1”发展为“10+3”；由于担心自身被排除在亚洲之外，美国通过发起《跨太平洋伙伴关系协定》谈判，企图遏制东亚经济一体化进程；面对《跨太平洋伙伴关系协定》咄咄逼人的攻势，东盟又提出开展《区域全面经济伙伴关系协定》谈判，以维护自身在亚太区域合作中的主导地位。

在实现亚太自贸区道路上，出现了两股平行的区域经济一体化趋

---

1 Richard E. A. Baldwin, *Domino Theory of Regionalism* (Cambridge: Cambridge University Press, 1996).

势。一股是发达经济体主导的、部分新兴经济体参加的《跨太平洋伙伴关系协定》。另一股是由东盟、中国等新兴经济体为主的东亚经济一体化进程，依托于“10+1”“10+3”以及《区域全面经济伙伴关系协定》、中日韩自贸协定谈判。2017 年 1 月 23 日，特朗普就任总统后签署第一份行政命令，宣布美国正式退出《跨太平洋伙伴关系协定》。不过，《跨太平洋伙伴关系协定》谈判并未因此终止，而最终于 2017 年 11 月达成《全面与进步跨太平洋伙伴关系协定》。2020 年 11 月 15 日，包括中国在内的 15 个成员签署了《区域全面经济伙伴关系协定》文本协议，标志着目前世界上人口最多、经贸规模最大、最具发展潜力的自由贸易区正式达成。

## （三）排他性地区主义

所谓排他性地区主义，是指达成排除某个或某些国家的区域合作机制，排他性的主要目的是约束挑战者。[1] 例如，奥巴马政府时期，美国曾与除中国之外几乎所有主要贸易伙伴开展自贸谈判，意图达成“除中国以外”（Anyone but China）的地区合作架构。特朗普政府虽然退出了《跨太平洋伙伴关系协定》谈判，但在《美墨加协定》中加入了排他性的“毒丸条款”。

在特朗普政府以前，由《跨太平洋伙伴关系协定》推进亚太自贸区是美国优先考虑的路径。杰弗里·肖特（Jeffrey J. Schott）提出应由《跨太平洋伙伴关系协定》逐步扩大为亚太自贸区，在扩展过程中，

---

1　沈铭辉：《美国的区域合作战略：区域还是全球？——美国推动 TPP 的行为逻辑》，《当代亚太》2013 年第 6 期，第 70–94 页。

《跨太平洋伙伴关系协定》应适当降低某些高水平标准，以便与东亚原有的贸易安排对接，换取中国、东盟等亚洲国家的支持。[1]

关于《跨太平洋伙伴关系协定》的成本收益分析表明，经济小国或许能够从《跨太平洋伙伴关系协定》中获益，但是对大国而言，《跨太平洋伙伴关系协定》基本没有经济价值。[2] 特朗普宣称世界贸易组织、《跨太平洋伙伴关系协定》《北美自由贸易协定》等贸易机制未能保护好美国的利益，不仅宣布退出《跨太平洋伙伴关系协定》、重新签署《美韩自由贸易协定》和《美墨加协定》，还与中国、欧盟、日本等主要贸易伙伴发生严重的贸易摩擦。

拜登上任后，没有立即推动与亚太地区相关的贸易议程。由于新冠肺炎疫情仍在肆虐，拜登政府的首要任务是重振经济，优先考虑新的经济刺激计划和基础设施建设，而其贸易政策也围绕促进美国经济复苏等方面展开。在缺少贸易促进权的情况下，拜登政府的自贸谈判也很难获得国会支持。从拜登政府公布的政策议程来看，美国的新贸易政策更加强调协调性，拜登政府对华强硬的贸易政策也将延续。在国际层面，拜登政府强调与盟友与伙伴的协调，重视国际组织和国际规则的作用。在总体方向上，拜登政府将纠正实施了四年的“美国优先”政策，积极着手与亚洲和欧洲的盟友与伙伴修复关系，重塑在地区和多边贸易框架中的影响力。在具体操作上，拜登政府较为重视国际规则，把更多的注意力放在环境保护、气候变化以及劳工条款上。但美国无意返回《全

1 Jeffrey J. Schott, “Roadmap for the FTAAP: Take the TPP Turnpike” (paper presented at APEC JAPAN 2010 SYMPOSIUM, Tokyo, December 9, 2009), https://piie.com/publications/papers/schott1209ppt.pdf.

2 沈铭辉：《跨太平洋伙伴关系协议（TPP）的成本收益分析：中国的视角》，《当代亚太》2012年第1期，第6-34页。

面与进步跨太平洋伙伴关系协定》，针对中国的排他性贸易政策也将延续下去。尽管拜登政府质疑中美第一阶段贸易协议的有效性，另外，又要求中国必须履行该协议中的承诺，并以此作为减免特朗普时期所加征关税的前提条件。拜登政府还宣称在 2022 年启动印太经济框架，该框架实际上将中国排除在外，其目的是加强与亚洲盟友的经济联系，同时制衡中国在本地区的经济影响力。

## 二、《区域全面经济伙伴关系协定》推动构建包容性区域经济治理体系

当前，亚太地区存在大量的自贸协定，每个协定又规定了不同的关税减让和原产地规则，从而在该地区造成了交织重叠的“意大利面碗效应”。《区域全面经济伙伴关系协定》主要致力于 5 个“10+1”协定的深化，维持东盟的中心地位。例如，在原有的“10+1”协定中，《东盟—日本自贸协定》《东盟—澳新自贸协定》《东盟—韩国自贸协定》的自由化程度较高，采用单一或严格规则的关税条目分别只占 26. 4%、14. 8%和 11. 3%；而《东盟—中国自贸协定》《东盟—印度自贸协定》中的相关关税条目分别达到 89. 4%和 100%。[1] 事实上，亚太地区自贸协定的“意大利面碗效应”大大增加了各国外贸企业的交易成本，客观上抑制了相关企业利用自贸协定的水平。

《区域全面经济伙伴关系协定》延续了亚太地区合作的开放性特

1　沈铭辉、李天国：《区域全面经济伙伴关系：进展、影响及展望》，《东北亚论坛》2020 年第 3 期，第 104 页。

征。在特朗普政府时期，美国的对外战略体现出很强的排他性。尽管特朗普政府宣称“印太战略”是“自由开放的”，但其把中国想象成威胁和竞争对手，并利用盟友和各种手段对华加以围堵遏制。相比之下，通过签署《区域全面经济伙伴关系协定》，日本、韩国、澳大利亚等美国盟友选择了开放而非保护主义，选择了地区主义而非民族主义，选择了合作而非对抗，选择了团结而非猜疑。这些国家向世界发出了一个明确的信号，那就是亚太地区仍然坚持开放的地区经济一体化。[1] 对于已经宣布退出谈判的印度，《区域全面经济伙伴关系协定》成员也仍然持欢迎态度，即便协定正式生效以后，仍允许印度以创始成员身份重返《区域全面经济伙伴关系协定》。此外，《区域全面经济伙伴关系协定》第 20 款规定，协定正式生效 18 个月后，将向包括美国在内的其他经济体开放，以实际行动践行“开放的地区主义”理念。

《区域全面经济伙伴关系协定》立足亚太多样性实际，确保渐进性和差别待遇，有利于维护发展中经济体的利益。《区域全面经济伙伴关系协定》成员在经济体制、发展水平、规模体量等方面差异巨大，既有中国、日本等经济大国，也有柬埔寨、老挝等后进国家。如果采用统一标准，众多后进国家将很难参与到区域经济一体化进程中。因此，《区域全面经济伙伴关系协定》借鉴过往东亚合作的成功经验，充分考虑区域内经济体的多样性特征，在保持自由贸易的基础上充分满足各成员的基本诉求，给予发展中成员一定的过渡期或例外条款。例如，《区域全面经济伙伴关系协定》规定部分后进成员同期关税削减任务比其

1 K. O. Chudinova, “The Impact of US Policy on Economic Integration in the Asia Pacific on the Threshold of the Third Decade of the 21st Century,” *International Trade and Trade Policy* 6, no. 2 (2020): 71–87.

他成员要少，规定部分产品零关税可以保留20年的过渡期，一些敏感产品甚至可以持续到2040年。《区域全面经济伙伴关系协定》专门设置了中小企业和经济技术合作两个章节，旨在弥合不同成员的发展水平和能力差异，帮助有关成员更好地履行相关义务，实现贸易自由化和合作利益分享的相对平衡。此外，《区域全面经济伙伴关系协定》还为柬埔寨、老挝、缅甸等国制定国内立法和完善监管体系提供了过渡期。

亚太经济合作像是一个钟摆，在“亚太轨道”与“东亚轨道”之间来回摆动：《全面与进步跨太平洋伙伴关系协定》是在东亚“10+1”“10+3”刺激下产生的，《区域全面经济伙伴关系协定》又是《全面与进步跨太平洋伙伴关系协定》刺激的产物，两种轨道存在相互竞争和相互促进的关系。东盟作为一个整体来推动《区域全面经济伙伴关系协定》，就必须照顾到各方的舒适度，通过关税优惠和其他过渡性措施，避免出现某些国家在区域合作中被边缘化的现象。虽然《区域全面经济伙伴关系协定》受到开放范围和水平的制约，但这是多数亚洲国家的发展实际所决定的，无论是在经济上还是政治上均具有合理性。作为一项非排他性的区域自贸协定，《区域全面经济伙伴关系协定》可以与《全面与进步跨太平洋伙伴关系协定》实现良性互动和制度兼容，并最终在整个亚太地区构建包容性区域经济治理体系。

第一，《区域全面经济伙伴关系协定》与《全面与进步跨太平洋伙伴关系协定》的成员存在互补性。参与《全面与进步跨太平洋伙伴关系协定》的国家大体可分成三种：一是日本、澳大利亚、加拿大等发达经济体，《全面与进步跨太平洋伙伴关系协定》的高水平规则正是来自发达经济体的国内法律法规；二是新加坡、智利等小型开放经济体，本身已经大幅削减关税壁垒，积极同世界主要经济体开展自贸区谈判；

三是越南、墨西哥等发展中经济体，参与《全面与进步跨太平洋伙伴关系协定》的主要目的是更便利地进入发达经济体市场，发展本国出口工业。《区域全面经济伙伴关系协定》坚持以东盟为中心，共有15个成员，其中7个成员同时也是《全面与进步跨太平洋伙伴关系协定》成员，占《全面与进步跨太平洋伙伴关系协定》成员数量的近2/3。

《全面与进步跨太平洋伙伴关系协定》由日本主导，以发达经济体和中小型开放经济体为主；《区域全面经济伙伴关系协定》坚持东盟中心，保持“10+6”的东亚地区合作框架，并设置开放条款欢迎美国等域外国家加入；亚太自贸区将建立在《全面与进步跨太平洋伙伴关系协定》和《区域全面经济伙伴关系协定》基础上，参与成员以亚太经济合作组织成员为主，又与亚太经济合作组织不完全一致。值得注意的是，由于《全面与进步跨太平洋伙伴关系协定》没有将东盟作为自贸区谈判的对象，所以在“亚太轨道”中东盟并不是以整体形式存在。俄罗斯作为亚太经济合作组织成员，既没有参与《区域全面经济伙伴关系协定》，且2012年才加入世界贸易组织，短时间内也不可能参与更高水平的贸易谈判；缅甸、柬埔寨等国虽然是《区域全面经济伙伴关系协定》谈判的参与国，却非亚太经济合作组织成员。因此，实现亚太自由贸易区既要关注《区域全面经济伙伴关系协定》与《全面与进步跨太平洋伙伴关系协定》的成员交叉所产生的融合作用，又要关注未被区域贸易架构覆盖的地区成员的角色和影响。

第二，《区域全面经济伙伴关系协定》与《全面与进步跨太平洋伙伴关系协定》的规则可以相互参考。第二次世界大战后，世界市场的开放主要依靠《关税与贸易总协定》和世界贸易组织等多边机制推动。长期以来，由于亚太经济体基本上都是世界贸易组织的成员，世界贸易组织规则是亚太地区贸易和投资治理机制的主要组成部分。但随着多边规则在推动世界市场深度开放方面陷入瓶颈，加上美国频繁采取单边手段挑战世界贸易组织框架，多哈回合多边谈判久拖不决，区域、跨区域、双边等贸易协定谈判逐渐成为国际经济谈判的主流，全球贸易治理体系在一些领域面临挑战，甚至出现“边缘化”危机。这些协议过去以多边贸易规则为基本范式，近年来逐渐超出多边框架规则，呈现出高水平、宽领域的深度一体化特征。如今关税已不再成为区域内贸易的主要障碍，但边境监管等非关税措施仍严重阻碍着亚洲地区的深度一体化，同时，金融一体化、劳动力流动、服务贸易等其他领域的区域合作仍严重滞后。[1]《全面与进步跨太平洋伙伴关系协定》达成以后，亚太区域合作的层级化现象凸显出来：《全面与进步跨太平洋伙伴关系协定》远远超过货物贸易、服务贸易和投资的贸易谈判分类，加入竞争政策、环境和劳工标准等“边界内”议题，属于高标准、高门槛的新一代规则。从具体操作来看，《全面与进步跨太平洋伙伴关系协定》所倡导“新一代”贸易政策议题代表着未来亚太区域深度一体化的发展方向，对于《区域全面经济伙伴关系协定》的完善也具有很强的借鉴意义。

从已公布的部分细节来看，《区域全面经济伙伴关系协定》的涵盖领域也非常广泛。《区域全面经济伙伴关系协定》由序言、20 个章节和 4 个市场准入承诺表附件组成。在正文 20 个章节中，既有货物贸易、服务贸易、投资、原产地规则等传统内容，也涉及首次在地区范围内达成的、水平较高的电子商务合作条款。在具体的市场开放内容上，除平

---

1　贺平、沈陈：《RCEP 与中国的亚太 FTA 战略》，《国际问题研究》2013 年第 3 期。

均90%的货物贸易自由化水平外，《区域全面经济伙伴关系协定》开放的服务贸易部门数量明显增加。例如，中国在加入世界贸易组织时承诺开放约100个服务部门的基础上，新增了研发、管理咨询、制造业相关服务、空运等22个部门，并放宽了金融、法律、建筑、海运等37个部门的外资所有权限制。此外，《区域全面经济伙伴关系协定》对高标准规则进行了系列探索。《区域全面经济伙伴关系协定》将贸易自由化与便利化作为首要任务，超过90%的货物贸易最终将在成员之间实现零关税。更为重要的是，《区域全面经济伙伴关系协定》鼓励各成员采取新技术推动海关通关便利化，促进新型跨境物流发展，如要求成员对于货物贸易实现48小时内通关，鼓励对生鲜、易腐商品6小时通关；在投资条款中，地区经济体首次全面采用负面清单的方式进行谈判和市场开放；在服务贸易方面，日本和韩国等7个成员采用负面清单方式承诺，中国等其余8个成员起初采用正面清单承诺，随后将于协定生效6年内转变为负面清单；《区域全面经济伙伴关系协定》还制定了统一的原产地规则和原产地区域累积原则，将来自《区域全面经济伙伴关系协定》任何成员的产品价值都充分予以累积，大幅降低了满足原产地标准、利用优惠关税的难度。

《全面与进步跨太平洋伙伴关系协定》与《区域全面经济伙伴关系协定》不仅是相互竞争的，而且是长期共存、相互促进的。《全面与进步跨太平洋伙伴关系协定》和《区域全面经济伙伴关系协定》在未来一段时期内完全可能并行不悖，甚至形成互补性的协议，进而进行战略互动，通过良性竞争相互推动、相互融合。两者在亚太区域经济合作中都具有举足轻重的作用，并且相互不可替代。尽管两者在贸易投资自由化方案和具体规则上存在区别，但是作为多边贸易体制的重要补充，两者都不排斥其他区域贸易安排，因此各成员可以同时加入这两种进程，并通过两者之间的相互促进和融合推进区域经济一体化。

第三，《区域全面经济伙伴关系协定》与《全面与进步跨太平洋伙伴关系协定》以构建亚太自贸区为共同远景。当前亚太地区已经出现了以《全面与进步跨太平洋伙伴关系协定》为代表的“亚太轨道”和以《区域全面经济伙伴关系协定》为代表的“东亚轨道”，《全面与进步跨太平洋伙伴关系协定》和《区域全面经济伙伴关系协定》都构成了最终通向亚太自贸区的路径。但是，不同的路径意味着不同程度的自由化水平和不同的福利水平，也面临着不同程度的挑战。从这个意义上，一个既服务亚太地区贸易投资开放、有助于实现可持续发展目标，又能满足亚太地区多样性特征和需求，具有现实可行性的亚太自贸区，对于亚太地区的经济发展和和平稳定具有十分重要的现实意义。[1]

一方面，当前无论是区内的日本、韩国、新加坡等发达经济体，还是广大的东盟经济体，都认识到了新一轮全球贸易体系重构的紧迫性，各经济体在对外贸易谈判过程中，也都对《全面与进步跨太平洋伙伴关系协定》代表的国际经贸新规则表现出了越来越高的认可度。另一方面，《区域全面经济伙伴关系协定》的达成有助于构建包容性区域经济治理体系。首先，《区域全面经济伙伴关系协定》致力于巩固东亚合作模式，坚持渐进性和差别待遇，维护发展中国家利益；其次，《区域全面经济伙伴关系协定》坚持开放地区主义原则，立足亚太多样性实际，有利于调动亚太经济合作组织成员和非亚太经济合作组织成员加快亚太自贸区建设的积极性；最后，《区域全面经济伙伴关系协定》在协

1　沈铭辉：《构建包容性国际经济治理体系——从 TPP 到“一带一路”》，《东北亚论坛》2016 年第 2 期，第 75-86 页。

商一致的基础上推进区域经济一体化建设，有利于增进亚太伙伴关系共识，加强政策协调和利益融合，建设亚太开放型经济，推动世界贸易组织多哈回合谈判。产能合作、融资合作、高铁和港口建设等也是促进贸易、投资便利化的重要途径。

总之，《区域全面经济伙伴关系协定》与《全面与进步跨太平洋伙伴关系协定》的谈判、签署和运行将为最终构建亚太自贸区创造了条件。亚太区域经济合作走过 30 余年历程，已形成了涵盖每个地区成员的经济合作网络，各成员在宏观政策协调、贸易投资自由化与便利化、基础设施互联互通和经济技术合作的丰富经验和教训。无论是亚太地区的发达经济体还是以发展中经济体、基础建设等国内条件均符合启动新的区域自由贸易区谈判的要求。此外，亚太区域经济合作的多元化发展为区域经济一体化的实现提供了多种替代选择，现有各种机制间相互竞争、比较、借鉴为机制自身的发展并最终建立统一的亚太区域经济合作机制创造了条件。下一阶段，无论是以《区域全面经济伙伴关系协定》还是以《全面与进步跨太平洋伙伴关系协定》架构来统合亚太地区，其包含的贸易议题要素不可避免地需要反映全球贸易体系重构的方向，这样才能在制度上更加体现先进性，而成员上也能够更好地包容地区内的经济体，以推动亚太区域经济合作整合。

## 三、新冠肺炎疫情以来的东亚区域经济治理

2020 年新冠肺炎疫情暴发以后，各国相继采取社交隔离、限制出口、关闭边界等措施，给跨境经贸和人员往来带来严重阻碍。在此背景

下，东亚国家的国内经济基础、贸易金融、产业链供应链、人文交流等方面都面临一定的挑战。与此同时，全球抗击新冠肺炎疫情也给东亚合作带来了新的机遇。金砖国家经济合作的潜力不断凸显，地区合作的方式和机制不断创新，《区域全面经济伙伴关系协定》也在新冠肺炎疫情的背景下最终达成。中国已成为东亚卫生合作中不可或缺的参与者、贡献者和引领者，也是助推亚太经济合作的重要动力。

第一，在新冠肺炎疫情背景下，《区域全面经济伙伴关系协定》的签署对地区和世界经济的恢复具有重要意义。中国、日本和韩国是东北亚地区的经济重心，国内生产总值（GDP）分别位居世界第二、第三和第十一，三国之间的紧密联系主要建立在投资—贸易链条基础上，面向东亚、亚太和世界市场。[1] 彼得森国际经济研究所的报告估计，到 2030 年，《区域全面经济伙伴关系协定》每年将使全球 GDP 增加 1860 亿美元，并为成员带来 0.2%的经济增长。[2] 布鲁金斯学会最新的研究结果也显示，到 2030 年，《区域全面经济伙伴关系协定》每年可为全球增加 2090 亿美元的收入，使世界贸易额增加 5000 亿美元，并估计《区域全面经济伙伴关系协定》和《全面与进步跨太平洋伙伴关系协定》加在一起能够抵消中美贸易摩擦造成的全球福利损失。[3] 随着区域内贸易和投资的流动规模不断扩大，亚洲金融合作的需求也在不断增加。《区

1　张蕴岭：《处在历史转变的新起点——基于东北亚命运共同体的思考》，《世界经济与政治》2020 年第 6 期，第 4-27 页。

2　Peter A. Petri and Michael G. Plummer, "East Asia Decouples from the United States: Trade War, COVID-19, and East Asia's New Trade Blocs," Peterson Institute for International Economics Working Paper 20, No. 9, 2020.

3　Peter A. Petri and Michael G. Plummer, "RCEP: A New Trade Agreement that Will Shape Global Economics and Politics," November 16, 2020, https://www.brookings.edu/blog/order-from-chaos/2020/11/16/rcep-a-new-trade-agreement-that-will-shape-global-economics-and-politics/.

域全面经济伙伴关系协定》大幅取消缔约方之间的关税和其他贸易壁垒，在协定内部实行统一的、可累积的原产地规则，这些规则意味着亚洲经济体之间要素流动的成本大大下降，亚洲企业可以实现地区产业链供应链的纵向巩固。从成员角度来看，《区域全面经济伙伴关系协定》将显著促进经济增长和吸引外国投资。[1] 由于货币和金融政策通常遵循产业链供应链一体化的需求，因此《区域全面经济伙伴关系协定》对地区贸易和投资的整合必将带动银行、股票、债券、保险等金融行业的发展，为构建覆盖更广泛的亚洲金融安排打下经济基础。

第二，《区域全面经济伙伴关系协定》签署利于在新冠肺炎疫情时期稳定东亚地区的经济贸易。2020 年新冠肺炎疫情对全球贸易产生严重干扰，根据世界贸易组织发布的《全球贸易数据与展望》年度报告，2020 年全球货物贸易量下滑 5. 3%，亚洲地区成为唯一一个货物贸易出口量维持正增长（0. 3%）的地区，而中国成为全球最大的出口国和仅次于美国的第二大进口国，其进出口贸易量分别占全球总量的 11. 5%和 14. 7%。[2] 中国海关总署公布的数据显示，2020 年中国对《区域全面经济伙伴关系协定》其他 14 个成员进出口 10. 2 万亿元（人民币，下同），同比增长 3. 5%，比同期中国外贸整体增速高 1. 6 个百分点，占中国进出口总值的 31. 7%。其中，中国对《区域全面经济伙伴关系协定》成员出口 4. 83 万亿元，增长 5%；进口 5. 37 万亿元，增长 2. 2%。[3] 随着亚洲地区内贸易的重要性大幅提升，签署《区域全面经济伙伴关系协

1 Lee Ji Won and Jinhwan Oh, "ASEAN or Plus Alpha? The Effectiveness of Regional Economic Cooperation," *Asia Pacific Management Review* 25, no. 1(2020): 48–53.

2 WTO, *WTO Annual Report 2020*, https://www.wto.org/english/res_e/publications_e/anrep20_e.htm.

3 《2020 年中国对 RCEP 成员国贸易额同比增 3. 5%》，中国新闻网，2021 年 1 月 14 日，https://www.chinanews.com.cn/cj/2021/01-14/9387062.shtml。

定》对于巩固地区经贸合作、降低疫情负面影响有着重要作用。

作为世界三大经济圈之一，东亚地区的经济一体化长期落后于欧洲和北美。《区域全面经济伙伴关系协定》的签署是亚太地区经济一体化的重大胜利，这是第一个让中国、日本和韩国这三大经济体走到一起的自贸协定，结束了东亚长期没有地区整合性贸易协定的历史。在全球三大经济圈的国际分工中，东亚的整体地位将因此得到提升。按照目前的增长态势，即使印度不重返《区域全面经济伙伴关系协定》，亚太地区内部的贸易规模仍有望超过该地区与北美、欧洲的贸易总和。可以说，《区域全面经济伙伴关系协定》的签署很可能使全球经济重心持续向亚太地区转移。近代以来，经济全球化经历过数次高潮，也因经济大萧条、两次世界大战等原因而出现重大挫折。特朗普政府上台后，美国相继采取退出《跨太平洋伙伴关系协定》、修改《北美自由贸易协定》、加征钢铝关税等单边主义措施，甚至大肆鼓吹与中国经济“脱钩”，给亚太地区乃至全球经贸合作带来诸多不确定性。新冠肺炎疫情暴发后，诸多国家纷纷采取限制出口、工厂回迁、边境管控等措施，加剧了过去已经出现的一些“去全球化”现象。面对“美国优先”政策、新冠肺炎疫情以及由此引起的经济衰退，亚太地区各国需要共同抵制贸易保护主义和单边主义，维护亚太地区开放与合作的大局。[1] 在中美贸易摩擦仍未平息的情况下，日本、韩国、澳大利亚等美国盟友仍选择与中国深化地区经济合作，表明至少在经济政策方面，这些国家不愿意受政治和意识形态的影响。

第三，以维护产业链供应链稳定契机，东亚合作进一步朝着机制化

---

1　张蕴岭：《新形势下的亚太区域经济合作》，《当代世界》2020 年第 11 期，第 16 页。

方向发展。新冠肺炎疫情放大了供应链挤占和卫生安全问题，催生一种更加稳定可靠、互惠互利的供应关系。在后疫情时代，由于产业竞争力将比以往更加依赖信任关系，产业链将转向更少、更强的供需关系，有意愿和能力与顶级客户保持一致的制造商将获得更大的增长机会。在这一背景下，政府将积极为国内外企业牵线搭桥，以便在疫情时期维持供应网络。东亚国家之间具有很强经济互补性，可通过产业政策有机协调和对接，优化产业链和供应链在五国之间的布局，推动产业与产业之间、相同产业上下游企业之间分工合作，充分发挥东亚国家的规模经济效应。

新冠肺炎疫情扩大了产业链中所有各方之间的供应链协作和沟通的需求，要求东亚国家构建一种更具合作性、互惠互利的供应关系。在这一背景下，政府应积极为国内外企业牵线搭桥，以在困难时期维持供应网络。各国行业主管部门应进一步加强政策沟通，深化在技术标准、设施建设、商业运营、数据流动、知识产权保护、安全等方面的共识，构建高效的物流和其他配套服务。东亚国家具有很强的经济互补性，通过产业政策有机协调和对接，优化产业链和供应链在五国之间的布局，推动产业与产业之间、相同产业上下游企业之间分工合作，充分发挥东亚国家的规模经济效应。

为了保障东亚生产网络的可持续发展，降低疫情等外部冲击对东亚区域供应链的破坏，东亚地区需要进一步加快经济一体化进程，从制造基地向制造和消费基地转型，形成东亚区域内生性增长动力。[1]《区域全面经济伙伴关系协定》有助于进一步优化东亚区域的资源配置，削

1 沈铭辉、李天国：《后疫情时代的国际秩序与东亚区域合作》，《当代世界》2020 年第 8 期，第 41-47 页。

减贸易壁垒，增强抵御新冠肺炎疫情带来的外部冲击能力，降低其对东亚生产网络造成的负面影响。此外，有利于东亚地区在汽车、半导体、造船、石化等重工业领域形成全球重要制造中心，构建东亚区域大市场，减少对欧美国家市场的依赖，促进东亚区域经济的可持续发展。

第四，服务贸易在东亚国家贸易中的重要性愈加凸显。新冠肺炎疫情以前，虽然全球经济总产出及贸易量持续增长，但几乎所有商品生产价值链中的贸易强度都呈下降态势。与此同时，服务贸易却出现强劲增长，物流、通信等服务的发展降低了贸易成本，商贸服务、金融服务和研发服务的发展为全球分工提供了极大支持，全球经济服务化已成大势所趋。新冠肺炎疫情的确给经济全球化造成很大挫折，但与货物贸易相比，服务贸易将具有更强的韧性。东亚国家要想发展高端制造业，也必须依赖运输、电信、广告、计算、会计等服务产品的销售和交付，从而提升自身在贸易和投资过程中的整体竞争力。东亚国家的服务产业具有巨大的发展潜力和发展需求，服务贸易将成为亚洲经贸合作的优先议程。

《区域全面经济伙伴关系协定》的金融服务附件明确了新金融服务、金融信息转移和处理、支付和清算系统等领域的国民待遇原则。在新金融服务领域，附件第三条规定如果缔约方的金融机构能够在国内通过新法律或者修改现行法律的情况下提供新的金融产品，那么另一缔约方的金融机构在东道国领土内也可提供类似服务。在金融信息转移和处理领域，附件第九条要求缔约方不得阻止其领土内的金融服务提供者从事日常营运所需的信息转移，包括通过电子或其他方式进行数据转移等。在支付和清算系统领域，附件第十一条规定每一缔约方应当允许另一缔约方的金融机构进入由东道国公共实体运营的支付和清算系统，并根据国民待遇条款和正常商业运行条件获得官方融资以及再融资安排。总之，《区域全面经济伙伴关系协定》的 15 个缔约方在金融服务方面均做出了高于各自“东盟+1”自贸协定水平的开放承诺，将进一步加强地区金融服务资源的整合。

第五，东亚产业合作的数字化、智能化水平不断提升。新冠肺炎疫情加快线上经济和互联网经济的发展，东亚国家经济将更加依赖技术进步的拉动。随着大数据、人工智能、5G 等新技术持续突破，新产品、新模式、新业态层出不穷。东亚合作需把握以网络化、智能化、数字化为特征的第四次工业革命，具体包括 5G 商用推动产业链加快成熟、工业互联网引领数字化转型、人工智能加速应用普及扩散、区块链探索构建分布式信任体系等新经济形式。当前亚太地区各方最为关注的议题包括美国区域政策的改变、新冠肺炎疫情以及由此引起的经济衰退。在此情况下，亚太地区经济合作需要在以下几个方面做出努力。一是阻止贸易保护主义和单边主义，维护亚太地区开放与合作的大局；二是调整亚太合作的重点方向，聚焦推进务实有效的功能性合作，如进一步落实亚太经济合作组织在推进金融合作、绿色经济、新能源、互联互通等领域上达成的合作共识，并就实施情况进行及时梳理和审议，同时应特别重视推进亚太地区物流网络、大数据网络、数字化网络的开放与合作，就全球化发展阶段而言，可称为网络全球化的第四波已经到场——即以信息化、智能化技术的发展为推动力，构建全球立体、空间型网络，全球供应全球化的第四阶段——网络全球化已经到来。[1]

当前，多边和地区的经贸规则总体滞后于数字经济的发展现实，

1 张蕴岭：《疫情加速第四波全球化》，《文化纵横》2020 年第 3 期，第 45-52 页。

《服务贸易总协定》（GATS）和《信息技术协定》（ITA）等多边协定缺乏对数字经济的系统规则设计。在亚洲地区，印度尼西亚等发展中经济体与日本等发达经济体在电子商务谈判中分歧巨大，导致前者拒绝在《大阪数字经济宣言》上签字。上述问题在《区域全面经济伙伴关系协定》谈判中也有不同程度的体现，例如协定文件在电子商务和跨境数据方面尚存在较大空白。不过，从新金融服务、信息转移和处理等条款可以发现，由于《区域全面经济伙伴关系协定》在数字经济方面秉持较为开放和宽松的态度，各缔约方取得了来之不易的合作共识，这就为推动更深入的地区数字经济合作打下了良好基础。

东亚合作机制成立之初曾在全球金融治理等方面取得重要进展。后由于发达经济体的干扰，全球治理改革进程在近些年陷于停滞。新冠肺炎疫情再次凸显全球协调的重要性，东亚国家参与全球治理改革的紧迫性大大提升。首先，在调整全球卫生规则的讨论中，东亚国家应强调支持发展中经济体的公共卫生系统建设，争取发展中经济体的道义支持。其次，推动国际发展议程合作。疫情可能导致债务危机和饥荒问题，东亚国家不仅应在联合国、二十国集团等全球性治理组织中加强政策协调，还应推动亚洲基础设施投资银行、亚洲开发银行、金砖国家新开发银行、国际货币基金组织、世界银行等国际金融机构之间的融资合作，保障紧急救援物资的充足性和有效性。最后，加强多边贸易框架下的合作。新冠肺炎疫情严重影响了全球贸易的运行，多边贸易体制面临严峻挑战。对此，东亚国家一方面需要优先考虑供应链多样化，巩固国家战略物资储备；另一方面应积极推动多边贸易体制改革，从国际机制构建的高度实现国际贸易的恢复和增长。

## 四、亚太区域经济治理的中国角色

在后疫情时代，规则制定将继续成为整个地区关注的焦点。面对发达经济体提出的高标准的规则和机制，加快亚太经济一体化进程是中国稳定周边环境、参与全球治理的必由之路。从长期来看，《区域全面经济伙伴关系协定》把不同发展水平的国家聚集在一起，其成功与否将取决于能否促使各成员实现互利共赢。《区域全面经济伙伴关系协定》将使得亚太地区更加开放、推动价值链更大整合以及实现更广域的原产地累积规则，这不仅有助于改善中国的地区发展环境，还将为亚太地区乃至全球的共同发展提供平台。过去，中国一直是多边贸易框架的主要受益者；如今作为亚洲地区的经济大国，中国参与区域合作坚持正确义利观，义利相兼，以义为先，欢迎周边国家搭中国经济发展的快车。

第一，构建国内、国际双循环新发展格局，引领亚太地区和全球经济复苏。新冠肺炎疫情使得包括亚太地区在内的全球产业链、供应链被动重组，客观上要求中国加快构建以国内市场为主体、国内外市场相互促进的双循环新发展格局，而《区域全面经济伙伴关系协定》则为双循环新发展格局提供了重要的机制平台。在国内层面，《区域全面经济伙伴关系协定》包含的高标准贸易和投资规则将推动中国改善营商环境和扩大对外开放，塑造更高水平的开放型经济新体制；同时，《区域全面经济伙伴关系协定》也有助于提升中国企业在国内外市场配置资源的能力，进一步优化其对外贸易和投资布局，从而促进中国经济的高质量发展。在国际层面，《区域全面经济伙伴关系协定》有助于扩大中国半成品零部件等中间产品的出口市场，巩固其在亚太地区产业链和供应链中的重要地位。值得重视的是，新冠肺炎疫情使企业生存比以往更加需要互信，扩大了产业链上下游之间的协作和沟通需求，催生出一种更加稳定和互惠的供应关系。《区域全面经济伙伴关系协定》将为中国的对外贸易和投资活动创造公平、透明、稳定的政策预期，构建从制造、供应到销售的无缝协作，推动中国与亚太地区国家之间形成更为紧密的贸易和产业分工体系。

新冠肺炎疫情导致全球总需求骤降，将世界经济拖入自大萧条以来最严重的衰退之中，历经数十年发展的经济全球化进程受到严重挑战。在克服了疫情发生初期的多种不利影响后，根据国家统计局核算数据，2020 年全年国内生产总值 1015986 亿元，比上年增长 2.3%，[1] 中国成为全球唯一实现正增长的主要经济体。《区域全面经济伙伴关系协定》是中国加入的第一个真正意义上的区域自贸协定，作为亚太地区的消费大国，中国加入《区域全面经济伙伴关系协定》不仅能大幅改善自身的外部贸易环境，为自身经济增长提供新动能，而且其经济“外溢”对《区域全面经济伙伴关系协定》成员从经济一体化中获益至关重要。在全球贸易萎缩的背景下，中国与东亚经济体的贸易额总体逆势上扬，2020 年东盟超过欧盟成为中国第一大贸易伙伴。东盟 10 国是中国第一大贸易伙伴，进出口值同比增长 7%；日本、韩国是中国第四和第五大贸易伙伴，进出口值分别增长 1.2%和 0.7%；中国对澳大利亚进出口下降 0.1%；对新西兰进出口下降 0.4%。[2] 截至目前，中国与《区域全

---

1 《2020 年四季度和全年国内生产总值（GDP）初步核算结果》，国家统计局，http://www.stats.gov.cn/tjsj/zxfb/202101/t20210119_1812514.html。

2 《2020 年中国对 RCEP 成员国贸易额同比增 3.5%》，中国新闻网，2021 年 1 月 14 日，https://www.chinanews.com.cn/cj/2021/01-14/9387062.shtml。

面经济伙伴关系协定》成员贸易总额约占中国对外贸易总额的三分之一，来自《区域全面经济伙伴关系协定》成员实际投资占中国实际吸引外资总额比重超过10%。当前，中国是东盟等亚太经济体的最大进口国和贸易顺差来源国。随着亚太地区内贸易的重要性大幅提升，《区域全面经济伙伴关系协定》的签署将进一步助推地区成员分享中国的发展红利，尽快实现地区和全球疫后经济复苏。

第二，推动和《全面与进步跨太平洋伙伴关系协定》规则的良性互动，相机推动亚太自贸区谈判。《区域全面经济伙伴关系协定》和《全面与进步跨太平洋伙伴关系协定》分别代表了亚太地区两种不同的自贸协定范式。《区域全面经济伙伴关系协定》的规模更大，年贸易额和经济体量几乎是《全面与进步跨太平洋伙伴关系协定》的两倍。《区域全面经济伙伴关系协定》的成员更多元，即包括了该地区的发达经济体和发展中经济体。由于成员构成与多边贸易谈判有些类似，因此《区域全面经济伙伴关系协定》存在不少类似于多边贸易体系中特殊和差别待遇的条款。但也同样受制于成员发展水平的巨大差异，《区域全面经济伙伴关系协定》在投资、服务、知识产权等深度一体化规则方面不如《全面与进步跨太平洋伙伴关系协定》严格。《区域全面经济伙伴关系协定》重在改善地区发展环境，而《全面与进步跨太平洋伙伴关系协定》则旨在构建“边境后规则”。[1] 换言之，《区域全面经济伙伴关系协定》与《全面与进步跨太平洋伙伴关系协定》并非简单的贸易规则制定权之争，两者事实上是一种相互补充、相互促进的关系，这种

1　传统贸易规则主要关注商品、投资和服务的边境措施，如关税、配额、通关程序等；以《全面与进步跨太平洋伙伴关系协定》为代表的新型贸易规则的关注点向“边境后规则”转移，如知识产权、电子商务、竞争政策等，推动国际规则与国内法律的协调。

互动对于亚太自贸区乃至全球多边贸易体系的规则制定都具有重要价值。2021 年 9 月，中国正式申请加入《全面与进步跨太平洋伙伴关系协定》，充分表明中国已经将实现高水平开放作为中长期目标。

推动亚太自贸区谈判可分成两种路径。第一种是亚太经济合作组织框架下的亚太自贸区谈判。2020 年实现茂物目标仍然是亚太经济合作组织的核心目标，茂物目标与亚太自贸区存在内在一致性，亚太自贸区可以适用于非亚太经济合作组织成员，维护亚太经济合作组织框架地位可以加强中国与东盟、澳大利亚甚至日本等国的合作。亚太经济合作组织成员应发挥《区域全面经济伙伴关系协定》《全面与进步跨太平洋伙伴关系协定》的协定优势，吸收打造茂物目标升级版，在支持多边贸易体制、协调区域自由贸易安排、推动亚太互联互通和基础设施建设等领域取得实质性成果，推动茂物目标向更高、更深层次发展，为后茂物目标时代的到来奠定扎实基础。第二种是单独的亚太自贸区谈判。以中美两国协商为基础的亚太自贸区。通过中美双边经贸机制，包括中美战略与经济对话、中美商贸联合委员会，以及中美双边投资协定等推动亚太自贸区实现突破。总之，应该重新审视大国在区域合作中的作用，推动亚太经济合作回到大国主导的轨道上，以大国之间的经济合作与整合带来整个区域的一体化。

第三，加快落实自贸区提升战略，主动提供区域性公共产品。一方面，《区域全面经济伙伴关系协定》首次形成中日、中日韩同时参与的自贸协定，也是中国首次与世界前十大经济体签订自贸协定，提升了中国在全球贸易体系中的地位。《区域全面经济伙伴关系协定》签署以后，中国已签署的自贸协定将达到 19 项，自贸伙伴将达到 26 个，与自贸伙伴贸易占全部贸易的覆盖率将提升到35%。[1] 此外，中日韩三国还决定在《区域全面经济伙伴关系协定》基础上推进中日韩自贸协定谈判，使之成为《区域全面经济伙伴关系协定》的升级版。此外，《区域全面经济伙伴关系协定》加快了中国的高标准自由贸易区网络建设。《区域全面经济伙伴关系协定》是中国签署的首个以负面清单方式安排投资章节的自贸协定，为未来中国进一步与发达经济体进行经贸谈判奠定了良好基础，进一步提升了中国参与制定全球经贸规则的能力。当然，自贸区网络建设归根结底是为企业服务，相关部门有必要进一步引导中国企业理解和利用关税减让、原产地规则、投资规则等优惠措施，只有国内企业充分消化并使用《区域全面经济伙伴关系协定》等自贸协定中的优惠措施，中国的自贸区网络建设才能真正落到实处。

在世界大国自贸协定战略的竞逐中，中国必须处理好“积极参与”和“守好底线”的关系，既要注意发展与安全的平衡，也要主动引领，防止被排除在外。中国可首先从周边地区入手，通过主动提供区域性公共产品，加快亚太经济一体化建设，部分抵消因发达国家发动“自贸协定攻势”所造成的贸易损失。作为国际格局中的新兴力量，中国需要善于运用自身优势，加快本国的自贸区布局，参与和引领国际经贸规则重构，更好地维护广大发展中经济体的根本利益。

第四，推动区域投资自由化、便利化，提升“一带一路”机制化水平。与蓬勃发展的东亚域内贸易相比，东亚各国直接相互投资则非常滞后，这表明本地区的投资环境亟待完善。中国可通过进一步开放本国

---

1 《全球最大自贸区诞生，有何深意？——商务部副部长兼国际贸易谈判副代表王受文谈RCEP正式签署》，新华网，2020年11月15日，http://www.xinhuanet.com/world/2020-11/15/c_1126742970.htm。

市场，争取获得周边国家的投资准入：第一，对于已签署自贸协定的国家，中国必须严格落实自贸协定中的投资协议，完善国内投资法律法规，建立和完善争端解决机制；第二，对于未达成自贸协定的国家，中国可与之先行就双边投资便利化问题开展协调，早日就简化审批程序、放松资金限制等方面达成共识；第三，应进一步放松对境外人民币直接投资中国的管制措施，促进人民币投放与回流的双向畅通。基于《区域全面经济伙伴关系协定》的市场开放将在亚太地区构建巨大的内部市场，这对于亚太地区大量的出口导向型经济体，特别是发展中经济体的经济发展而言至关重要。毫无疑问，《区域全面经济伙伴关系协定》的经济“外溢”效应也有助于推动更多共建“一带一路”国家提高经贸合作水平，为包容性合作提供了最佳实践。发展中经济体可以通过多阶段、分步骤的区域合作，更好地融入区域经济一体化中，实现经济可持续发展，这也是《区域全面经济伙伴关系协定》与“一带一路”机制化结合的重要贡献。

“一带一路”倡议的机制建设目前仍处于起步阶段。随着“一带一路”从谋篇布局的“大写意”阶段走向精耕细作的“工笔画”阶段，亟须加强以规则和机制为主体的软件建设。例如，贸易便利化也是“一带一路”机制化建设的重要方面，《区域全面经济伙伴关系协定》规定的包括快速通关在内的相关措施有助于改善部分东南亚国家长期存在的通关效率低等问题，推动当地的体制改革和市场环境优化，这反过来也有助于提升基础设施建设等“一带一路”硬件投资的回报率。与其他区域经济架构相比，《区域全面经济伙伴关系协定》因其开放性和包容性特点，正在成为亚太区域经济整合的主要动力。《区域全面经济伙伴关系协定》致力于推动亚太地区更加开放、价值链更大整合以及原产地累积规则更加广域，推动东亚、亚太乃至全球的经济复苏和供应链重构。在规则制定上，一方面要主动借鉴《全面与进步跨太平洋伙伴关系协定》等高标准规则，这是《区域全面经济伙伴关系协定》推动亚太区域结整合的必由之路；另一方面也要覆盖现有贸易协定范围之外的地区成员，特别是中美两国之间的贸易关系将继续影响亚太区域经济合作的趋势和节奏。此外，自贸协定作为区域经济合作的一种形式，也是中国参与“一带一路”机制化建设的重要组成部分。中国应加大“一带一路”国际合作的力度，这不但有利于本国产业的健康发展，也有利于推动亚洲地区建立高效、可靠的供应链体系，促使地区经济迈向更为便利、紧密的一体化合作，实现本地区竞争力的整体性提高。